歴史認識と民主主義深化の社会学

庄司興吉 編著

東信堂

はしがき

二一世紀も第二のディケイドの後半に入っているが、世界にも日本にも大きな問題が突き付けられている。中東を震源地とするグローバル・テロリズムが広がる一方、核兵器が、北朝鮮の核実験やミサイル発射などによって、依然として人類へのダモクレスの剣であることが示されている。そうしたなか日本は、立憲主義の原則を危うくしてまで、事実上の戦争行為ができる体制をつくろうとしている。東日本大震災からの復興やエネルギー政策や沖縄の基地問題を初めとする日本社会のさまざまな課題に、その影響が現れている。社会学は、他の諸学とともに、それらの課題に取り組まなければならない。

序に詳述するが、そのために日本の社会学は、その歴史認識を再確認し、朝鮮半島や中国や東南アジア諸国とのあいだに真に友好的な関係を打ち立てる方向を示し、アメリカとのあいだでも真に自主的なあり方を確立する方途を示さねばならない。そうしてこそ日本は、世界のあり方についても旧帝國主義・旧植民地主義にかかわった諸国に呼びかけ、この五世紀余の世界史にたいする認識を明確にし、相互の戦争責任ばかりでなく旧植民地・従属諸国への加害責任を率直に認めて、テロや核兵器の恐怖をも克服する真の意味で新しい平和への道を、率先して開いていくことができるのである。

本書は、このような問題意識からの呼びかけを受けた社会学者たちが、みずからの研究教育歴をふり返り、実践との関わりをも意識しながら、全力をこめておこなう問題提起の書である。タイトルは当初「民主主義深化とアジア友好の社会学」と想定されていたが、実際に集まった諸論をふまえて四部編成とし、タイトルを「現代民主主義と海外発信の社会学」にひとたび変更した。しかし、さらに議論をふまえて、最終的には「歴史認識と民主主義深化の社会学」とした。問題意識を詳細に展開した序を受けて、戦後から現代の日本にかけて、社会学の分野で意欲的な研究教育活動をおこなってきた者たちが、戦後社会学における社会学と社会運動論をふり返り（第Ⅰ部）、苦闘しつつ開拓してきた日本的な地域・企業・階層の社会学を展開し（第Ⅱ部）、そのうえで日本からアジアに広がった村や企業の研究（第Ⅲ部）、さらには日本から世界に広げようとしてきている国際意識、自治論、日本社会学のみならず社会科学および自然科学の全分野にまで視野を広げた研究分野の総括と、それらをふまえたグローバルな社会理論の視座を提起している（第Ⅳ部）。

本書企画の直接のきっかけは、戦後の社会学に足跡を残された北川隆吉氏の逝去にある。氏は二〇一四年四月に亡くなられたが、静かに見送ってほしいというご遺族の意向で広報が積極的におこなわれなかったため、多くの人に知れ渡るのが遅れ、二〇一四年一〇月に名古屋で偲ぶ会がおこなわれたのについで、二〇一五年五月に東京でも偲ぶ会がおこなわれた。そのおり、氏の功績を記念してなんらかの出版企画を実現したらどうか、という話になった。ご遺族は、上のご意向から、追悼論文集などの刊行を望んでおられない。それならば、北川氏の功績を知っている者たちが、自分たちの意志で、現代社会学の課題に応える意欲的な書物を刊行してはどうか、ということであった。

北川氏が生前の一時期関わりのあった東信堂の協力を得られることになり、偲ぶ会に参集した者のうち数人が集まり、志ある人びとに呼びかけ、現代社会学の課題に応える論集を出すことになった。集まった数人と東信堂社長の意向で呼びかけ文と論集の序文を編者が書くことになり、それらを執筆候補者に送り、二〇一六年の早い時期までになんらかの論を書いてもらうことになった。候補者の範囲は、東京での偲ぶ会に参集した東京大学の関係者のほか、北川氏が法政大学、名古屋大学、専修大学などで育てたり、影響をあたえたりした研究教育者たちである。

本書はこうしてなった問題提起の書であるが、これらをもって現代日本の社会学が直面している重要な諸問題にどの程度応えているか、判断は読者にゆだねるしかない。執筆者の一人からは、社会学者の研究教育活動に有機的に組み込まれるべき「実存的決断」の問題が提起された。編者としては、それを第Ⅰ部の冒頭に位置づけ、世界と日本の巨視的把握を自他の身体認識に関連づけるべきと考えたが、論者は自らの論を序論と四部構成の全体にたいする批判として位置づけたいという。そこで、本書ではそれを《特別寄稿》として巻末に位置づけ、本書の問題意識と構成と内容へのこの批判的言説をも含む全体構成の意義については、読者の判断を仰ぐこととした。

執筆者一同としては、今回の成果をここまでにとどめず、なお研鑽を積み、今回の論集に間に合わなかった者たちの成果も含めて、さらなる成果を世に問うていきたいと考えている。それもすべては、戦後日本社会学のもっとも良き遺産を引き継いで、現代社会の諸問題に正面から向き合い、それらと格闘するにたるだけの社会学を築き上げていくためである。

読者諸氏の忌憚のないご批判を仰ぎたい。

二〇一六年九月

編　者

目　次／歴史認識と民主主義深化の社会学

第Ⅲ部　日本からアジアへ：反省と貢献……161

歴史認識と民主主義深化の社会学

序　今なぜ歴史認識と民主主義深化の社会学か？

庄司　興吉

1　現代日本はどんな課題に直面しているのか？

社会学は、社会の課題を担い、解決策を示さなくてはならない。社会学が、さまざまな方法で社会的事実を明らかにし、それらの要因をえぐり出して、要因間の機能連関や構造連関をとらえようとするのも、そのためである。今ほど、社会学が社会学でなくてはならない時が、あっただろうか？

二〇一五年に日本は第二次世界大戦での敗戦後七〇年を迎えたが、この間、日本の民衆は日本国憲法と日米安全保障条約という大きな枠組のもと、経済復興を踏まえて経済成長を遂げ、経済大国としての国のあり方を問われつづけてきた。

日本国憲法については、それが「押しつけられた憲法」であるとして、改訂して「自主憲法」をつくる動きがつづけられてきたが、今日に至るまで成功していない。一八六八年に一応の統一国家を形成し、一八九〇年に天皇を主権者とする大日本帝国憲法を施行して、近代化を続けた日本は、台湾を植民地化し、朝鮮半島を植民地にしたうえで、中国東北部を侵略し支配しようとし、その動きを中国全土から東南アジアに及ぼそうとして中国ばかりでなく米欧列強との戦争に突入し、一九四五年八月に全面敗北した。アメリカ軍を主力とする占領軍の支配下で、日本民衆は初の男女平等普通選挙を行い、新たな議会のもとで憲法改正案を審議して、修正可決し、四六年一一月に日本国憲法を公布、四七年五月に施行した。基本原則を示したのは極東委員会であるが、日本語で案を逐条審議し、可決し、公布施行に持ち込んだのは新議会と日本政府である。軍事占領下で日本民衆の主権が制限されていたとしても、日本国民を主権者とし、戦争放棄を宣言する新憲法が制定された事実は限りなく重い。

一九五一年九月に日本はサンフランシスコ講和会議で対日平和条約に調印し、独立を回復したが、同時に日米安全保障条約を締結し、憲法上軍を持たない日本の安全をアメリカに依存することになった。この日米安保条約をめぐって、一九六〇年に、ある見方では日本の自立性を強めようとする、それだけに他の見方では軍事行動への日本の関与を強めようとする改訂が行われ、その後も、日本の軍事行動を強化しようとする勢力と、アメリカとの軍事同盟を弱め、平和外交で生きていこうとする勢力との対立・抗争が続いてきた。二〇一四年以降、日本政府は、それまで憲法第九条のもとで自らできないとしてきた集団的自衛権の行使を、できるとする方向に閣議決定で解釈変更し、一五年九月には参院委員会で関連法案を強硬「採決」してまで、日本の軍事行動の範囲と程度を飛躍的に拡大深化する体制を築こうとしてきた。これにたいして、世論の大勢は反対し、日本民衆の多くから、とくに若年層も含めて、さまざまな反対の動きが起こった。

日本国家の進むべき道をめぐるこの対立の最大の原因は、現代民主主義の不徹底である。日本国憲法のもと、日本民衆の多くは平和と民主主義を最高価値として生きてきたが、戦後続いた中選挙区制のもとで、憲法改訂勢力が議会で三分の二を占めるまでにいたらなかった反面、実質的な政権交代も起こらなかった。米ソ冷戦終結後、一九九三年になって五五年体制が崩壊し、細川内閣のもとで小選挙区比例代表並立制が導入され、九四年に村山内閣が成立し、九五年に過去の「侵略と植民地支配」についてアジアの人びとに「お詫び」する首相談話が出されたが、九六年からは自民党政権が復活した。その後、二〇〇九年の選挙で民主党が多数派となり、事実上初めての政権交代が起こったが、民主党内閣は三年あまりで崩壊し、ふたたび自民党政権が復活した。

小選挙区比例代表並立制は、たしかに一面で政権交代を起こりやすくしたが、民意表出のブレを大きくし、野党の分裂と抗争を激化させ、結果として衰退を招いてきている。民意の分布が安定的に議会に反映される選挙制度がないために、継続的に政権交代を目指す野党が育たず、若者を中心とする日本民衆の政治的関心も継続的な成長が阻まれている。二〇一六年の参議院選挙からは選挙権行使年齢が一八歳にまで引き下げられたが、それが日本政治をどのような方向に動かすのかもまだまだ不確定である。選挙制度をより民意を正確に反映するように改革し、民衆の政治意識と政治参加をさらに深めていく必要があるのである。

2　歴史認識と民主主義深化はなぜ重要なのか？

歴史認識と民主主義深化の必要性は、日本が過去の歴史を反省し、朝鮮半島や中国、さらには東南アジアと友好的な関係を深めて、そうした外交力をもとにアメリカとの関係でも対等性を強めていくことと関係している。台湾と朝鮮半島を植民地化し、中国東北部を侵略し、そこから中国全土さらには東南アジアにまで侵略を広げていこうとした事実を認めることは、日本にとって歴史認識の基本である。反省するべきことを反省し、謝罪するべきことを謝罪しなければ、相互信頼を基礎にした友好的な関係は築けない。アジア諸国との、将来にわたる安定した友好的な関係を築いていくことは、日本のこれからの針路の基本であろう。

このことは、近代世界をどのように見、そのなかで日本がしてきたことをどう見ていくかにもつながっている。この半世紀の世界の社会学が明らかにしてきたように、近代世界は、一五世紀末以降の西欧列強の世界進出と、それらによる世界のほとんどの地域の植民地化をつうじて形成された。西欧列強のうちイギリスとフランスは王国から市民社会となり、国民国家を形成して世界の覇を争ったが、そのなかから近代初の共和制国家アメリカ合州国が生み出された。日本は、これら三国にロシアが加わっておこなわれた東アジアでの覇権争いのなか、かろうじて植民地化、従属国化をまぬがれ、やがてドイツも加わって激化した東アジアでの覇権争いのなかで、これら帝国主義列強に伍してそれらと渡り合おうとし、その過程で台湾と朝鮮半島を植民地化し、中国東北部から全土さらには東南アジアまで侵略したのである。

植民地主義は、列強が近代国家を形成しえていない諸国や地域を属領とし、奴隷のように扱った統治方式を意味している。先進国あるいは文明国が、後進国あるいは文明化されていない地域を文明化する方式でもあったという説は、文化相対主義が普及した今日、いかなる意味でも擁護されない。むしろ、植民地アメリカの独立のあと、その影響を受けて一九世紀に中南米から始まった植民地解放運動が、二〇世紀に入ってアジアから中東アフリカにおよび、同世紀の後半に入って世界のほとんどを植民地主義から解放し、世界をポストコロニアルな状態に移行させたことこそが、近代世界の基本理念であった民主主義を再出発の途に着かせたのである。

こうした文脈で見て、日本が一九世紀の末から帝国主義と植民地主義に加担し、台湾から朝鮮半島をへて中国全土から東南アジアに至るまでの近隣地域に絶大な被害を及ぼし、結果として自らも核兵器の投下を含む絶大な被害をこうむって、第二次世界大戦後の一時期、植民地同様の状態に置かれたのを直視することほど、重要なことはない。日本はある意味で、サンフランシスコ講和条約による独立回復後もなお、日米安保条約のもと核軍事力による対米従属の状態に置かれているのである。この状態を脱するために、日本は、アジアの近隣諸国とのあいだに信頼に満ちた友好関係を築き、世界のあらゆる国・地域とのあいだに対等で友好的な関係を強化していくために、積極的な海外発信をくり返していかなければならない。

3　日本こそ世界の社会認識を変えなければならない！

こうした歴史認識はさらに、近代世界の社会認識につながっている。米ソ冷戦終結後、社会主義勢力の社会認識の基本となっていた階級社会論が衰退し、市民社会論が地球的規模に広がった。しかし、近代世界の社会認識の基本としては、市民社会論にも大きな問題がある。

上に述べたように、近代世界は、ポルトガル、スペイン、オランダ、イギリス、フランスなど西欧列強の世界制覇に始まったが、当初これらはすべて王国であった。しかし、オランダをテコとして、イギリス、フランスでは市民革命が起こり、その間にアメリカも独立し、一九世紀の末までに、市民社会として国民国家を形成した諸国が世界の覇権を握った。

王制から自立するか、それに取って代わった市民社会は、いずれも金持ち市民（ブルジュワ）の社会であった。先住民や黒人を無視していたアメリカも含めてブルジュワ社会としての市民社会が、世界の植民地化を引き継ぎ、世界を支配したのである。たしかに、ブルジュワ社会では一九世紀の前半から労働者による普通選挙運動が始まり、これらは少数民族や女性に支持されて、二〇世紀の前半までに主要国では男女平等の普通選挙を実現する。市民社会の担い手が、少なくとも法制上は、ブルジュワから普通市民（シティズン）になったのである。

しかし、自国では主権者となったシティズンも、二〇世紀の後半に至るまで、自国がおこなってきた植民地支配を支持し、植民地解放運動と対立した場合が少なくなかった。ブルジュワばかりでなくシティズンも含めて、市民は近代世界の支配者だったのだ。こうした市民の支配者性は、二〇世紀の後半までにほとんどの植民地が独立したあとになっても、必ずしも明確に気づかれていない。

ほとんどの植民地が独立し、その多くが民衆を主権者として普通選挙を施行する社会になったのだから、旧植民地・従属国も含めて世界のほとんどの社会はシティズンの社会すなわち普通市民社会になった、と考えれば良いのであろうか？　もちろん、二〇世紀社会主義を経験し、人民民主主義の思想と制度を残している中国、ヴェトナム、キューバなどを例外として、であるが（世襲独裁制の北朝鮮は論外）。

事態を明確にするために、市民社会と民主社会とを区別するべきである。旧植民地・従属国が民衆を主権者とし、普通選挙を施行している場合には、まだまだ発展途上のさまざまな問題を抱えているにせよ、その社会は基本的に民主社会と考えてよい。ブルジュワ社会から成長したシティズン社会すなわち普通市民社会も、基本的には民主社会と考えたいところだ。しかし、これらの社会の多くでは、いまだに小選挙区制や二大政党制など民意の妥当な反映を妨げる選挙制度が残っているのみでなく、なによりも主権者としての市民が過去の植民地支配の事実を率直に認め、反省して謝罪していない。

日本の社会学が、こうした、旧植民地・従属国の民衆を世界社会の真の主権者と認める、真に現代的な民主社会論の立場に立つためには、なによりもまず、日本が過去におこなってきた植民地支配と侵略の事実を認め、絶大な被害を与えた近隣諸国に謝罪し、信頼に基づく友好関係を築いていこうとする日本民衆の立場に立たなければならないのである。その意味で日本の社会学は、適切な歴史認識をもって、ポストコロニアルな二一世紀にあらためてしっかりと立地し、世界の社会認識を変えていこうとしなければならない。

4 戦後日本社会学の到達水準と新たな課題

戦後日本社会学の視座は、こうした観点から見て、けっして十分といえるものではなかった。

戦後日本社会学の基本的視座は、一九五〇年代の『講座社会学』から一九七〇年代の『社会学講座』にかけて形成され、展開されたといえる。この過程をリードした福武直は、農村社会学者であり、戦前から戦後にかけての日本に食糧と労働力と兵力とを供給しつづけ、疲弊しきった農村を、活性化させ、新生日本の基礎とすべく懸命の努力をおこなった。しかし、彼の説きつづけた農村社会の民主化は「高度成長」に向かう日本資本主義の再編軌道に取り込まれ、そうした動きに気づきえない農民意識の「矛盾的性格」を変革に向かわせようとした努力も、大勢としては空しく終わった。ただ彼が、上掲二つの『講座』にかけて創り上げた日本社会学の連字符的構成が、戦後日本社会学の大枠を決定する働きをしたことは間違いない。

彼と組んでこの作業に貢献した日高六郎は、新生日本の根底を決めるであろうと見た意識の問題に取り組み、「旧意識」の変容の可能性と方向性について記念碑的な業績を残し、その後も日本人の社会意識の在り方やそれを具体的に決めていく教育の問題について、アカデミーの世界を超えて積極的な問題提起をつづけた。彼はまた、敗戦までに日本がアジア諸国に与えた絶大な被害にもきわめてセンシティヴで、朝鮮半島の情勢や新生中国の成長過程についても積極的な発言をつづけた。しかし、公平に見てさすがの彼も、明治以降の日本の歴史についての認識が、上に述べたような意味で、日本の社会学ばかりでなく世界の社会学のこれまでの視座、すなわち市民社会論を根底的に変えるところまで進まなければならないことについては、思い及ばなかったといわなければならないであろう。

農村、農民、旧意識と市民社会をつなぐために必要とされたのは、産業・労働から地域をへて都市にいたる研究領域である。この領域こそ、北川隆吉をリーダーの一人とする日本のマルクス主義社会学が、農村、社会意識などと並んで多くの精力を注ぎ込んだ領域であった。北川自身は、初期のすぐれた着想にもとづく作品のあと、講座、集団調査、シリーズものなどのコーディネイターになっていく。彼の指導力のもとに中堅から若手のマルクス主義者やウェーバー研究者や批判的アメリカ社会学研究者が集まり、一九六〇年代の『講座現代社会学』や八〇年代の『現代社会学辞典』を初めとする、多くの作品群が生み出された。

それらの作品群によって、日本社会学に課せられていた課題はどの程度達成されてきたのか？　また、こうした諸研究にまだまだ不十分であるとされていた国際的視野は、どの程度まで形成されてきたのか？　一九八〇年代の後半、とりわけ米ソ冷戦の終結以後、世界はグローバル化の波に襲われることになったが、それにたいして、福武・日高の意志を継ぎ、マルクス主義や批判的アメリカ社会学研究の流れも取り込みながらおこなわれてきた研究は、どこまで取り組むことができているのか？

一九九〇年代になって、日高および高橋徹の影響のもとマルクス主義を取り込み、七〇年代以降のヨーロッパ現代思想の諸成果を取り込もうとした見田宗介が中心になり、『岩波講座現代社会学』が刊行された。これには、中堅から若手の社会学者の多くが寄稿し、それまでの社会学の枠を超えて多様で柔軟な諸研究が展開されている。しかしこれは、戦後日本社会学の連字符的構成を崩すものでもあったので、北川が中心になり、『講座社会学』の新版が展開されてきている。また、二一世紀に入り、日本社会学の大きな時代転換への対応を示す意味で、日本社会学会の編になる『社会学事典』も刊行され、見田の後継者たちによる『現代社会学事典』も刊行されてきている。

こうしたなか、上に見たように日本政府は、一方的な解釈改憲によって事実上戦争のできる体制をつくろうとしてきており、沖縄の辺野古に新しい米軍基地をつくろうとする一方、選挙権行使年齢の低下をつうじて、より多くの若者をこの体制に巻き込もうとしてきている。解釈改憲や国会開会拒否などの憲法違反を重ねながら、現代日本民主主義の基底である立憲主義までを否定しようとしてきている政府与党に、どう対応すべきなのか？　日本の社会学はどこまで時代の課題と取り組み、新時代にふさわしい解決策を出しえてきているであろうか？　本書は、それじたい、その点検の試みであるとともに、広く日本社会学にそうした点検を呼びかける問題提起の書である。

第Ⅰ部　戦後民主主義の社会学と社会運動論

北川隆吉とマルクス主義社会学

副田　義也

Ⅰ　はじめに

富永健一の『戦後日本の社会学――一つの同時代学史』（二〇〇四年）は、概算で四〇〇字づめの原稿用紙で約一二〇〇枚の大著である。その全体は六章から成り、第五章は「マルクス主義社会学」と題されている[1]。この稿をかくために、私ははじめてその第五章をよんだ。私のかぎられた読書体験によるにすぎないが、日本のマルクス主義社会学をとりあつかって、これは、ほかに例がない規模の大きさの作品というべきであろう。なお、念のためにいうが、旧ソ連・東欧のマルクス主義社会学については、石川晃弘『マルクス主義社会学』（一九六九年）があり[2]、これと富永著を比較するとおもしろい議論ができそうだが、それは別の機会の仕事である。

富永著の第五章は、前半は日本におけるマルクス主義社会学の成立と展開をあつかい、後半はその代表的業績の論評についやされている。もっとも第五章にかぎっていえば、富永の文体はしばしば感情的になる悪口雑言調であり、かれの言葉によれば、前半の展開は解体・崩壊であり、後半の論評はつねに社会学ではないという全面否定に終始するのであるが。その前半に登場する主要な研究者たちは、福武直、河村望、蓮見音彦、細谷昂、北川隆吉、芥川集一、田中清助などであるが、富永がかれらのうちでもっとも重視する人物は北川である。福武はマルクス主義社会学を提言したが、みずからそれをつくった訳ではない。「ではそれをつくったのは誰だったのか。福武に密着しながら戦後第一世代をマルクス主義に向けてオーガナイズした中心人物として、ここでは北川隆吉の名をあげよう」[3]と富永はかたりはじめている。

北川の著作は、すべて編著または共編著で、北川が序論部分をかくのみである。実質的内容を分担執筆するのは「ほぼ固定した顔ぶれの常連執筆者」であり、かれらこそ、「北川を監督とする戦後世代マルクス主義社会学『チーム』の担い手」[4]である。富永の以上の叙述は、例外が一、二みいだされるものの、大筋では正確である。

この「マルクス主義チーム」の旗揚げが最初になされたのは、北川共編著のうちでも最初期のものに属する『講座現代社会学』(全三巻・一九六五年)であった。これにたいして、北川のチームの最後の仕事になったのは、北川監修『現代社会学辞典』(一九八四年)である。[5]これら二著は、日本におけるマルクス主義社会学の形成と展開にとって、出発点と到達点とみなしうる。富永によるこの見取図も出来事の選択については、それなりに説得的である。しかし、前出の二著が準備、刊行された六〇年代から八〇年代にかけて、北川に近い立場にいた私としては、出来事の出現するための諸条件や意味するところについては、富永としばしばいささか、ときには大きく異なった見解・解釈をもっている。以下、簡潔にそれらを紹介し、富永の説くところを論評する。

前出の二著を論じるにあたり、富永の論議で欠けていると私にはおもわれる二つの視点をまず指摘しておこう。

第一。北川隆吉がマルクス主義社会学の成立と展開に大きい役割をはたしたことは確かである。しかし、その役割についてゆきとどいた理解をするためには、かれがマルクス主義社会学について、「かいた」ことと「やった」ことを区分する必要がある。かいたこととは、かれ個人が論文やメモランダムにのこした記述である。やったこととは、かれの影響下にあった人々をつかって編集した書物の内容である。北川は、前者においては中年期をすぎてからは凡庸な書き手でしかなく、平凡な指摘を意味ありげにかきならべることが多かった。そのうえ、気の毒なことに晩年には文章がかけなくなっていた。しかし、後者においては、かれと親しく交わった多彩な才能の持ち主たちを動員して、同時代のマルクス主義の文献には例をみない斬新な視角や分析をくりひろげる業績を発表した。それはオーケストラの指揮者が個別の楽器では楽団員たちほど巧みに演奏することができないが、集団としてのオーケストラを指揮・演奏させるとかれらのだれも及ばない能力を示すのを連想させる。

このオーケストラ指揮者になぞらえられる北川の才能をどう説明しようか。社会学界において、そのような才能を、一般論の形式にせよ、特定の個人のものにせよ、考察した先例を私は知らない。止むをえず、その才能の断片的特性を目に付くかぎりでアト・ランダムに拾っておくことにする。まず、もっとも目につきやすい特性として、多彩な才能と個性をもつ多数の研究者たちとの人脈がある。この人脈を北川は、日本社会学会、勤務先の諸大学、アカデミック・ジャーナリズムのそれぞれにおいて構築した。なかでも、日本社会学会で庶務理事を三期、常務理事を一期つとめたことは、策略を好み、ひとの世話をよくしたかれの性癖とあいまって、学会人事、これと関連する大学人事でのかれの影響力をたかめ、その人脈を豊かにした。この間の諸事情についてはまだくわしい話をする時期ではないが、庶務理事の任期は一期のみとするという原則がかれのばあいだけ守られなかった。これは学会におけるかれの支配力を決定的につよめたと私はみている。また、社会科学ひいては社会生活の諸分野における新しい動向に、北川は旺盛な関心をもち、広い範囲の情報を収集していた。その大部分は伝聞情報であったとおもうが。私自身、文学者の戦争責任の問題をいっしょに研究しようと急にいわれて、驚いたことがある。社会学者の戦争責任の問題を先にやるべきでしょうと返事をしたのを憶えているが。その後、この件につづく提案はなかった。
第二。マルクス主義社会学の成立と展開についての富永の説明は、あまりに学会内部の人間関係に鍵を求めすぎるといわねばならない。たとえば、福武がマルクス主義社会学の必要をいい、福武の門下の北川がそれを編成したという。（ところで、北川が福武の門下というのは適切だろうか。松原治郎や蓮見音彦が福武の門下というのと同じ意味で、北川が福武の門下というのには無理がある。）[6]
北川がマルクス主義社会学の成立と展開に大きい役割をはたしたとしても、つぎの外在的要因について最小限の言及をおこなうべきではなかったか。（1）日本の政治的現実におけるいわゆる五五年体制。一九五五年から九三年まで自由民主党と日本社会党の二大政党制がつづき、日本社会党は政権はとれなかったが衆議院で議席の三分の一強を占めて、一定の政治的影響力をもちつづけた。その期間、とくに前半において、日本の政治的世論があるべき社会をかんがえるさいに社会主義イデオロギーは有力因子のひとつであった。
（2）北川は一九五二年、東京大学大学院に進学し、五三年には文学部助手となる。かれは産業労働、労働運動の研究を志し、大河内一男、隅谷三喜男、氏原正治郎、遠藤湘吉などとその周辺にいる研究者たちにまじって勉強した。回想録のなかで「大河内シューレ……大河内学派……そのグループの仕事ぶり、勉強の仕方というものを学ばせてもらい大きな影響をうけました」[7]と語っている。この影響の機軸部分はマルクス主義理論であった。北川の青年時代、マルクス主義理論にかんして、経済学は先進領域のひとつであり、社会学は後進領域のひとつであった。
（3）前項でいった経済学からの知的影響をうけて、北川は二〇代の後半から三〇代前半にかけて、よい仕事をたくさんした。「小集団をめぐる問題」、「労働者の思想変革の問題と生産性向上運動」などの一連の論文は、労働運動の現状分析をマルクス主義の方法でおこない、めざましい成果をあげた。[8]これらの成功の経験が一〇年たらずのちに、マルクス主義社会学の構想全体をかんがえさせることになったとみられないか。問題は、日本社会の現実が労働運動で代表されつづけるか、方法としてのマルクス主義が有効性をもちつづけていたか、ということであったが。

2　マルクス主義社会学の成立——『講座現代社会学』（一九六五年）

『講座現代社会学』の刊行にかんする富永の回顧談を今回はじめてよんだとき、私の率直な感想は、「あれはそれほどの出来事だったのかしら」であった。前掲の著作の刊行は半世紀まえの話だから、当方の記憶がうすらいでいるせいもあるかもしれない。そこで念のためにその著作から主要作品とおぼしき数篇をよみかえしてみた。北川は、三冊本の講座全体をみわたす「まえがき」と第一巻『社会学の方法』と同題の巻頭論文「社会学の方法」をかいている。

まず「まえがき」であるが、そこではマルクス主義、史的唯物論との関係において、新しい社会学を構築しようという提言が明示的に述べられている。しかもそれは歴史的にみて重要性を増しているというのである。「いわゆる社会学は宿命的な対抗関係を史的唯物論、マルクス主義との間にもっているのである。しかし、この関係も、歴史の進展のなかで、いちじるしく変化してきている。」（傍点・北川）[9]。

この状況判断につぎの発言がつづく。

「ここにわれわれは、史的唯物論、マルクス主義を前提として、社会学への基本的検討と挑戦をおこなおうと考える。」めざす社会学は「史的唯物論にもとづく真の社会学」[10]であるともいわれる。しかし、「マルクス主義社会学」という言葉は、この「まえがき」では、つかわれていない。その言葉にふさわしい体系化がまだ達成されておらず、ポレミークの段階にとどまっているという判断がはたらいていたのか。

つぎに、「社会学の方法」であるが、北川はこれによって、講座全体の学問的リーダーシップをとることを宣告している。しかし、この論文でも、かれは、マルクス主義社会学という言葉を一回だけしかつかっていない。富永のいう「マルクス主義チーム」の旗揚げという気分があれば、もっとにぎにぎしくくり返して、その名称が連呼されたはずともおもわれるのだが。ともあれ、前掲の論文の前半で社会学史を略述して、北川は、「社会学における二つの立場」を、観念論的体制維持的社会学と唯物論的批判的社会学、いわゆるブルジョア社会学とマルクス主義社会学にしぼりこんでいる[11]。この結論で「マルクス主義社会学」が一度だけつかわれた。その要点を六つに整理しておく。

(1)社会学が成立するためには、全体的・統一的認識を必要とする社会が成立していなければならない。その社会が市民社会で、ブルジョアジーによって代表される。市民社会の構成原理と問題性は、資本主義における労働の本質から解明される。

(2)社会学の成立は、まずA・コント、ついでK・マルクスにみられる。北川は、両者の出現における時間的関係を、ともにサン・シモンに負うところが大きいといって、曖昧にしている。社会学の規定が両者ではするどく対立する。

(3)一九世紀初頭のブルジョア体制の新段階において、マルクスの提起した方向と方法によって、社会学が、社会学批判の形式においてあらわれる。唯物論と観念論。プロレタリア(的)実践的社会学とブルジョア(的)解釈学的社会学が対立する。

(4)コントの提示した方法は破綻した。その社会学は再編成されねばならない。産業資本の確立と独占段階への進展のなかで、F・テンニース、G・ジンメル、E・デュルケムなどによる社会学の再生がみられた。社会学は、ブルジョアジーの自己認識の道であった。

(5)再生した社会学には二つの方向があった。ひとつは独占段階にみあった新しい社会認識の科学として再構築される道であり、いまひとつは個別的社会現象の個別認識の技術学に変貌する道である。後者は、科学主義・数学主義の傾向を助長した。

(6)前段でみた状況は、一九四〇年代以降のアメリカ社会学においても、反省と検討の対象となっている。資本主義の全般的危機にたいおうして、一国家、一民族の問題としてではなく、ヨーロッパ的規模、全世界的規模の一般的理論の構築が急がれている。T・パーソンズ。ほかに、社会学の技術学化の進展、社会学の二つの立場の再統合もみられる。J・P・サルトル、R・ダーレンドルフ。

北川個人がかいた作品からはなれて、かれが編集した『講座現代社会学』全三巻が、マルクス主義社会学の全体像をどのように構成していたかをみておこう。その各巻のタイトルと編者はつぎのとおりである。

『1．社会学方法論』北川隆吉編。

『2．集団論』芥川集一編。

『3．社会意識論』田中清助編。

さきに第一巻の「まえがき」で述べたように、北川は三巻全体の編者でもある。

第二巻は、芥川が巻頭論文「社会構成体の理論と集団」をかいており、その内容は要約的にいえば、史的唯物論の紹介である。[12] これによれば、経済的社会構成体は土台と上部構造により構成される。土台は生産力と生産関係の矛盾と統一である。生産力の発展により生産関係は変化し、構成体は、原始共同体、奴隷制、封建制、資本主義、社会主義、と推移する。人びとは、その生産関係において階級的存在であり、それに加えて諸集団に帰属する。この巻では、現代社会を分析するさいに階級概念を集団概念より重用するべきと主張し、家族、地域、職場などを論じている。

第三巻は、巻頭論文「社会意識と社会的存在」を真田是がかき、編者の田中は、第二論文「科学的社会主義・共産主義の問題をめぐって」の執筆にまわっている。真田論文は、社会意識は社会にかんする意識であり、社会的存在によって規定されるとする。それは上部構造にふくまれ、プロレタリアの階級意識はそこに属して、階級闘争の一因である。[13]

この概念規定を前提にして、田中は、社会主義理論、共産主義理論の科学化を論じるところに進んだ。

三巻の内容をとおしてみるとき、それらをつうじて北川が描きだしたマルクス主義社会学の守備範囲が、おもいがけず狭かったという感想がある。第二巻と第三巻にかぎっていえば、観念的なマルクス主義の革命理論を素描しただけとみえる。運動の実態にとらわれて二〇世紀の資本主義国家の解明がまったく欠落している。これについては、北川がかれの研究生活において、労働運動に伴走しつつ、闘争の対象を個別資本かその連合に限定しがちだったせいではないかともかんがえている。

あるいは、一九五〇年代の後半から六〇年代の前半にかけて、東京大学出版会の『講座社会学』が刊行されており、それによって社会学の対象を大別すると文化、集団、パーソナリティであるとする見方が一般化した。北川の念頭にもそれがあり、『講座現代社会学』の主題別構成を第一巻パーソナリティ、第二巻集団、第三巻文化とみたてたのではないか。

3　『講座現代社会学』の書評

一九六五年の編著『講座現代社会学』第一巻「社会学方法論」において、北川は、すでに論文の執筆者としては凡庸な存在であったが、著作の編者としては抜群の力量を示した。ただし、私自身が北川の子飼いの研究者たちのひとりであり、前記の著作の執筆者たちのひとりでもあるので、その力量をかたるのがむずかしい。なにをいっても、公平さを欠いていると疑われるのではないか。一つの便法として、同時代の代表的社会学者がかいたその著作の書評を紹介してみよう。「京都大学新聞」に作田啓一がかいてくれた書評である。これは、北川が三人の執筆者をえらび、かかせ、一冊にまとめた腕前をみとめているともよめる。

“全体的な(生の)欲望”が出発点／マルクス主義社会学樹立めざす／作田啓一

この講座はマルクス主義の立場から、社会学的知識の編成を企てている。執筆者には若い研究者を動員し、いわゆるブルジョア社会学に対抗して、マルクス主義社会学を樹立しようとする一つの試みである。第一巻は「方法論」となっているが、内容に即していえば、むしろ「社会と個人」と題したほうがぴったりする。北川隆吉氏が序説にあたる一章を書き、第二章では、近代社会においてどうして「社会と個人」問題が発生したかがイデオロギー論の立場から取上げられ(三溝信氏)、第三章では欲望と認識の理論が展開され(副田義也氏)、第四章では現代のパーソナリティ論と集団論が批判されている(中野収氏)。

全体を通じてもっとも明快なのは第二章であり、社会学がブルジョアジーの危機意識を反映して成立する社会的背景が、説得的に論及されている。とりわけ「イデオロギーとしての自由主義」と「有機体的社会観」とが、ブルジョアイデオロギーの両極としてとらえられ、どちらも人間の本質的な連帯を無視しているという指摘は興味深い。今日の社会学理論の前提を「自由主義」と「有機体説」との連関で位置づけることができたら、このイデオロギー論は実り豊かな仕事となるだろう。だが残念にも、この章はそのような将来の見通しを暗示するだけにとどまっている。

第三章は第二章のように蓄積のある研究部門ではないから大変問題の多い章だ。個々の生理的欲求や社会的欲求のような部分的欲求ではなくそれらの部分が派生してくる根源としての「全体としての生の欲望」をもって、研究の出発点におこうというのが執筆者の提案である。オリジナルな着眼だが、この欲望をもってさまざまの行動の説明原理にまで持ってゆく道は、まだずいぶんと遠いという感がある。執筆者はブルジョア心理学の欲求論は、「全体としての生の欲望」に適当な位置を与えなかったから、ダメだという。しかしそのかわりに、たとえばフロイトは、リビドー(それは「部分」的かもわからないが)の概念によって、神経症的なさまざまな行動を説明した。

「全体としての生の欲望」はそのような説明概念にまでいたっていない。

第四章は十九世紀末までで終わった第二章を承けて、二十世紀にかけての思想を検討している。フロイト、M・ウェーバー、プラグマティズム、アメリカ社会学が批判の対象である。歴史的使命を終わったブルジョアジーは真に実在を反映する理論を構成しえないという前提があり、この前提を承認しえない人にとっては、難解な個所がある。たとえばウェーバー批判がそれであり、彼の理念型は、実践を抜きにしながら認識の客観性をかちえようとする「苦しまぎれの案出」（二一九ページ）である、という。興味深い解釈だが、実践をともなうフィクションとそうでないフィクションとが、結果においてどう違うのか、理論的に述べられていないので、非マルクス主義者には理解がむつかしい。

　この本が書かれた主要な動機を次のように解することができる。「〇〇こそ大切だ。だがブルジョア科学はその〇〇をとらえそこなっている」。この動機はすでに戦前の「社会学批判」いらい、私たちになじみ深いものである。私たちはマルクス主義者から、もっとほかのことも聞きたいと思っている。「なぜ〇〇が大切で、××は大切でないのか」。次に「××は大切でないとしても、××を説明する社会学的知識は、マルクス主義社会学の体系の中のどこにはいるのか」。ブルジョア社会学も、もっとトータルな社会の把握をもとめている。その際、マルクス主義者に期待されているものは、たんに欠如の指摘ではなく、補強の提案である。しかし私たちはせっかちであってはならない。この本はそのような期待にこたえてゆくための第一歩であるに違いないからだ。（青木書店刊・B5判・三百八十ページ・五百五十円）教養助教授（京都大学新聞一九六五年六月二八日）[14]

　作田は、社会学界の東のスター・日高六郎とならぶ西のスターである。半世紀まえ、学界に実質的にデビューするにあたり、作田からこのような書評を贈られて、われわれは気負いたった。いまよめば、「お手並み拝見」と半分はいなされているのだが。そこから連想するのだが、前後して、北川から「日高が君の論文をよんだそうだ。副田くんはよく伸びたねと、いっていたよ」といわれた。私は、自分が平静な表情を保っていることを意識しつつ、この言葉に対応していたが、それをその後長く記憶していたのだから、この賞め言葉につよい印象をうけていたのであろう。ひどすぎる出来の修士論文を提出して、日高をあきれさせたのは、その七年まえのことであった[15]。

この稿をかくために若干の自他の過去の著作をよみかえし、あらためて感じたことのひとつは、一九六〇年代の前半期において、北川グループのなかで私がとびぬけて異端的であったという事実である。気付いてみれば、それまで、それを充分に意識しなかったことのほうが不思議に感じられた。この事態の根本的原因は、私が、文学とくに小説の創作につよい動機をもち、社会学への関心はそれにつぐものであったということにある。私は、文学的思考に社会学的思考が侵入することがないように自分をつよく律していたが、社会学的思考に文学的思考をつきつけることにはためらわなかった。私は、マルクス主義理論にはじめて接したとき、それはなかなかよくできているとおもったが、その文学理論や美術理論は児戯にひとしいとみていた。一九世紀の産物としてのマルクス主義によっては、二〇世紀の文学、美術は乗り越え不可能であるとかんがえた。

文学と社会学を峻別する論理は、私の内部で、社会学と政治的実践を峻別する論理に転化した。マルクス主義理論はよくできており、それは熱心に学習・研究にあたいするが、社会党や共産党に入党し、デモや請願運動に出かけるのは時間の無駄づかいであると、私はかんがえた。

一九六〇年代後半、北川が、かれが主宰する研究会に参加している若手研究者たちに、日本共産党への入党を一律にすすめたことがある。園田恭一が御茶の水女子大学から東京大学医学部保健社会学科に転出することになり、北川は、かれの子飼いの研究者たちが東大に囲いこまれるのを怖れたのが一因であると、当時、いわれた。ことの真偽は知らない。北川は私にも一対一で会って、入党を希望した。私は、この申し出をその場で断ろうとおもったが、おもいなおして一週間の猶予をもらい、一週間後に法政大学の北川研究室に出むいて断った。

この件では、後日、北川側近の宇津栄祐（中央大学）から喫茶店に呼び出されて、散々にいびられた。三溝が立会ったと記憶する。宇津は独特のネチネチした口調で責めたてるのだが、要約すれば、青木の『講座』にかかせてもらえるのに、入党を断るのはけしからん、そんな勝手をするのなら、『講座』にかかせないようにしてやる、という品の悪いおどしであった。これは、デビュー論文の発表を楽しみにしている若い研究者にとって辛いおどしであったが、私は、私ばかり責めないで、三溝にもいってくれと云い返して、抵抗した。三溝からは後日、自分はあのときすでに入党していたのだが、それをいえなかったという挨拶があった。もっとも、宇津は、それに先立って、恋愛・失恋しており、そのさいの愛の告白のテクニクなどを私から伝授されているいきさつなどがあって、恫喝にすごみがかなり欠けていた。

4　マルクス主義社会学の発展

一九六五年の『講座現代社会学』全三巻の刊行から、一九八三年の『現代社会学辞典』の刊行のあいだに、北川隆吉のマルクス主義社会学にたいする態度は大きく変化した。おそらく、その変化の基底には、マルクス主義者、日本共産党員としての北川の変化があったのではないかと推察されるが、私にはそこに立ち入るための資料がない。マルクス主義社会学にたいする態度の変化にかぎっていうと、六五年には史的唯物論を絶対視して、ブルジョア社会学と対抗するマルクス主義社会学の構築を宣言している。しかし、八三年には、それらの言説は、姿を消すか、いちじるしく後退したものになっている。具体的にみてみよう。

『現代社会学辞典』において、北川は監修（者）となり、佐藤守弘、三溝信、副田義也、園田恭一、中野収の五人が編集（編者）となっている。北川は、巻頭の序文「到達点の確認から新しい一歩へ――刊行のことば」を執筆し、それにつづく大項目の「社会学」を、三溝、副田と分担執筆している。

北川のマルクス主義社会学にたいする態度の変化は、最初の序文によくあらわれている。かれは、それを、戦後日本における社会学の歩みから説きおこしている。敗戦直後の社会学は航路目標をもたぬ数隻の帆船のようであった。それは社会学の責任というより、当時の社会状況の反映であった。著名な社会学者たちのなかにも、公職追放になる者がおり（高田保馬、新明正道）、評論活動にはげむ者がいた（清水幾太郎、服部之総）。社会学におけるマルクス主義の衝撃波は、他分野におけるより、当初は弱かった。その後の主要な動きとして、西欧社会学理論の輸入―アメリカ社会学の調査研究の受容、ウェーバー的価値判断排除―マルクス主義の主張などがあった。やがて前近代―近代、全体主義―民主主義などの図式が重用されるようになるが、他分野からの借り物の印象は否定されることができなかった。

これらの傾向を転進させたのは、アメリカ社会学の摂取・導入である。それは、たちおくれていたマルクス主義、とくにその哲学にたいして清涼剤的役割をはたした。この日本の社会学に刺激をあたえたアメリカ社会学の業績の創り手のなかには、マルクス主義と対決・葛藤した経歴をもつ者が多かった。日本の社会学のなかでマルクス主義者が発言権をもち、有効な発言をするようになるのは、スターリン批判以後である。ただし、非スターリニズム＝西欧型マルクス主義の影響は、一九二〇年代からわが国の社会学の内部に存在した。（この北川の指摘に対応する歴史的事実は私にはおもいあたらない。）七〇年代以降、西欧、アメリカ、カナダなどでマルクス・ルネッサンスと呼ばれる新しい動向があり、それは広義のマルクス主義社会学とみることができ、第三世界の社会学と呼応するものであった。[16] 以上の現状分析をへて、北川はつぎのようにしめくくる。

「かくて、西欧型古典派社会学―アメリカ型現代社会学―マルクス主義社会学、の三層（あるいは三極）構造による相互浸透または対立が出現することとなった。一九五〇年代に入って、西欧型をふくめたかたちで、アメリカ現代社会学のT・パーソンズの構造―機能分析が主要理論となってクローズ・アップされるが、潜在的・基本的には、この三極構造がその後の三〇年近くをかたどるものとなっている。本辞典の執筆者は、この基本構造への理解をもち、そのなかで相互浸透に心がけ、さらに新しい現代社会学の創造にむかって挑戦している点で、共通の基盤にたっているといえる。」[17]

一九六五年、マルクス主義社会学はブルジョア社会学と対決しつつ、史的唯物論に主導されるか、史的唯物論そのものであった。一九八三年、マルクス主義社会学は、かつてブルジョア社会学と呼ばれた西欧型古典派社会学とアメリカ型現代社会学にたいして、相互浸透を要請されている。この変化の基本的原因はなにか。それを確定するための決定的資料はないが、仮説を試作するつもりで、三点をいっておく。

(1)一九六〇年代、七〇年代をとおして、ソ連をはじめとする中国、北朝鮮、その他の社会主義諸国の政治、経済、文化の実状が、日本の知識人に次第に知られるようになってきた。それは国家官僚が秘密警察と強制収容所をつかって支配を貫徹する独裁国家であり、経済は停滞しており、文化に自由はなかった。それらの実状を次第に知ることが、マルクス主義にたいする深刻な疑問を北川に生じさせていったのではないか。そのばあい、かれの現実主義的な発想が、その疑問をもつことへの抵抗を少なくしたとおもわれる。この件について私は個人としては早くからさめており、六〇年安保の騒動のさなかで、社会主義や共産主義への憧憬をにじませながら、安保反対を叫ぶ大学人たちをひややかにながめていたが。北川は、それらのイデオローグのなかにいたが、われわれ若手の研究者たちにつきあうときには社会学の古典をよめとしきりにいうようになった。テンニースの『ゲマインシャフトとゲゼルシャフト』をテキストにした研究会で、北川がつけたコメントがまことにあざやかであったのをいまでも記憶している。この北川の古典志向は七〇年代以降のなにかを予感して、それに備えるためのものであったのだろうか。私はボスの方法に学んで、二〇代の終りから六〇代の半ばまで『資本論』にはじまり、フロイト、ウェーバー、デュルケム、ジンメルのそれぞれの著作集をテキストにする月例研究会を主宰した。

（2）一九六九年四月から七〇年三月まで、北川は、法政大学の学生部長をつとめた。東京大学で大学紛争がはじまるのが一九六八年一月、同年から翌六九年にかけて、全国各地の大学に紛争は飛び火して拡大し、多くの大学でたちまち泥沼化した。大学紛争の全体像のラフ・スケッチは、先行するほかの書物で試みているのでくり返さない[18]。法大のばあいも、その例外でなかった。大学で紛争が激化してゆく時期に、北川は大学を代表して、学生運動の突出部分と対峙したのである。当時、法大は全共闘系学生が六二年館などを占拠中であった。六九年一〇月一五日午後七時から徹夜をはさんで一六日午後四時半ごろまで、大学近くのホテルの地下一階宴会場などで、北川学生部長と各学部代表の教員各一名計八名と全共闘系学生一五名のあいだで、学園正常化のための折衝がおこなわれた。しかし、話し合いがまとまらず、一六日の午後には、学生たちが教員に暴行をくわえるようになった。北川は床に正座をさせられ、学生たちがその周りをとりかこんでなぐる、けるなどしつつ、自己批判を強制した。警官隊から救出されたとき、北川は頭部から血を流しており、病院にただちにはこばれた[19]。

この監禁事件の体験が、北川のマルクス主義社会学にたいする態度変容の一因となったのではないかと私は想像する。くわしくいうゆとりはないが、マルクス主義には歴史の進歩のひとつのきっかけとして暴力を肯定・支持するイデオロギーが内包されている。全共闘の学生たちは、そのイデオロギーを劣化させつつ継承していた。かれらは、それによって、北川に暴力を行使し、かれの人格を侮辱した。北川は自尊心がつよいひとであるから、それをきっかけに、マルクス主義に違和感をもちはじめたのではないか。私は、事件のすぐあと、北川との個人的対話のなかで事件にふれたことがある。かれはその話題の提起に応じようとしなかった。私は、不断の北川なら喋るのにとおもいながら、いくらか不自然な例がない沈黙にかれの心的外傷を感じとっていた。北川の友人たち、同僚たちのなかには、この私の推測に同意しない人びとも多い。かれは、私がおもっているよりタフだというのである。しかし、私は、私の推測に固執する。

（3）現代のさまざまな社会的事象のうち、時代の価値意識はそれを研究、理解することをつよく要請しているのだが、マルクス主義あるいはマルクス主義社会学がそのための方法をまったく、あるいはわずかしか提供しないという経験が研究者たちのあいだで生じた。たとえば、性、差別、環境、福祉。マルクス主義の側では、出自が一九世紀の社会思想であるという制約があった。さきに例示した問題群には二〇世紀、とくにその後半に入って深刻に認識されるようになったという事情があった。この状況のなかで、マルクス主義理論を方法に採用する研究者たちには、二つの選択肢があった。ひとつは、新しい社会的事象の理解に役立つならば、マルクス主義理論以外の方法であっても、それを併用する。いまひとつは、マルクス主義理論のみを方法として、その方法への忠誠を守り、その方法で処理しきれない問題は存在しないことにする。北川が選択したのは第一の道であったのはいうまでもあるまい。

このあたりで、大項目「社会学」の出来栄えにふれておこう。大項目主義の社会学辞典である以上、巻頭の大項目は「社会学」でなければならず、それは監修者の北川か、かれにかわることに大方の理解がえられる研究者が執筆しなければならない。当初、北川は、項目と執筆者のライン・アップを決めるとき、「社会学」は北川自身が執筆すると決めて、われわれ編者もそれを当然の決定としてうけいれていた。ところが、そのころには北川のなかで学術論文のためのまとまった文章がかけない状態がかなり進行していたらしい。結果として、北川をのぞく全執筆者の原稿が提出されてから、一年あまり、北川の「社会学」の執筆まちの状態がつづいた。しかし、編集者をつうじてもれ聞こえてくる情報によれば、北川の執筆がほとんどすすんでいないらしかった。この状態にかんして、一、二の執筆者から手きびしい催促と抗議があり、北川をまじえた編者会議は、三溝と私に「社会学」のなかの得手の主題について四〇〇字づめ原稿用紙で各一〇〇余枚をかいて、北川にわたし、北川がそれぞれから適当な部分をぬいて「はじめに」と「おわりに」

をつけて一五〇枚前後の作品をつくるという苦肉の決定をした。

かぎられた時間の制約のなかで、三溝と私はベストをつくした。三溝は学史をかき、私は社会的行為論にもとづく社会学者の研究活動をかいた。すなわち、社会学の社会学である。われわれは水準以上のドラフトをかいたとおもう。しかし、それに北川がかきくわえたかなり長めの「おわりに」にあたる部分の出来は無残なものであった。くわしくいうことは忍びがたいが、学会政治・人事のみを意識してかかれた文章とでも総括するほかない。マルクス主義社会学にかんする説得力がある言及は皆無であった。この件にかんしては、前出文献における富永の批判は全面的に正しい[20]。

5　『現代社会学辞典』の書評

『現代社会学辞典』の監修者として、北川隆吉がやった仕事を、マルクス主義社会学との関連でみると、評価に二つの位相が区別される。ひとつは、現代社会学のなかでのマルクス主義社会学の相対的独立性・支配性の主張を意識して、北川の仕事は、その主張が敗れたことのあらわれだとみる。『現代社会学辞典』でマルクス主義社会学が解体したという富永健一の見方はその一例であろう。いまひとつは、現代社会学のなかでのマルクス主義社会学を諸派のひとつとみて、北川の仕事により、マルクス主義社会学が諸派の協働に吸収されたとみる。『現代社会学辞典』でマルクス主義社会学と西欧型古典派社会学とアメリカ型現代社会学の相互浸透の北川による呼びかけはその一例である。

私は、一九世紀後半から二〇世紀にかけての日本社会の歴史社会学的研究＝現状分析に従事した経験から判断して、第二の見解を支持する。しかし、この判断には主観の介入はさけることができない。ましてや、私は、『現代社同時代の代表的社会学者たちがかいた書評を手がかりにすることにする。田中義久と奥田道大の書評をつかう。

会学辞典』の編者たちのひとりであり、大項目「社会的行為」の執筆者でもある。ここは先行する節の手法を踏襲して、

社会学の到達点と転換の方途／田中義久

ひとは、この欄に「辞典」がとりあげられたことを、奇異に思われるかもしれない。しかし、社会学のような新しい学問分野にとって、この本格的な辞典が刊行されたことは、一九五八年の福武直・日高六郎・高橋徹編「社会学辞典」(有斐閣) 以来、実に四半世紀ぶりの快挙なのであり、おのずとその後のわが国の社会学の展開とその到達点とをさし示すひとつのメルクマールの役割をはたしているのである。B5版で八〇〇ページにおよぶ大冊のこの辞典は、こうして、現代日本の社会学におけるパラダイム転換の方途を占うものとして、注目に値する。そのことは、「流動的・変動期的性格にみちており、個々の分野についても、また全体としても、学問的に新しい飛躍が必要とされている段階」という監修者の現状認識にも、よく反映されていると言えよう。

内容的には、大項目主義の観点から三五の基本的なコンセプトがとりあげられ、それぞれについて四〇〇字平均六〇枚という論文形式の丁寧な解明があたえられている。そこでは、第一に、現代社会の分析に不可欠と思われる諸概念が、①社会学(方法と対象)、②社会的行為、③文化、④社会集団、⑤社会構造、⑥社会変動という領域に区分され、第二に、それぞれの概念についての読み直しをはかる視点に立って、①概念規定、②周辺・関連概念、③研究史、④実証研究、⑤問題点と課題、が整理されている。広範かつ多岐にわたる基礎概念の解明に全体としてひとつの体系性をもたらしたのは、おそらく、三溝信はじめ五人の編集委員による五年ごしのねばりづよい編集活動であったろう。

とりあげられた大項目のなかには、「現代社会論」(稲上毅)や「社会調査」(石川淳志)などの伝統的なコンセプト

となならんで、「環境」(布施鉄治)や「性」(井上俊)などの新しい基礎概念の導入も試みられている。評者の個人的関心からすれば、「宗教」(池田昭)、「家族」(布施晶子)、「国家」(細谷昂)、「社会的性格」(水野節夫)の項目も、それぞれに力作であり、この辞典のユニークネスを支える重要な切り口を提示している。また、巻末にまとめられた資料のなかでは、「社会学関係主要文献年表」がとくに有益であり、新しい着眼として評価されよう。

三つの突破口

さて、現代社会学におけるパラダイム転換のさなかにあって、評者自身も「行為――関係」の理論の視点から新しいパラダイムを模索しつつあるが、こうした文脈からとらえかえした時、この辞典のなかにはどのような「突破口」が用意されているであろうか？　私見によれば、それは次の三点である。

第一に、「社会的行為」(副田義也)のコンセプトに内包されている課題が注目される。ここでは、社会学のもっとも基本的な概念のひとつである社会的行為の概念が、①マルクス主義理論、②生活費研究、③複数行動主義、④精神分析学派、⑤象徴的相互作用説、⑥社会的行為学派、という諸潮流のながれのなかで再検討されている。ロウントリーやタウンゼントの貧困研究を例証とする生活費研究の視点を社会的行為の論理構造に接合する試みは、きわめて示唆に富む。諸個人の階級的布置のありようを背景として、それぞれの生活過程のなかでの社会的行為の編成と連関の論理をあきらかにすることは、今日のパラダイム転換の重要な一側面だからである。したがって、前掲の六つの潮流の整理にとどまらず、もはやそれらの重層的構造化の努力へとふみ出すべき時であろう。

第二に、「現代社会論」(前出)で検討されている「産業化」の問題が注目されよう。現代文明を生成させた基軸のひとつが「産業化」であることは周知のところであるが、現代社会学が論究しなければならないのは、まさにその「産業化」がもたらした社会諸関係のポジとネガであり、そのネガをのりこえて行く新しい質をもった社会関係の構成原理である。

第三に、「産業」（河西宏祐）のなかで整理されている戦後日本におけるいわゆる「日本的」経営への評価の変遷が興味ぶかい。第一期（一九五〇年代）に封建遺制論の視点からネガティブに評価されていた「日本的」経営は、その後アベグレンからボーゲルに至る展開を経て、第四期（八〇年代）には、きわめてポジティブに評価され、時として「西側諸国のモデル」とさえ喧伝されている。ここには、「産業化」の合理的社会関係を支えるひとつの非合理的要素の問題があり、同時に、行為――関係によって媒介された「感性」と「意味」の結びつき方の問題がひそんでいる。

三五人の共同執筆ということから、これら三点を貫通した明示的な論理と展望とは、いまだ不透明である。しかし、近い将来におけるその結実を予感させる、ずっしりと重い知の体系が、この辞典には存在する。みごとなチームワークでここまでまとめあげた編者たちの努力を多とするとともに、本書がひとりでも多くの読者の机上に供されることを切望するものである。（評者は法政大学教授・社会学）（有信堂　一万二〇〇〇円）（『エコノミスト』一九八四年五月二二日）[21]

キイワードに照準あわせる／「もう一つの社会学テキスト」としての本領を発揮／奥田道大

長い年月を要して漸く『現代社会学辞典』が刊行された。期待にたがわぬ骨格のしっかりした、内容の密度の濃い大冊である。先ずは監修者をはじめ、編纂の実際にあたった社会学者の労苦を多としたい。

この大冊を手にして、昭和三〇年代の初めに福武直・日高六郎・高橋徹共編で有斐閣から出された『社会学辞典』とのレファランスを思わずにはいられない。もとより、本辞典との間には、大項目主義と小項目主義、読む事典と引く辞典の編集方針のちがいはあるものの、三〇年代初めの戦後社会学の新興・躍進期と、五〇年代終りの「戦後」のとれた日本社会学の安定・成熟期というそれぞれの時代を背景とした、一つの節目をなす成果物であることには変わりない。現在なお版を重ねている有斐閣版は、当時の時代の気運を反映して、項目の選択において拡張主義というか、社会学の周辺領域への積極的進取の方針がうかがえる。その後の社会学の展開と蓄積からすれば、当時周辺用語であったものが本辞典ではすでに中心用語として収められていることを知る（例えば「性」とか「環境」）。四〇年代、五〇年代の経過は、社会学者じしん更なる周辺領域、ニュー・フロンティアを求めて、社会学と一見無縁と思われるテーマをも射程に入れつつ、異領域との相互交流・浸透を可能にしたといえる。しかしこのことは反面では、社会学のイメージの拡散と、守備範囲の曖昧さを導いたことも否めない。現代社会学のカタログには、新用語がつぎつぎと収録されていくので、社会学としての確かな手応えのある基礎概念、キイワードが見出しにくい。このことは、異領域からだけでなく、社会学概論等の講座を担当する社会学者内部からも起こっている声である。この点、今回の『現代社会学辞典』の大項目主義は、社会学の基礎概念、キイワードに照準を合わせたとも解せる。社会学の守備範囲というよりか攻撃範囲を身上としてきた執筆者の顔ぶれからすると、本辞典は意外と地道というか、手堅さを印象として受けた。しかし拡大よりも求心化のベクトルで、社会学の現段階の基礎概念を一定の体系のもとに編みあげた本辞典は、結果として成功した企画となった。一般読者にとって、むしろこの大項目のキイワードを回路として、拡がりと膨らみある社会学周辺の地平を、自由に見通すことができるにちがいない。

網羅主義を排した本辞典のキイワードとは、社会学・現代社会論・市民社会論・社会調査・社会的行為・労働・性・コミュニケーション・社会的逸脱・社会規範・文化・社会心理・社会的性格・イデオロギー・宗教・マスコミュニケーション・教育・科学技術・社会集団・家族・地域社会・社会組織・生活構造・環境・社会構造・社会体制・社会移動・産業・職業・社会変動・階級・権力・国家・社会運動・社会計画の三十五項目である。各項目を章立てとすれば、本辞典はそのまま現代社会学大系、あるいは概論としての体裁をなすことになる。スタンダードな社会学テキストを持ち合わせない現在、本辞典は「もうひとつの社会学テキスト」としての本領を発揮してくるにちがいない。例えば、マクミラン版の社会科学辞典の「ソサエティ」の項目が、江湖に親しまれる社会学の好論文をなしているように、いわば現代社会学のアンソロジーとしての三十五項目は、日本社会学の現水準を示す好論文が散りばめられている。各項目ともに、概念規定―周辺・関連概念―研究史―実証研究―問題点と課題―文献リストの統一枠組が示されている。この枠組からはみ出した意欲作が見られる。頭から引いても、例えば現代社会論、社会的行為ともに、タッチの違いはあるが、それじたい独立し得る好論文である。ただし大項目だけに、三〇年代当時と比べて、水準の〝凍結〟ないし〝沈下〟を感じさせる項目もないではない。

いつの日にか、本辞典を下敷きとした中項目・小項目主義の『続・現代社会学辞典』の刊行されることを、期待したい。さしあたり四月から開講の社会学概論で、文庫本小脇の身軽な学生に向かって、図書館や自室の机に帰り、本辞典の頁をくることを薦めたいものと、今から楽しみにしている。（B５七五九ページ・一二〇〇〇円・有信堂高文社）（おくだ・みちひろ氏＝立教大学教授・社会学専攻）（『読書人』一九八四年四月二三日）[22]

二つの書評は、ごらんのように、個性的でありつつ、似通った評価と指摘をふくむ。田中は文化と社会心理、奥田は都市と地域、と専門分野を異ならせつつ、手だれの研究者として、みるべきところは共通してみている。さしあたっては四点の批評に注目する。

(1)『現代社会学辞典』の刊行は、一九五八年の有斐閣の『社会学辞典』以来の快挙である。それは日本の社会学にとって「展開と到達点」（田中）であり、「節目をなす成果」（奥田）である。この快挙はまず、北川の仕事であった。

(2)『現代社会学辞典』は大項目主義をとり、「現代社会の分析に不可欠の諸概念」（田中）をとりあげ、「社会学の基礎概念、キイワード」（奥田）に照準をあわせている。三五の大項目の選択の支持は、北川のいう社会学の「三極の相互浸透」の支持である。
(3)各項目が、概念規定、周辺・関連概念、研究史、実証研究、問題点と課題、と整理されている。(田中、奥田)
(4)現代社会学は新しいパラダイムを模索しているが、その突破口となるのは「社会的行為(副田)、「現代社会論(稲上毅)、産業(河西宏祐)である(田中)。「現代社会論」「社会的行為」は、「日本社会学の現水準を示す好論文である」(奥田)。

6 補遺

前節末尾に紹介した私の論文への好評に深謝する。このような紹介は省くつつしみ深さはもちあわせているのだが、さきに紹介した富永著のなかに私の作品への党派性をむきだしにした悪評があり、評価のバランスをとるため、止むをえず、つつしみをしばらく措くことにする。私の論文の構成は田中が紹介したとおり、六つの学派の理論を論じて、四〇〇字づめ原稿用紙一七〇枚、全三二節から成る。富永はそのうちのマルクス主義理論を論じた六節のみをとりあげ、マルクス主義理論に行為理論はなかった、副田は行為理論という概念を誤用しているという。富永は、ここで、ウェーバー＝パーソンズ流の行為概念を絶対視して語っているらしい。私は前出の六つの学派の所説を包含する社会的行為の概念を新しく定義して、つかっている。一般に概念は定義をしてその定義どおりにつかえば、誤用ということはありえない。ただし、その概念が分析にとって有効である程度はさまざまにわかれるが。

注

1　富永健一『戦後日本の社会学――一つの同時代学史』東京大学出版会、二〇〇四年、第五章、二七七―三四四ページ。
2　石川晃弘『マルクス主義社会学』紀伊國屋新書、一九六九年。
3　『戦後日本の社会学』二八八ページ。
4　前掲書、同ページ。
5　前掲書、二八八―二八九、三〇一―三〇二ページ。
6　前掲書、二七七ページ。
7　北川隆吉『私の社会学的研究の旅路――すぎこしかたのよしなしごとども：I調査篇』東信堂、一九九九年。一四ページ。
8　北川隆吉「小集団をめぐる問題」岩波書店『思想』二八九号。「労働者の思想変革の問題と生産性向上運動」『思想』四〇六号。
9　北川隆吉「まえがき」北川編『講座現代社会学　I社会学方法論』青木書店、一九六五年、三ページ。
10　前掲書、五ページ。
11　北川隆吉「社会学の方法」北川編、前掲書、二〇ページ。
12　芥川集一「社会構成体の理論と集団」芥川編『講座現代社会学　II集団論』青木書店、一九六五年、七―四八ページ。
13　真田是「社会意識と社会的存在」、田中清助「科学的社会主義・共産主義の問題をめぐって」、田中編『講座現代社会学　III社会意識論』青木書店、一九六五年、一一―一三二ページ。
14　作田啓一「全体的な（生の）欲望が出発点　マルクス主義社会学樹立めざす」、「京都大学新聞」一九六五年六月二八日。
15　日高六郎の名前に言及した機会に、富永の『戦後日本の社会学』における日高のあつかいかたについて、ふれておく。この著作では日高にかんするまとまった記述はない。「人名索引」に日高の名前がない。わずかに「戦後日本の社会学　主要著作年表」にかれの『現代イデオロギー』一冊だけがいれられているのみである。戦後日本の社会学史における日高の存在の大きさをかんがえあわせると、このあつかいは不当に小さすぎるとおもわれる。もちろん、富永はかれなりにあるべき社会学をかんがえて、日高を排除したのであろう。私はそこに顔をそむけたくなる党派性を感知する。
16　北川隆吉「到達点の確認から新しい一歩へ――刊行のことば」北川監修『現代社会学辞典』有信堂高文社、一九八三年、ii―iiiページ。
17　前掲、iiiページ。

18 副田義也『教育基本法の社会史』有信堂高文社、二〇一二年、第五章1—3、二七六—二九七ページ。

19 「読売新聞」一九六九年一〇月一七日朝刊。ほかに、「朝日新聞」「東京新聞」にも。

20 『戦後日本の社会学』三〇三ページ。

21 田中義久「社会学の到達点と転換の方途」毎日新聞社『エコノミスト』一九八四年五月二二日。

22 奥田道大「キイワードに照準あわせる、「もう一つの社会学テキスト」としての本領を発揮」「読書人」一九八四年四月二三日。

北川隆吉の組織—社会運動論：その軌跡から見えてくるもの

矢澤　修次郎

1　問　題

北川隆吉氏は、自らの社会学研究の旅路」を整理して、それが四つの問題によって貫かれていると整理している。一つは、社会学の方法と技術、とりわけ「科学的調査」の問題である。二つは、理論と実証、この社会科学者ならば誰でも持たざるを得ない普遍的な問題をより北川自身の文脈に即して言い換えれば「教条と実証」の問題である。三つは、社会的行為、社会構造の分析のためのカテゴリー、分析の手法、より具体的に表現するならば労働と技術に焦点を当てた社会学を展開する問題である。そして最後の四つは、社会動学すなわち社会変動論を如何に構築するかの問題である（北川 一九九九：一一二—一一四）。

本稿は、北川氏の第四の問題を考察する。彼は如何にしてこの問題を獲得したのか。彼の社会変動論は、彼の長い学問的旅路のなかで、どのように変化・発展したのか。また彼の社会変動論は、今日の社会学の到達段階にとって、どのような意義と限界を持つのか。これらの諸点が、本稿の検討課題である。

もっとも、社会変動論全体が問題にされるのではない。北川氏は、自ら社会変動論の問題を、組織―運動論に限定している。この限定の当否は別にして、彼はこの社会変動論を突き詰めていけば、丸山真男の政治学の構造分析を超える何かがあると考えていた（北川 一九九九：一三七）。この点は是非とも検討しておかなければならないだろう。

2　問題の限定

北川氏は、その長い学問的旅路において、きわめて多くの社会変動論に関わる著書、論文を発表している。本稿では、そのすべてを検討することはできない。そこで、以下の時期区分に従って、その時期に代表的と思われる論文を選択して、検討を加えることにしたい。

まず第一期は、彼が研究者として研究成果を発表し始めた一九五〇年代半ば以降一九五九年までである。この時期の代表的論文は、「小集団をめぐる問題」（一九五六年）、「社会運動の類型と組織」（一九五八年）である。とりわけ後者の論文は、彼自身大きな反響を呼び起こしたことを報告しているし、最晩年に同じタイトルを掲げて再論している。この点で重要な論文とみなすことができる。

第二期は、六〇年安保のインパクトを受けて、もう一度戦後の問題を見つめ直すとともに、高度成長を踏まえて今後の方向性を見定めようとした時期である。これは一九六〇年代後半まで続いたと思われる。この時期の代表的論文は、『組織論』（一九五九年）、「伝統的『合理性』の意味」および「戦後の組織」（一九六〇年）、「社会変動」（一九六五年）などが考えられる。

第三期は、高度成長の終焉、戦後世界を全く新たな時代に導いたと言われる六八年運動の余韻の中で、組織・社会運動論の根本的な再検討が迫られた時期である。この時期の代表的論考は、「組織過程と認識過程」（一九七五年）、「「現代組織論の視角と問題」（一九七六年）であろう。

第四期は、社会主義の終焉、グローバル化などの根本的な社会変動を背景に、これまでの組織・運動論を整理するとともに、出発点に立ち戻りながら何が達成され、何が残されているかを確認し、新しい世紀において何が目指されるべきかを明らかにした時期である。この時期の代表的論考としては、「社会運動の類型と組織：再論」（一九九六年）、『社会運動研究入門』（二〇〇六年）、『社会運動・組織・思想』（二〇一〇年）などが検討されなければならない。

3　北川社会学の出発点

さてこの四期に分けられた北川氏の社会運動論の展開を跡付ける前に、北川社会学の出発点を確認しておくこととしたい。よく言われているように、研究者の最初の作品は、その研究者の生涯を貫く根源的な問題が反映されていることが多いからである。

北川氏は、これ以前に幾つかの論文や調査報告書を出しているが、彼が最初に注目された作品は、彼が『思想』に書いた「小集団をめぐる問題」（一九五六年）だったと考えられる。彼は、この作品を後に、日高六郎との共編著（『現代社会集団論』一九五八年）にも再録している。

北川氏がこの論文を書いた当時、日本の社会科学においては多くの研究者によって「大衆社会」論が論じられていた。そのことを受けて北川氏は、マス化、「人々の同質化、孤立化、原子化」は「支配層の被支配層把握の現代的形態」であり、かつまたそれに照応した「資本による職場支配の現代的形態」（北川 一九五六：一九五九b：一二九）であると考える。たしかに支配層は、労働者をマス化、断片化、原子化する。しかしその一方で、支配層は生産点、労働現場においては、マス化によって壊されてしまった、それまでは伝統的価値体系の下で持っていた労働者の「内面的統一」（北川一九五六：一九五九b：一二八）を資本の下で実現せざるを得ない。

これに対して被支配層は、小集団を基盤としながら、職場の職制の下ではなく、自主的、自立的に、しかも伝統的価値体系に依拠するのではない形で労働者の内面的統一を確立してゆくことを課題とした。しかしこの課題の追求には、大きな困難が付きまとった。なぜならば、欧米とは異なり、日本の社会結合の原理が、「没自我的、共同体的、家族主義的」（北川 一九五六：一九五九b：一三三）であったからである。そこでは、小集団の「自発的集団化、自発的集団の形成とその発展」（北川 一九五六：一九五九b：一三七）のためにリーダーシップが必要になる。北川氏は、そのリーダーシップこそ、組織―社会運動によって提供されるものであると考えた。具体的には、労働組合運動による職場集団のつくりかえであり、職場の内外にまたがるサークル運動などである。

4　第一期（一九五〇年代中頃―一九五九年）

この時期は、北川社会運動論が登場した時期であり、また北川氏の社会運動論が最も積極的に展開された時期である。この期の北川社会運動論の基本的特徴は、以下のように整理することができる[1]。

第一点は、北川氏の社会運動論は直接的には、支配層による被支配層把握の現代的形態である「マス化」と資本による職場支配の現代的形態である「職場集団の内面的統合」に対抗する、下からの「自発的小集団の形成とその指導および階級的連帯への昂揚」(八〇頁)を目指したものであるということである。

第二点は、北川氏の社会運動研究が戦後における日本の民主化の問題と離れがたく結びついていたことである。北川氏が出発点とした自発的小集団の形成は、しかしながら、ヨーロッパなどとは違って、そのままただちに確固とした人間性の回復・擁護の場であるとは言えなかった。日本においては、小集団がそうなるためには、依然として社会の根底的民主化を達成することが不可欠だったのである。いや、小集団それ自体が民主化の課題を担わざるを得なかったのである。

第三点は、北川氏の社会運動研究が、社会学におけるマルクス主義者として、マルクスを護教論的に用いるのではなく、マルクス主義の現代化を目指す立場によって貫かれていることである。彼の論文には、マルクス主義者でありながら、現代的な具体的な状況をうまく解明できていないマルクス主義に対する批判が常に含まれている。

第四点は、北川氏の社会運動研究が、体制内社会運動と反体制社会運動の対抗関係を一つの枢要な軸として行われているということである。北川氏の研究は、いわば「上からの組織化」と「下からの組織化」の対抗・相関関係という視角から社会運動を位置づけ、理解しようとするものである。彼の研究には、組織化は権力の問題でもあるとの認識が色濃く表れていると言えよう。

北川氏の主論文の一つに数えられる「社会運動の類型と組織」は、戦後の日本社会学がようやく作り上げることができた、今後の社会学の発展を支える土台とも呼ぶべき、戦後最初の社会学の講座の第八巻「社会体制と社会変動」の一節として書かれたものである。

彼ははじめに社会運動を「何らかの結社を有し、集団としての統一的行動と規律が存在し、しかも集団としての一定の目標を持ち、そのなかに指導者を有して、一定期間持続的に社会変革・改良のために行動する」(北川 一九五八a：

一八〇）ものと定義する。こうした社会運動の定義に関して留意すべき点は、彼によれば二つある。一つはこの定義は社会運動を特定の体制に固有の運動に限定しない広い定義であることである。二つは、以上のように社会運動を広く捉えるとはいえ、あらゆる運動を社会運動に含めるのではない、「なんらかの形で、社会構造・体制・権力との間にかかわりあいをもつ」「集団的行動」（北川　一九五八a：一三二）を社会運動の範疇にいれるのである。従ってこの定義からは、集合行為は社会運動からは区別されることになる。

つづいて北川氏は、基本的には階級対立、階級矛盾から生じる社会運動を体制（権力）との関連で類型化する（北川　一九五八a：一八六―二〇四）。一つは、体制の矛盾の解決を、体制の変革に求める「反体制運動」である。二つは、その体制矛盾を体制の方から「改善」「弥縫」「改良」しようとする「体制的運動」である。そして三つは、権力との関係においては「無規定的な」「中間的社会運動」である。反体制運動は、社会主義運動、労働組合運動、農民運動などを含み、その組織原則は民主集中制である。体制内運動には、生産性向上運動、国家総動員体制・新体制運動などの権力による運動が含まれる。中間的社会運動には、階級的に無規定な存在による運動（学生運動など）、階級を超えたより根源的・広汎なイシューを巡る運動（平和運動、反ファシズム運動など）、階級内部の一定の階層によって展開される運動（婦人運動など）、コミュニケーションの機会の拡大によって作り出された運動、その社会の発展過程から生じた様々な差別に反対する運動（黒人差別反対運動、部落解放運動など）などが含まれている。

最後に北川氏は、社会運動の展開として、社会運動の生成―発展―消滅の過程を描き、その過程における中核組織が確立した段階における指導部隊、指導の問題の重要性を指摘する。より具体的には、運動の戦略：戦術を確立し、運動の中核メンバーを育て、社会運動の「公然性・公開性かつ持続性・恒常性」（北川　一九五八b：二二〇）を打ち立てることが重要だと主張するのである。

5　第二期（一九六〇年—一九七〇年）

日本の反体制的社会運動は、総資本対総労働の闘いと呼ばれた三井・三池闘争において「敗北」を喫し、また一九六〇年の、反体制的社会運動にも、中間的社会運動にも収まりきらない日米安全保障条約改定反対の国民運動の結果も加わり、深刻な反省を迫られることになった。勿論、こうした事態を受けて、北川社会運動論も、根底的な再検討を行わざるを得なかったと思われる。別稿で検討したように（矢澤 一九八〇：一九六一一九八）、北川氏は、三井・三池で何が起こり、何が問題だったのかを詳細に分析したし、社会運動の組織・認識・思想に関して根源的な再検討を行うことになったのである。

以上のような作業は、五九年から六〇年代初頭にかけて集中的に行われた。北川氏は、一九五九年に編著『組織論』を出版しているが、それは明らかに「社会運動の類型と組織」を下敷きにして編集されたものである（北川一九五九ａ）。そこでは北川氏は、組織論—認識論の理論的検討を田中清助氏に、また前衛政党論を上田耕一郎氏に委ね、自らは「技術革新と社会意識」を執筆している。北川氏が後で評価しているように、この二つの論文は北川氏の考えとそれほど異なるものではありえなかった。北川論文は、一見すると組織論としてはいささか文脈を外れた印象を与えるかもしれない。しかしその論文は、彼にしか書けない体制変革運動の視点から見られた「技術革新と社会意識」の分析だったのである。

勿論北川氏は、技術革新を単なる技術の問題として捉えたのではない。彼はマルクス主義者として技術革新を「階級関係のダイナミクス」（北川 一九五九ａ：二五四）の中で考える。すなわち技術革新による生産手段の変化、生産労働の変化、生産関係の変化、労働者管理の変化、職場集団の変化、さらには社会的技術による労働者把握の変化など、広範な検討を行っている。

北川氏によれば、資本は技術革新によって、労働者からその他の生活基盤を奪って、労働者を企業にのみ依存させることを意図し、それを実現することに成功した。この技術革新による生産の場の変化は、当然、労働者の社会意識を大きく変化させる（北川 一九五九 a：二七〇―二八二）。衣食住というよりも周辺的な消費を梃とした労働者の生活の中間層化、生活様式の〈ホワイト・カラー化〉が進行し、労働者に「企業意識」が涵養され、さらには企業に役立つ限りでの主体的人間形成、思想形成が促されるようになる。

さて、このような階級関係の根本的変化が起こったとするならば、北川氏は、少なくとも戦後以降の組織の変化を分析するとともに、彼が自らの社会学の原点においた小集団の問題を再検討することがどうしても欠かせない課題となって突き付けられた。それらの作業なしには、彼の社会運動―組織論、社会学は新たな一歩を踏み出すことができなかったのであろう。前者の課題を扱ったのが、「戦後の組織」（一九六〇年 b）、後者の課題に取り組んだのが「伝統的『合理性』の意味」（一九六〇年 a）である。

はじめに北川氏は、組織という言葉は戦後の民主化の中で、輝かしい未来を約束してくれる言葉として、一定の力を持ったものとして定着したことを確認する。組織がそのようなものであるためには、当然、様々な前提が必要だった。一つは、個々の人間が自らの要求・欲求を提示し、「個」として認識された個々人がそれを認識すると同時に自由に追求することのできる社会的、経済的条件が存在することである。二つは、自由、平等といった理念が社会的に承認されていることである。そして三つは、それらの理念を「貫徹」することができる社会的、政治的機構が作りあげられていることである（北川 一九六〇 b：一〇―一一）。またこの組織は、それが対峙する課題や問題を解決・達成できると同時に、組織とその構成員との相互作用を通じて、その成員を変化させるという、可塑性・可変性を持つものである。換言すれば、組織は認識であり、組織論は認識論と結合されなければならないのである。

勿論、組織は戦前にもあった。それを代表するのは「前衛組織」と呼ばれるものである。しかし戦後になって初めて、その組織は社会において正当な位置を与えられ、その他の組織と協同して、輝かしい戦後を作るようになったのである。しかし組織は絶えず「対内的、対外的矛盾」を克服しない限りは、硬直化、官僚化を免れることはできない。硬直化、官僚化が進むと、組織はその目的を達成する具体的なプロセスを提示することが難しくなり、組織をモラリズム、原則維持を強調する態度が覆うようになる。かくして「原則」と「現実」、「指導」と「下部の弱さ」は関係づけられることなく絶えず平行線をたどり、労働者の生活基盤は矮小化されるとともに、生活の問題は組織外で解決されるようになってしまうのである（北川 一九六〇b：一三―一四）。

それでは新しい組織論の課題はなんだろうか。北川氏は、この問いに対して、もう一度組織第一主義を捨て去って、組織が個々人の生活に根差した要求を実現し、人間（個人）を発達させてゆく以外にない、と回答している。従って北川氏は、彼が彼の社会学の原点においた小集団の問題に帰ってゆくことになったのである。

北川氏が彼の研究の原点においた小集団の問題とは、日本社会が戦前から引き継いできた伝統の問題、常民（柳田国男）、家（有賀喜左衛門）、家とその連合としての共同体の問題、である（北川 一九六〇a：二一―二三）。日本社会は、それに物質的・精神的基盤として依拠するとともに、この原型を延長することによって、集団関係、社会関係を形成してきた。勿論、この小集団は近代化の過程において、幾度も解体を余儀なくされた。しかしその都度、新しいものが古い小集団の原理を克服してできるのではなくて、古いものに「似せて」形成され、依然としてこの小集団の「閉鎖性」を継承してきたのである（北川 一九六〇a：二〇―二一）。

そこで北川氏は、この小集団を単純に否定、破壊することを止めて、小集団に内在する「生活功利性」を全面的に、経済的にも思想的にも追求する経路を提示する。資本主義の発展は、小集団を外から解体し、生活功利性を高めると同時に生活功利性を狭めるところまでいかざるを得ない。そこで、伝統の内在的克服の道、小集団の生活功利性を徹底的に追求することは、新たな集団形成（例えばサークル）のなかで生活功利性をより一層高めることを可能にしてくれる。それは、人々から生のエネルギーを引き出すとともに、古い小集団閉鎖性を克服する可能性を与えてくるのではないか（北川 一九六〇ａ：二六―三七）。その道の探求こそ、北川社会学だったのである。

ところで北川氏の社会学は、社会組織―運動論にとどまらない。それを含んで社会動態、社会変動の規定要因を考察する社会変動論の構築を目指すものである。それは社会学の始祖たちが目指したものであると同時に、近代社会学の確立者たちが絶えず目標としたものである。それは、戦前から戦後への変動を植民地で経験し、戦後日本社会の激動を見つめ、さらに今後の大変動を予期した社会学者としては、欠くことのできない課題だったと思われる。

北川氏は、論文「社会変動」（北川 一九六五）において、社会変動論が社会学の究極的課題であることを確認し、大きな変動期に必ずコント、スペンサー、デュルケム、ジンメル、ウェーバーなどの主要な社会学、社会学理論が現れたことを確認し、その上で、これまで提示されている社会学における社会変動論を、社会形態論（革命、改良、進化）、社会発展段階論（コント、スペンサー、デュルケム）、実証的社会変動論（L・ウォーナー、リンド夫妻）、社会解体―再組織論、「社会変動の要因について、その因子、動員を細かく分析していく方法」にもとづく「均衡論的立場」（北川 一九六五：三四二）の社会変動論などに分類している。

しかしこれまでの社会学における社会変動論の欠点は、北川氏によれば、変動の規定要因が問われていないことである。北川氏は、その規定要因を「階級関係、それを基礎とする権力の問題」に求めている。従って社会学の根本的課題は、階級を規定要因とした社会変動論を打ち立てることにあるのである。

もっとも北川氏は、このように階級、階級関係、階級意識の問題を重視したにもかかわらず、階級、階級関係、階級意識の理論を体系的に展開するに至らなかった。北川氏がそれらをどのように考えていたのかは、必ずしも明らかではない。氏からは、何度か「階級論に関しては、日高六郎さんの好著がある」と薦められた。その論文がどの論文であるか特定するのも難しいが、それはおそらく戦後間もなく書かれた「階級意識」(一九四七年)だったのではなかろうか。この論文では、階級に関する様々な考え方、階級と階級意識のダイナミックな関係性、階級と階級意識の多様な機能、階級・階級意識の歴史的文脈性などが明らかにされており、これらの問題を考え、発展させる格好の出発点を与えてくれている。しかし北川氏は、この論文を継承・展開することはなかった。その結果であろう。社会変動論を本格的に展開しようとしても(一九六六年a、b)、学説の整理と問題提起にとどまってしまい、高度成長期以降は、市民運動などが取り組むイシューや自由、平等、人権などの普遍的価値と階級の関係などの基本的問題が必ずしも解明されていないために、階級が何を意味するかが不鮮明になってしまったのではなかろうか。

6　第三期(一九七〇年―一九八九年)

六〇年安保の直後に提示された北川氏の小集団、常民、常識、「生活功利性」を階級関係の視点から考察し、そこから運動のエネルギーを引き出してくるという提案は、皮肉なことに、むしろ資本の側が先取りしたのではなかろうか。資本は、それとアメリカの管理技術をうまく組み合わせて、日本的経営を作り、それによって高度経済成長を実現していったのである。反対に運動の側は、人々を根本(radice)から捉えることに失敗し、常識を運動を支える価値意識へと転換することができなかった。[2] 前衛党組織論に関しても、理論においては民主主義化の方向が強調されたものの、実践の第一義性、実践の理論化の側面が等閑視され、平和運動、市民運動、学生運動などにおいては、運動と前衛との溝は一段と深まったと考えられる。

北川氏がこの期に組織論について書いた論文「現代組織論の視角と問題」(一九七六年)は、以上の諸点を踏まえて書かれている。論文の冒頭で北川氏は、組織論の根底には変動論がなくてはならない、組織論は運動―認識論と統合されていなければならない、組織はそれが含む矛盾とその解決の過程の観点から分析されなければならない、といった組織論の重要視点を確認しているが、最も重要な視点として、組織の在り方を「生きた人間の社会生活の新しい創造の現実的形態」(北川 一九七六：六)とする視点を根源的なものとして提唱している。

この観点に立って変革主体の組織を見てみれば、それが様々な問題を持っていることが良くわかる。未来展望が不確かなものになり、階級的ということが何を意味するのか不鮮明になっている。その組織よりも、組織外の人の方がより的確な認識を持つことが多々あるし、組織と認識の統合がうまく行われていない。組織内部のフィードバック装置が機能していないし、個人―集団―組織―大衆組織の関係も表面的な形で処理されている。社会主義が極めて問題多いものになり、人々の抱える焦眉の課題に対して資本主義体制よりもより有効な実質的な解決の方途を示しえていない。また、「従来の運動体とは異なった国民の自発的組織(結社)の社会変革過程における位置づけ」(北川 一九七六：一二)も検討されているとはいえない。さらに北川氏は、彼が前期に提唱した小集団の持つ「生活的功利性」に依拠し、それを発展させてゆく方針に関連して、それが実践されなかったばかりか、組織が逆に小集団の閉鎖性に捉えられて、組織が権威主義によって汚染されていったのではないかとの懸念を表明している。

以上のような北川氏の社会運動分析を見るとき、私たちは彼の運動論が一つの壁にぶち当たり、今後議論がどの方向に発展するのか判断がつきにくい状況にあることを発見する。

これまで北川氏は、階級関係の視点に立って、階級的に規定された反体制運動に焦点をあて、それを民主化する、それを開いてゆくという視座から、社会運動を研究してきた。しかし、階級が何を意味するかが曖昧になり、前衛組織の民主化は進まず、社会運動が人々の生活上の問題を解決して、生きた人間の新しい社会生活の創造の現実形態になるには程遠い状態にある。そして北川氏の社会運動論がどの方向に向かうのかその方向性も容易には見出せない。

勿論手がかりはある。北川氏は、戦後第二回目の社会学の講座『社会学講座2　社会学理論』に「組織過程と認識過程―七〇年代の社会・大衆運動と関連して」（一九七五年）という論文を書いている。この論文において北川氏は、当時の組織―運動研究が、戦後第一期にはあった、トータルな日本社会の認識や民主主義の政治とは切り離されて研究されている傾向を批判すると同時に、組織過程分析の基本視角は、組織過程の「基本動因」、規定要因である社会構成体の原理すなわち階級関係・階級闘争を基軸に据えると同時に、人々の生活を規定している国民（民族）、普遍的価値（民主主義、自由、平等、平和、人権など）をも基軸として考慮に入れて、組織過程を分析することを提唱している（北川一九七五：二一二）。階級と国民社会（ネーション、民族）と普遍的価値の三つが如何なる関係になるのかは必ずしも明らかにされていないが、この基本視角の拡大は一つの方向として評価されるであろう。

つづいて北川氏は、組織過程と認識過程の統合を説く。この点はこれまでの議論とさほどかわらない。しかしこの点を論ずる場合、従来は反体制的運動とりわけ前衛組織を中心として議論されていたが、ここではそうではなくて、活動分子、リーダーに焦点があてられて議論が行われている。この結果、彼の社会運動の分析は、反体制運動だけではなくて、体制的運動や中間的運動（大衆運動など）にも広げられている。この研究対象の拡大も、今までなかったとはいえないものの新しい方向とみることができる。

かくして北川氏の社会運動論において、大衆運動が独立して焦点を当てられることになった。これまで北川氏は、体制的運動に関して数々の業績をあげてきた。彼の体制的運動、支配階級研究は、学会をリードするものとして高く評価できるだろう[3]。それに加えて、七〇年代になると、大衆運動の研究は、運動研究者として是非とも取り組むべき重要課題になっていたに違いない。北川氏のこの新しい方向への転換は、タイムリーなものだったと考えることができる。

7　第四期（一九九〇年以降）

この期は、グローバル化の一つの結果として社会主義の崩壊が起こり、資本主義はその勝利を謳歌したものの、システムの外側に問題を投げだすことができなくなり、自らが新たな問題を抱え、解決の難しい矛盾に苦しむようになった時代である。この期は、北川氏の晩年にあたる。

この期の始めのころに書かれた「社会運動の類型と組織：再論」（一九九四年）は、北川氏が最初期に書いた論文を、その後四〇年の社会運動の展開と社会運動研究の蓄積を踏まえて再論したものである。この再論を書いた動機は、戦後第三回目の社会学の講座が出版されることになり、その中の一巻として、社会運動の巻が設けられることになったことをきっかけとして、自らの社会運動論の総括をしておこうとしたことである。北川氏は、社会運動が日本の社会学の歴史において初めて講座の一巻に加えられ、社会運動の研究が社会学のその他の分野の研究に知られることの意義を重要視している。この戦後三回目の社会学の講座は、北川氏自身も企画・編集者に加わっており、自らの努力が実ったことがことのほか嬉しかったのであろう[4]。

北川氏は、この論文において「社会運動の類型と組織」が柔軟なマルクス主義者の著作として高く評価され、その後の現実の社会運動によって実証されており、少しの修正を施せば今でも通用すると自負し、その上で、社会運動を近代社会における階級運動に狭く限定すべきでないこと、さらには、狭義の社会運動たる階級運動は、広義の社会運動である社会―大衆運動と関連付けて、また大衆運動は、階級運動と関連付けて、勿論二つの運動をヒエラルヒー的な関係と考えずに研究されるべきであることを強調した。さらに北川氏は、大衆運動が今後ますます重要性を増してゆくことを認めるとともに、そこでは「平和・人権・平等・民主主義さらには人類としての共存と発展」（北川一九九六：三〇）といったイシューが運動の中軸にすわることを指摘している。

北川氏がこの二点を強調し、研究の初期段階から今日まで首尾一貫していたことを強調するのは、おそらく間違いないことであろう。しかし北川社会運動論を読み受け取る側から見ると、この二点の強調は初期においては「狭義の社会運動＝階級的性格付けの強い運動、運動体への考慮が重くのしかかっていた」（北川 一九九六：二八）ことを認めていることも併せて考えると、却って先に指摘した様な北川社会運動論における視点の転換を私たちに気づかせてくれるのではないだろうか。

その後の北川氏の社会運動論に直接かかわる著作としては、『社会運動研究入門』（二〇〇四年）、『二一世紀への挑戦6　社会運動・組織・思想』（二〇一〇年）がある。『社会運動研究入門』においては、北川氏は「社会運動研究の基本的視点と課題」を書いている。ここで北川氏は、五〇年にわたる彼の運動研究から得られた知見を要約して提示するとともに、今後の社会運動研究の注意点として、「社会運動の展開は、その社会を計るバロメーターの一つ」であること、「社会運動は社会問題の解決、新しい社会秩序形成のための活動」であること、「社会運動についての国際的比較は歴史認識にむすびつく」ことという三点を挙げている（北川 二〇〇四：二〇—二六）。とりわけ最後の点は、明らかに「再論」論文で強調されたグローバルな視点の重要性を引き継ぐもので興味深い。

この論考をさらに発展させて北川氏は、『二一世紀への挑戦6　社会運動・組織・思想』（二〇一〇年）に「二一世紀の社会運動—その可能性と問題群」を書いている。この論文では冒頭に、一九六〇年代中頃に開催され、『対決の思想』として公表されている異なった思想的立場の人々が参加して行われた討論会の経験、その重要性が指摘され、その後に二一世紀の社会運動は、国連レヴェルでのコンセンサス形成に成功した核兵器廃絶運動の事例にもみられるように、グローバル・コンセンサス形成運動であることが明らかにされている。

異なった思想的立場の人々が集まって行った討論会にわざわざ言及したのは、社会運動の経験はその後長く影響を与え続けること、また社会運動研究は、五〇年ほどのタイムスパンの中で研究される必要があることを訴えかけたかったのではないだろうか。グローバル・コンセンサス形成運動に関しては、それはそれぞれの国における大変動に際しては必ず浮上してくる「近代、近代化と封建遺制、前近代的なるものとのぶつかり、かかわり」（北川 二〇一〇：一〇）の問題であり、それを知識社会学的視点をもって詳細に考究し、比較してコンセンサスを作り上げてゆくことに他ならないことが強調されている。前者の討論会は、北川氏が稀にみる知のネットワーカーであったことを思い起こさせてくれるし、またグローバル・コンセンサス形成の問題は、北川社会運動論が一貫して取り組んできた伝統、小集団と社会運動の関係の問題を思い起こさせてくれる。

グローバル・コンセンサス形成運動の問題は、私たちに北川氏の運動論が、伝統、小集団の問題を一貫して考察しながら、資本よりも階級運動がかえって小集団の閉鎖性に捉えられてしまったこと、このイシューをより一層展開するためには、社会運動を階級だけではなく、国民社会（民族）や自由、人権、民主主義などの普遍的価値を軸に加えて分析する方向性を打ち出していたことを思い出させてくれる。

北川氏は、この方向性を徹底的に追求することなく、この世を後にした。従って以下は一つの想像に過ぎないが、グローバル・コンセンサス形成運動は、国内的には未だ共通感覚でしかない普遍的価値を、人々を行為へと駆り立てる価値意識へと転換する運動であり、伝統が資本によって破壊されることによって自らの社会関係形成、アイデンティティ形成の基盤を失い、にもかかわらず依然として普遍的価値には距離を感ずる人々にたいしては、生活功利性を通じて歴史認識へと誘う、そのような運動として考えられていたのではなかろうか。

8　知的ネットワーカーとして

『対決の思想』として公刊されている討論集会への言及は、私たちに即座に彼が稀にみる知のネットワーカーだったことを思い出させる。あれだけ多くの団体のリーダーを務め、学会や研究所を作り、学会活動をリードし、辞典や本を作り、編集し、様々な講座や本のシリーズを企画した社会学者は、恐らくほかにそれほどいないのではなかろうか。

彼が優れた知のネットワーカーであることをよく表した本がある。それは、彼と東京自治問題研究所編の『戦後民主主義「知」の自画像：二一世紀へのダイアローグ』（二〇〇〇年）である。本書は、一六人の知識人に自治を如何に考え、自治をどのように実現しようとし、さらには自治の発展のためには何がなされるべきかを語ってもらい、それを集めて、戦後民主主義がなんだったのかを明らかにしようとしたものである。これは言うまでもなく、とりわけ若い世代に向けて戦後民主主義の自画像を発信し、戦後民主主義とはなんだったのかを考えてもらい、妥当な歴史認識、ものを考える場合、少なくとも四〇—五〇年のスパンでものを考える思考様式を涵養することが目的であった。このことは、本書の冒頭におかれた北川氏の「刊行の賦」（北川 二〇〇〇：四—一七）を見れば、明らかである。

9　結びに代えて

五〇年に及ぶ北川氏の組織—社会運動論の推移を簡単ではあるが検討してきた。それから何が分かったのかを書くことによって、結論に代えることとしたい。

何よりもまず気が付くことは、彼の組織―運動論の特徴は、人々が社会生活の中で問題を抱え、その問題を解決しようとする具体的な過程に着目し、そこから目をそらしていないことである。社会科学者として当たり前と言えばそれまでだが、そのことが彼を柔軟なマルクス主義者にし、運動研究の視座の転換を含めて、五〇年にわたって彼が組織―社会運動研究を続けてこられた秘密があるように思う。北川氏の学問の出発点は、大河内一男学派の労働調査や福武直の農村調査に加わったことである。それらから得られた学問的態度は、終生変わらなかった。かれは「理論と実証」を「教条と実証」とも言い換えている（北川一九九九：一一三）。

この点と関連して指摘できる点は、北川氏が社会運動をシステム全体との関連で、しかもその根底に社会変動論を置いて分析していることである。それだからこそ、彼は、社会運動は当該社会のバロメーターと特徴づけることが可能だった。しかも彼の社会運動論は、個人が社会によって押しつぶされる結果になっていない。そこから北川社会学のオプティミズムが出て来る。彼は他の研究者が「二〇世紀は戦争と破壊の世紀だった」と言えば、『二〇世紀は社会運動が全面的に開花した世紀』だと主張している。

二一世紀の社会運動は、グローバル・コンセンサス形成運動であるという指摘も大変示唆に富んでいる。社会運動は、当該社会の伝統と近（現）代の矛盾の問題に取り組み、組織―社会運動を通じて、普遍的価値を創造してゆく必要がある。

個人的には、このグローバル・コンセンサス形成運動の研究を引き継ぎたい。日本は今、近代化の結果として伝統的な共同体は解体され、解体されながらも日本的経営を作り上げたような社会関係形成原理が失われている。アイデンティティ形成の基盤も脆弱になっている。組織―社会運動を通じて、普遍的価値を作り、彫琢していくこと、そしてそのような運動によって、国民国家主義を正しく超えてゆくこと、植民地主義を超えてゆくこと、それこそが、現代の社会運動に課せられた一つの重要な課題でなければならない。

最後に、北川氏が社会運動を社会学研究の正当な研究領域であることを制度化するのに貢献したことを称賛して、本稿を閉じることにしたい。これは、彼が階級関係の理論を展開してなかったという欠点を上回る大きな貢献であろう。改めて言うまでもなく、社会運動研究の勝利宣言は、北川氏一人の功績ではありえない。名前を挙げればきりがないが、少なくとも塩原勉氏、曾良中清司氏などの名前が直ちにあげられなければならない。多くの仲間の一人として、北川氏の貢献は忘れることができない。

注

1　以下の四つの特徴は、矢澤修次郎（一九八〇：一八九―一九〇）から取られている。

2　この点は、古在由重（一九八二）を参照のこと。

3　北川（一九六八、一九八五）を参照のこと。

4　『講座社会学15　社会運動』の編者は、私が務めた。編集過程で北川氏と幾度か相談をし、執筆者全員で打ち合わせ会も持ったが、私はその過程で、不覚にも北川氏の「社会運動」の巻に対する思い入れを理解していなかった。しかし後から振り返ってみると、執筆者の選定などに関して北川氏が相当のこだわりを持たれておられたことなどに、北川氏の思い入れを読み取ることができる。この巻の編集は難しかった。私が予定していた論題、執筆者は、多くの場合、他の巻に譲らざるを得なかった。例えば運動の観点からすると環境運動などは欠かせないと考えたものの、環境運動は環境の巻に収録するのが優先されたからである。

5　この点に関しては、北川隆吉教授還暦記念社会学論集編集委員会編（一九八九）に収録されている北川氏の経歴、業績目録を参照のこと。

参考文献

北川隆吉、一九五六、「小集団をめぐる問題」『思想』二八九号。

一九五八a、「社会運動の類型と組織」『講座社会学第八巻　社会体制と社会変動』東京大学出版会。

一九五八b、「社会運動の展開と指導」『講座社会学第八巻　社会体制と社会変動』東京大学出版会。

一九五九a、『組織論』三一書房。

一九五九b、「小集団をめぐる問題」日高六郎・北川隆吉編『現代社会集団論』東京大学出版会（一九五六年の論文と同一）。

一九六〇a、「伝統的『合理性』の意味」『現代の発見五　伝統の位置』春秋社。

一九六〇b、「戦後の組織」『現代の発見一二　体制と組織』春秋社。

一九六五、「社会変動」尾高邦雄・福武直編『二〇世紀の社会学』ダイヤモンド社。

一九六八、『日経連――日本の支配機構』労働旬報社。

一九六六a、「社会変動と現代社会学（上）」『思想』五〇二号
一九六六b、「社会変動と現代社会学（中）」『思想』五〇四号
一九七五、「組織過程と認識過程」浜島朗編『社会学講座2　社会学理論』東京大学出版会。

一九七六、「現代組織論の視角と問題」『現代と思想』二六号、青木書店。

一九八五、『日本のエリート』（貝沼洵と）大月書店。

一九九六、「社会運動の類型と組織：再論」『専修社会学』第八号。

一九九九、『私の社会学的研究の旅路――すぎこしかたのよしなしごとども：Ⅰ調査編』（非売品）。

二〇〇四、『社会運動研究入門』（帯刀治と）文化書房博文社。

二〇一〇、『二一世紀への挑戦6　社会運動・組織・思想』（浅見和彦と）日本経済評論社。

北川隆吉教授還暦記念社会学論集編集委員会編、一九八九、『社会変動と人間』時潮社。

北川隆吉・東京自治問題研究所編、二〇〇〇、『戦後民主主義「知」の自画像』三省堂。

古在由重、一九八二、『草の根はどよめく』築地書館。

日高六郎、一九四七、「階級意識」国際社会科学協会編『社会科学講座第四巻　社会意識』二見書房。

矢澤修次郎、一九八〇、「戦後日本社会学における社会運動研究の現状と課題：北川隆吉氏の研究（一九六〇年代初頭まで）を中心として」『一橋論叢』八四（二）。

一九八一、「一九六〇年代の社会運動論――北川隆吉氏の研究を中心として」八六（二）。

二〇〇三、『講座社会学一五　社会運動』東京大学出版会。

第II部　日本的な地域・企業・階層の社会学

地域社会の変容と自治の単位

蓮見　音彦

1　はじめに

多彩な研究活動を展開した北川隆吉の社会学界への貢献の一つとして、『講座社会学』(全一八巻　東京大学出版会)や、内外の社会学者一〇〇人をそれぞれ一巻とする『世界の社会学・日本の社会学』(東信堂)などの、規模の大きな構想のシリーズ・講座などの企画を立て、その編集を推進したことがあげられる。その成果としての書籍はきわめて多く、これらの成果が広範な読者に多くの影響を与え、社会学研究の豊かな実りとなったことはいうまでもない。同時に幅広い分野にわたる多数の研究者がそれらの企画に参加・協力し、新たな研究の契機となり、成果の発表の機会が与えられたところであり、社会学研究のプロデューサーとして、また教育者として、彼が特筆すべき存在であったことは記憶されなければならない。

もっとも、彼の企画し、推進したプロジェクトがすべて実を結んだわけではない。計画された全巻の完結を見なかったものもある中で、ほとんど計画だけで中断されてしまったものもあった。例えば、一九七〇年代の中葉に計画された『地域社会の構造分析』全一〇巻がそれである。この構想は、地方別にそれぞれの地域の社会学的な構造分析を鳥瞰しようとするものであり、完成すれば社会学の立場からの地誌によって日本社会の総体をとらえることができる、きわめて有意義なものになったのではないかと思われる。しかしながら「誠に残念かつ不幸なことであったが、その企画は1巻も刊行されずじまいで終わってしまった。」[1]。そうした中で、この企画の別巻として予定されていた世界の地域社会の分析だけは、それをまとめるための研究会が続けられ、『現代世界の地域社会――重層する実相への社会学的視座』(北川隆吉他編　有信堂　一九八七年)として、その成果が刊行された。

この書では、日本、ジャワ、インド、アフリカ、中東、イタリア、フランス、イギリス、ドイツ、アメリカの一〇地域について、それぞれ1章が設けられた。[2]この書の意図について、北川は、「それまで社会学界では、先進国と発展途上国とをあわせて論議することのほとんどなかった時期に、そのそれぞれを研究対象とする人々の対話が成立し、新しい知見を相互に吸収しあい、質疑討論が重ねられたことは、貴重なことであり、また有益なことであった。この実績と知的収穫を何とか形あるものとして生かしたい。」としるし、さらに「われわれにとって問題になるのは、今日及び近未来における国際化のもつ意味の新しさとは何かを追究することでなくてはならないはずである。それを考えていくためには、まず事実にそくして諸外国について知ることであり、そのことによってわが国そのものについて、われわれ自身の認識、思惟の方法などについて見直しを行なうことでなくてはなるまい。その一つの習作として本書の刊行を思い立ったわけである。」[3]と述べている。想像するところ、これを習作として、将来的には社会学における諸外国社会の研究の展開を基盤として、それぞれの地域を一巻とする世界の地域社会の構造分析のシリーズを編むことを目指していたのではないかと思われる。

筆者は、この書の「日本」の章を担当し、「行政村としての自然村――日本農村社会論の再検討」を寄稿した。ここではわが国の村落を「自然村」として把握することに素朴な疑問を呈しつつ、日本村落の脆弱性を指摘した。本稿では、この論文をベースにしながらその後の農村の変化と社会学における研究の展開をふまえて、あらためて自然村の概念の検討と最近の農村の状況の下での「地域社会」の意味を問い直すこととしたい。

2　自然村概念の転換

農村社会学が家と村を主要な対象としたのは、鈴木栄太郎の指摘によるところも大きかった。[4] このうち、家については、第二次大戦後には、核家族を基調とする新しい制度への移行もあり、また家族社会学が活発な研究を進めるようになったこともあって、農村社会学の関心は主として村落に注がれることになった。その場合、まず重視されたのは鈴木栄太郎の「自然村」の概念であり、さらには村落共同体としての把握であった。

鈴木は社会関係・社会集団の累積から三つの社会地区をとりだし、そのうちの中位のひろがりをもつ第二社会地区に最も多くの累積がみられることを指摘して、これが部落に相当すること、そしてそれは「行政上の地方自治体やいわゆる集落ではなくして、一つの自然的なる社会的統一である」こと、そしてさらに、この社会的統一について、「単に集団や社会関係の累積体と認むべきでなく、またその結束が堅いばかりでなく、むしろ一つの自律的存在者として認めることができる」とし、「時代時代の個人たちを縦にも横にも貫いている一個の精神」としての行動原理の存在を強調したのである。[5] この指摘は村落を行政上の便宜により上から構成された行政村とは異なる、自律的存在としての自然村として把握するものであり、そこに村人の行動を規制する行動原理が存在することの指摘とあいまって、村落をより大きな社会地区としての上から設定された行政村に対して自然的に生み出された社会的連帯としての自然村としての特質を強調したのであった。

しかしながら、彼のいう第二社会地区に相当する村落のほとんどは、かつて藩政村として近世農村を構成していたものであり、近世社会における行政村にほかならない。太閤検地に始まり、徳川幕府のもとで何回か繰り返された検地によって、田畑や屋敷地一枚ごとに、その面積と石盛(収量)に応じて米の量に換算した石高を算出し、それに応じて年貢を定め、村の範域で年貢を合計してその納入を村に請け負わせる制度が採られた。「この施策が画期的だったのは、それが列島全体を対象としたところにあった。検地という政策自体は戦国大名が自領内で行なっており、田畑面積の石高への換算も、年貢の請負制も、個々にはすでに中世の荘園社会で行なわれていた。それらがどこかで個別的に実施されていたことと、列島全土にその政策のローラーがかけられることとはまったく別の次元に属する。豊臣政権が先鞭をつけ、徳川政権が継承した、検地に基づく石高制と村請負制の原理が、列島の津々浦々にまで行き渡ったことがポイントである。村は村高を持つこと、また、百姓はどこかの村の村民であることが必須になった。そうした村や百姓が存在する社会が近世社会であった。」[6] 鈴木の『日本農村社会学原理』は一九四〇年の刊行であるから、その執筆がなされた一九三〇年代には、もちろん石高制や村請負制は過去のものとなっていたが、日本のすべての地域で三〇〇年をこえる長い間こうした制度が村に課されていたことは、決して軽視できることではない。近世以降の村落は、幕藩体制の末端単位として位置づけられ、その維持のためにさまざまな規制に縛られ続けてきたのであり、自然に産み育てられた協同組織である以上に藩政村としての枠にはめられた一種の行政村であったと見るべきであろう。鈴木の自然村としての日本の村落の把握には大きな疑問があったのである。

鈴木は、その後、『都市社会学原理』をまとめ、さらに一九六〇年前後から『国民社会学原理』をまとめるべく研究を進め、四三冊に及ぶノートを書き残したが、それをまとめるに至らぬうちに六六年に亡くなった。後に鈴木の著作集が刊行されるに当たって、鈴木門下の人々によってこれらのノートの一部が編集されて著作集に収められ公刊された。[7]これらを見ると、晩年の鈴木が『日本農村社会学原理』の当時とは大きく考え方を変えていたことが見出せる。端的にいえば、農村社会学原理においては、農村のさまざまな集団や村落の社会的統合に関心が集中し、あるいはそれにとどまっており、村落内の支配被支配の関係にも、また村落や農民と外部の資本や権力との関係にも、全く関心は向けられていなかった。政治的な社会過程には目が向けられていなかったのである。これに対して、都市社会学原理では、彼の独自の概念である社会的交流の結節機関について検討する中で、上位の機関とその配下にある機関との関係をとらえ、とりわけ官公庁の機関の上下関係とその投影としての都市の系列化が取りあげられるようになっている。[8]そして国民社会学原理のノートでは、国家による国民統治に注目することで、「結節の上位にあるものほど搾取性に富んでいた。故に結節性の多い統治及び経済的機関の中の最上位にある機関の主長が搾取性を最も多くもっていることになる。それは具体的には政府の最高支配者と独占資本の最高の支配者である。その人たちやその直属の配下が集まっているところが首都である。首都人口の一人当たりの所得が国内で類のない高位であることもその消費生活がとびきり花やかであることも当然である。ここには国内での超特級の文化人が集まり、その時々の国民文化の新型が作り出され、全国に送り出されている。かくて全国は東京と地方に二大別される。」[9]と述べ、彼が重視する結節機関について新たな意味づけを加えるにいたっているのである。[10]

こうした変化は、自然村としての村落の把握にも大きく影響することになった。山崎仁朗は、鈴木の国民社会学原理のための膨大なノートをあらためて整理・検討し、彼が自然村の理解について大きく「転回」したことを明らかにしている。その詳細は、山崎の論文にまとめられているが[11]、結論だけを引くならば、「基本的地域社会というのは、具体的には近隣と村落と都市と国家以外にはない。これらのものは本来、行政組織として発生したものであって、その上にさまざまの自然的社会的交流が加わり、それを修正したものである。一見考えられるのは、自然が先で行政が後のようであるが、事実はその逆であって、行政近隣から自然近隣が生じ、行政村から自然村が生じ、行政都市から自然都市が生じ、行政国家から自然国家が生じている。」[12]。『農村』を執筆した当時私は国民社会の広場において理解していたのではなかった。」「国家の統治活動という外部から規定するものが、聚落社会の発生にとって本質的な契機をなす。そして主に外部的な要因によってつくられた聚落社会の「枠」の中で「個人の創意」にもとづく「目的的な結合」という「反作用」が生じ、統治が主体的にとらえ返されて、「行政村」が「自然村」に転化する。」[13]

鈴木の「転回」はいささか極端に過ぎる観もある。もちろん権力により上から村がまず設定され、その後次第に村民の協同組織が結実して自然村が成長するという、開拓村のような例は藩政期にもその後も少なくないけれども、すでに村人が村を構成していたところが検地などによって石高が定められ、村請する耕作地などの範囲が確認された例、すなわち先に自然村があってそれに藩政村が被さった例もむしろ多かったのではないかと思われる。しかし、いずれにしても、自然村という概念が従来の理解のままにはおくわけには行かないということは明らかにされたといわねばならないであろう。

3　村落共同体の解体と残存

第二次大戦後のわが国で、農業・農村にかかわる領域で経済学をはじめ社会科学の多くの論者が取り組んだ論争主題は、農地改革の評価であった。再版日本資本主義論争ともいわれたこの論争は、農地改革がいかなる改革であったか、改革後の日本の農民は経済史上の範疇としてどのように位置づけられるのか、改革後の日本農村に見られる社会状況をどのように評価するのか、といった論点について、多くの研究者が激しい論争を展開した。たしかに農地改革は大規模な改革であり、地主の所有していた農地の大部分が自作農の手に渡り、かつての高額小作料は解消された。しかしながら、改革後もしばらくは農業経営は零細なままで、多くの農民は貧困な生活を送り、さまざまな伝統的慣習に束縛され、在村の小地主が依然として村の支配層を構成していた。過剰人口を抱えた農家では次三男の処遇に頭を悩ませながら、旧来の家の秩序が残されていた。村八分の実例が社会的関心をよぶこともあった。

端的にいえば、改革後の日本農民は西欧近代の独立自営農民に相当するものか、それともなお封建的・半封建的な特質を残しているのかという問題であり、こうした歴史的範疇を軸に、さまざまな論点が提示され論争が展開された。

こうした社会科学界の論争の一環として行なわれたのが農村社会学における村落共同体をめぐる論議である。農地改革後も、多くの村落では、改革前の農村と大きくは変わらない村の運営がなされていた。まだ農作業の大部分は手作業で行なわれ、特に田植えや収穫の時期には大量の労働力が必要とされた。このため、多くの農家では、三世代にわたる直系家族に、さらに世帯主の弟や妹なども加わった大勢の家族員を、家長が統括していた。民法が改正されてもすぐに農家の家族のあり方が一変するものでもなかったし、農地改革によって地主の土地の大部分が小作農に売り渡されても、農村社会の旧来の秩序が一日にして変わるというわけにはいかなかった。福武直の農村社会学は、こうした農村の実情を前に、農村の民主化を進め、これを日本社会の民主化の基盤としようという目標から出発していた。福武が強調したのは、農村の民主化のためには、自ら提示した農村社会の二つの類型である同族結合の村から講組結合の村に移行するにとどまることなく、講組結合の村からさらに新たな展開が必要であるということであった。「同族結合がわが国の農村社会結合の基本的性格であることを止めなかったのは過小農的家族経営と地主小作関係という二つの支柱を持っていたからである。しかるに今や、この中の支柱の一つは失われつつある。……明治以降の村落社会結合は講組結合の漸次的優越と地域的拡大であるが、それは他面において村落の協力体制の弛緩としても表現できる。講組は今や、全く非生産的な結合になっている。非生産的結合としての講組結合の中では、一応の自立はあっても、未だになお十全なる自主性を獲得しうるものではないからである。個人の主体的な自由を確保しうる新しい生産的な社会結合を如何にして生み出すかということが、われわれの究極的課題となるのである。」[14]

農地改革後もなお残る「未だになお十全なる自主性を獲得しうるものではない」という状況にある村落社会は、西欧の前近代社会に広範に見られた共同体に相当するものか、というのが、村落共同体をめぐる論争であった。多くの論文が提示されたこの論争について立ち入るだけの紙幅の余裕はない。論争は多様な論点を含んで展開されたが、やがて共通理解に達することのないままに、農村の変動に押し流されるようにして終結した。

もともと、共同体は「資本主義的生産に先行する形態」を構成するものであり、すでに明治以降には資本主義社会の展開の渦中におかれてきた日本の村落が、それに直接的に対応するということは到底考えられないものであり、また、後述するように、近代以前における農業生産をはじめとする自然的・歴史的・社会的条件の大きく異なる西欧社会と日本社会との類比には、安易に取り上げ難いものがあることも忘れるわけにはいかない。その意味では、この論争はいささか無理筋のものであったといわざるを得ない。しかしながら、こうした論争が広く展開されたのは、歴史学者網野善彦がいうように「江戸時代から近代にかけてつづいてきた日本の農村・漁村・山村や都市のあり方、生活様式、……それらが、高度経済成長を通して急速に崩壊しつつあるといってもよいと思いますが、いわば、そうした村や都市のあり方や生活様式、民俗、伝統文化が定着してきたのは、南北朝内乱以後ではないかということです。」[15]と指摘しているように、南北朝内乱以降に定着し、近世社会を通じて維持されてきた農村のあり方が高度経済成長を通して急速に崩壊するまで持続してきたと見られるからである。近世社会における農村がどのようなものであり、それが明治以降の資本主義の形成発展や戦後の農地改革を経てもなお、その特質の少なくとも一部を持続したと見られるのはなぜか、以下にきわめて荒い素描になるが、かいつまんで私見を述べておきたい。

それには迂遠な道ではあるが、ひとまず西欧の封建社会における共同体とその解体による近代資本主義の形成過程の主要なポイントだけを確認しておく必要がある。例えば、大塚久雄は、いわゆる共同体のゲルマン的形態における農耕について、以下のように指摘している。「ゲルマン的共同体においては、村落全体によって共同に占取された土地は、その内部においてさらに各共同体成員によって一応残るところなくすべて私的に占取され、所有され、相続されたのであって、すでにこの点において他の共同体諸形態の場合と明確に区別されている。とはいうものの、こうした土地の私的占取はもちろん近代におけるような完全に個別的で自由な私的所有ではなく、共同体全体による一定の共同態規制の下におかれているばかりでなく、その一種にはいわゆる総有の関係をさえ含んでいる。」「宅地及び庭畑地は、私的かつ個別的に占取されている、その周辺には共同耕地が広がっており、村民たちの耕地は、この共同耕地の各所に多数の小地片をなして存在した。共同耕地は通常三〇個ないし六〇個、あるいはそれ以上のいわゆる耕区に分かたれていて、各村民はこの各耕区にいくばくかの大きさの耕地片を私的に占取し、この各耕区に分散している各地片の総体が彼の所有たる耕地を形作る。これがいわゆる混在耕地制である。他面、それぞれの耕区についてみると、その内部では各村民の占取する耕地片の大きさは平等に配分されており、かつ耕作や収穫、その他利用のあらゆる面にわたって、きびしい耕区強制（共同態規制の耕地に対する現れ）のもとに置かれている。共同耕地の周辺には、さらに村落所属の共同地が広々と広がっていた。」[16]

共同耕地を三区分し、耕作地と放牧地及び休閑地とで循環させる三圃制度も広く行なわれた。各耕区の耕地片は細長く、隣接する耕地片との間を区画する余地はなく、開放耕地制と呼ばれる状態にあった。その結果、共同耕地では多く、村民による共同耕作を行なうように強制された。「開放耕地制度は、三圃制度による休閑地の存続、散在する地条、共有地の共同用益、労働と生産の内容に対する共同体的規制等と結びついていたが、それらは農民層の一部の貧困化を防止する効果を持つ一方、生産力の停滞と貧困の平等をもたらし、商業的農業の発展を阻む効果をもっていた。」[17]。こうした状況では、「個別的で自由な私的所有」ということは出来ない。人口の増加などによる穀物需要の拡大、地主や資本家の収入増加の願望などによって、農業生産の転換を進めるためには、こうした土地所有のあり方から近代的土地所有に転換する大規模な農業革命が行なわれなければならなかった。エンクロージャといわれる過程がそれである。例えば、イギリスにおけるエンクロージャについて、以下の記述を紹介しておこう。

「従来一年の全部または一部にわたって共同権が存在していた土地を境界標識で囲み、共同権を排除し、私有地なのを明示することを、イギリスではすべてエンクロージャと称する。広い意味のエンクロージャは、すでに中世に開始していて、一九世紀まで間断なく継続したのであるが、一五世紀末葉以降一七世紀中葉までの耕作地を牧場に転換するためのエンクロージャを第一次、一七世紀中葉以降の進歩的農業実施のための第二次と分けて考えることが出来よう。……一七世紀後半以降においては、耕作能率増進を目的とする開放耕地や共同地のエンクロージャが主役を演じるようになって来た。」[18]。共同耕地や共有地の囲い込みの結果、「共同体社会の下層をなす小屋住農の運命はもっとも過酷であった。彼らはエンクロージャに際して、放牧権の代償として、僅少な土地を与えられただけで、耕地についての所有権はほとんど認められなかった。そこで彼らの大部分はまさに徹底的に無産の労働者に転化していかざるを得なかったのである。これらの人々は、さしあたって無産の労働者として教区の厄介者になるか、または近い将来、労働力を商品化すべきものとして、都市へ流亡していったのである。」[19]

近代資本主義を生み出した資本の原始的蓄積過程としてのエンクロージャは、①囲い込みによる大規模経営の創出を通じての私的所有の確立、②共同体的な用益権や開放耕地制度の廃絶、③農民層分解を通じて小屋住農などの零細農を農業経営から離脱せしめ、無産の労働者として創出する賃労働者の形成過程などの意味を持つものであった。

これに対して、わが国の近世村落とその近代社会への移行の過程には、西欧の場合とはかなり大きな差異が見られる。わが国の近世村落の基本形態は、直系家族として継承されていく小経営農家の構成するものであった。本百姓の土地は、領主との年貢貢納関係のもとにあるものの、耕地については私的な占有が認められ、年貢の負担を負う者として耕地の保有者の名儀が確定しており、耕地の占有の権利は子孫へ相続継承されるものであった。年貢に対応する作目の耕作が求められ、質地や売買については、領主との関係において一定の制約のもとに置かれていたが、封建的な土地所有として自らの経営地を保有していたのであり、村落はかれらの構成する村落共同体であった。多くの村落では、これら本百姓以外に、経営地のうちの一部しか保有しないものや、まったく保有しない水呑などを含んでおり、彼らは土地を保有する本百姓の耕地の一部を耕作したり、本百姓の経営に労働力を提供して生計を維持していた。しかし、これらの各々がいずれも独立した消費生活を担う単位をなしていた。この場合、中世的な名主経営の残存の如何によっては、本百姓とそれ以外のものとの関係が隷属的な色彩の濃いものとなった例も少なくないが、近世村落の基本形態は、むしろ対等な本百姓間の協同組織としての性格が強いものと考えられる[20]。

西欧の場合と異なる重要な点の第一は、日本の場合には、例外的な場合を除いて、開放耕地制度や三圃制度は見られなかったということであり、個別の耕地の私的占有はすでに確立していた。耕地についての村落共同体の共有という形は例外的な場合にすぎなかった。焼畑耕作など例外的な場合を除いて、休閑地や放牧地との交替が行なわれることはなく、耕地は個々の農家によって連年作付されることが一般的であった。一般的な形である水田耕作の場合には土地の個別的私的占有は確立されていたとみてよいであろう。

それは農業が主として水田耕作として行なわれていたことによると考えられる。水田稲作農業のためには、湛水しうる耕圃が必要となる。水田の周囲を畦畔で固める必要があり、均平な耕土が要求されることから、ことにわが国のように傾斜の多い地形においては、圃場はどうしても小面積のものにならざるを得ず、傾斜地の場合には千枚田の様な形とならざるを得なかった。小面積の耕圃がしっかりとした畦畔によって区画されているだけに、小さい耕圃をさらに小地片に分ける必要はなく、一定の生産力段階に達した後は、これを個別に単一農家家族が占有する結果となる。こうして、村内の各農家の小面積の耕地が分散交錯しあうという混在耕地制・零細錯圃制といった形がとられることが多かったものの、個別の土地の私有権を認めることのできる条件は、早くから用意されていたとみられるのである。私的占有の確立は、もちろん近世農村の基底をなす農業生産力の伸展にもとづくものではあるが、自然的地理的条件や食文化などによるところも大きい。すなわち、雨が多く河川が発達し、水田稲作を主とすること、牛馬等は耕作や運搬・移動手段等に利用し、穀類のほかには野菜・魚・鶏などを食用としていて畜産への依存が小さかったことなどが影響した。

いずれにしても、耕地の私的占有が確立していたことは、農業生産にかかわる共同体的規制を間接的・周辺的なものにする結果をもたらした。畦畔によって区画されていたが混在交錯していたこれらの耕圃の耕作にあたって、共同体的規制としてとらえられるのは水利をめぐる共同と規制であった。個々の耕圃の独立性を高めたのも用水であったが、それに一定の限界をもたらしたのもまた用水であった。用水が村落によって共同で管理されることによって、通常の場合でも耕作の日程が一定の枠内に規制されたのであるが、渇水の場合にはさらに細かい規制が加えられた。これらが農業経営を一定の枠内に抑制する役割を果たしたことは明らかであるが、それにしてもこの規制それ自体は、作目や品種について一定の枠をはめる結果をもたらしたものの、その範囲内で各農家の選択の余地を残していたし、各農家の個別的な農業経営の独立性そのものを侵害するものではなかった。村落の全農家の共同作業を必要としたのは、耕地に関していうならば、用水施設を含めて、農道など耕作に必要な耕地の周辺の施設や条件の整備であった[21]。

共同体的土地所有として、いま一つ考慮される必要があったのは、林野などの耕地を補完する部分である。多くの村落がその共有地として山林、原野、草地、秣場、茅場などを保有し、農家の共同利用にあてていた。肥料や家畜の飼料をはじめ、生産・生活の広い範囲にわたってこれらが活用されていたのであり、その利用を欠いては農業経営も農家生活も存立しがたかったということができる。それぞれの村落では、これら共有地の利用についての申合せを行ない、それを尊重することが要求されていた。申合せのなかには、厳しい規制を内容とするものも含まれていたが、それは資源の保護という意味からなされるものであることが多かった。

このようにみてくるならば、近世村落における共同体的土地所有の形態は、耕地における私的占有を前提とした上で、各農家の経営に必要な補完的な部分が共有されて、その共同的な利用によって成り立つものであったとみることができる。したがって、ここでは個々の農家の独立性はすでに、共同体的土地所有のもとでは最も高いものになっていたと考えられるのである。ちなみに、こうした共同体的土地所有の形態は、幕藩体制や領主制、封建的経済体制などという条件を別として、共同体と個別農家との間の関係形態だけとしてみるかぎり、明治以降の時期にも基本的に継承された。

日本の資本主義の成立における資本の原始的蓄積として、地租改正があげられることが一般的である。たしかに、地租改正は、幕藩体制における領主的土地所有から近代的土地所有への転換を画するものであった。土地は私的占有から私的所有に移行し、自由な売買や作目の自由な選択が許されることになった。しかしながら、先に見た西欧の場合とは異なって、混在耕地制の解消、共有地の解体、大規模経営の創出、大量の無産の賃労働の形成などをともなうことなく、法的な制度変更に過ぎないものであった。大規模経営を生み出すような農民層分解は、明治期には進まなかった。資本制の工業生産などは展開したが、農村から次三男や女子が少しずつ流出して労働者層を構成し、農家では長男が農業経営を継承して、零細な農家も再生産され続けた。共同体的領主的土地所有のもとでは最も個別農家の独立性の高いものであっただけに、国の主導によるという資本主義体制への移行の形態の特質にも規定されつつ、前代の形態を保持したままで新しい経済的・政治的体制のなかに移行することが可能であったと考えられる。

こうして明治以降、日本農業と村落は、それ以前の零細な経営規模と共有地や水利の規制などを残したまま、資本主義体制の中におかれていく。村落はすでに共同体の属性の一つである封鎖性を喪失しており、単純に共同体と見ることのできないものに転化していたが、なお「農民層の一部の貧困化を防止する効果を持つ一方、生産力の停滞と貧困の平等をもたらし、商業的農業の発展を阻む効果をもっていた」といってよいであろう。その後地主制の盛衰を経、発展する第二次・第三次産業部門との格差を拡大しつつ、貧困な農民生活の停滞的な再生産が続けられた。第二次大戦が終わる後まで、わが国農業の特質として農家戸数・農業就業人口・耕地面積の三大基本数字が不変であるとさえ誇らしげに言われてきた。さらに、大戦下には、徴兵・動員などにより労働力が枯渇し、農業資材なども不足する、農業発展が大きく阻害される状況が訪れた。農地改革は敗戦後のこうした状況の中で行なわれた。

　農地改革は、地主制の解体という目的を果したという意味で、それ自体としては極めて大きな成功した改革であった。しかし、この時期の農業が衰微した状態にあって、力強い農業発展の見られる状況ではなかったことから、解放された農地はそのまま小作であった耕作者に売り渡され、農業・農村の様相を大きく換えることに直結はしなかった。零細な耕圃による混在耕地制はそのままで、自作化によって零細農耕は一層固定強化されたと見られた。ここでもまた、所有権の移転という法制的改革にとどまり、大規模経営の創出、共同体的な用益権や混在耕地制度の廃絶、農民層分解を通じる賃労働者の形成といった変革にはすぐには結びつかなかった。農地改革後の村落について、なお共同体であるか否かという論争が行なわれたのは、それなりに意味のあることであった。もちろん、この時期にはすでに日本は高度な独占資本主義の時代にあったわけであり、共同体がそのものとして残存していたわけではない。しかしながら、日本農業は、地租改正と農地改革という二つの改革をいずれも制度的法制的改革のみとして経過し、農業革命を実現することなく移行した。その間に、一方では高度な資本主義の発展が進み、農業部門との間に大きな懸隔を生んでしまったのである。

4　農業・農村の変化と地域社会の喪失

網野善彦の「江戸時代から近代にかけてつづいてきた日本の農村・漁村・山村や都市のあり方、生活様式、……それらが、高度経済成長を通して急速に崩壊しつつあるといってもよいと思います。」という指摘を先に紹介したが、一九六〇・七〇年代の経済成長以降それまで停滞的であったムラの変化は急速に進行した。高度経済成長は大量の労働力需要を生み、その給源を農業・農村に求めた。国の政策として農業の機械化が強力に推進され、そのための基盤整備として、一区画三〇ａを基本とする圃場整備が全国的に広範に行なわれ、零細な区画の圃場による混在耕地制は権力的に解体されていった。国の構想はこうした施策によって零細農家を都市労働者に転化し、それらの耕作地を集約して大規模農家を育成するというものであったが、零細農家の多くは農業に投下する労力を大きく減らしながら兼業収入に依存しつつ農家としての維持を図った。この結果、若干の規模を拡大する農家を生みながらも、大量の兼業農家が生み出されることになった。

こうした展開の過程で村落は大きく変容していった。機械化によって農作業に畜力を利用することがなくなり、生活様式の変化により燃料として薪炭を利用することがなくなるなどによって、共同で管理されていた草地・山林は不必要になり、水利施設も改善されて水利にかかわる規制も緩和され、共同管理の必要を減少させた。こうして多くの地域では、共有地は処分され、水利をめぐる共同体的規制も昔話になった。生産・生活の協力組織も解消された。しかし、「その内実は変化しつつも、農業経営は家族的小経営として行なわれ、それが村落の構成単位をなすということに基本的な変化は見られない。行政の末端補助的な機能を部落に依存するという行政の仕組みも持続されて」いるという時期が続いた。

状況はさらに変化する。二一世紀を迎えて、農村の変化はさらに進行した。人口減少が進み、残された農業従事者の高齢化が激しくなる中で、広い面積を受託して耕作する少数の専業的農家と農業以外の収入に主として依拠する兼業農家や、高齢の就業者のみの零細な面積を耕作する大多数の農家などへの分化が進み、生産・生活の状況においても、ものの考え方においても、分化・多様化が進んだ。生産・生活に係わって村を単位とした協同の必要性が減退し、個々の農家がそれぞれの相手を求めて村落の枠とは係わりなしに、結びつき、あるいは孤立していった。意欲的な農家の場合には、インターネットなどを通じる結びつきは全国的に、さらには海外にまで相手を求めて結びつくようになった。空間的な地域にスッポリと重なるものとしてとらえられていたムラは、隙間ができ、また地域外に手を伸ばす形となった。

高齢化・過疎化の進行につれて、村落の存立自体が問題化するにいたった。限界集落といわれ、近い将来の消滅が予言されるまでの事態が生まれている。たしかに農業の担い手の高齢化は、今後の持続に疑問を抱かせる。これに対して、都市からの新規就農者の存在や、高齢者のみの農家に都会に流出した親族などが定期的に通って農作業などを担うといった例が紹介される[22]。農産物の販売などのさまざまな契機での農家と都市住民との交流などを含めて、農村社会が、少なくともその一部において、新たな展開をみせていることにも着目する必要がある。しかし、これらの場合には、ムラの外部から協同組織が構築されているわけであり、空間的な地域とそこに重なる地域社会という関係からすれば、両者の乖離が一段と進んだものと見なければならない。

一定の地域的範域に密着するように、さまざまな契機に基づく共同組織がとらえられる状態が地域社会であるとするならば、内から外へ、外から内へ、結びつきは広がり、しかもムラの内部は高齢化・過疎化が進んでスカスカな状態になってしまっている。一つまみの比較的規模の大きな農家と分散化した孤老、そこに「地域社会」という概念を当てはめること自体が妥当なのかさえ問われなければならない。かつては地域社会の典型的なものとして位置づけられた村落はすでに地域社会としての実質を失っているのではないか。

一方、行政村についても問題は大きい。自然村としての把握を問題にしたのは、藩政期における行政村であった村落についてであったが、十数万を数えた藩政村は明治期の市制町村制において数村落が一まとめにされて行政町村となったが、その後、昭和の大合併、平成の大合併を経て、現在は一五〇〇ほどに統合されている。晩年の鈴木が指摘するように、権力が行政村を設定してきた結果であるが、そこに自然村が生み出されてきてはいないのではないか。基礎自治体といわれるものの、その自治を支える住民の協同組織はあまりに貧弱なのではないか。

今日、さまざまな立場から、地域振興・地方分権・地域からの発展、などが強調されている。しかしながら、地域社会の実態はますます脆弱化してしまっている。地域を重視するならば、しっかりした住民自治の単位が位置づけられ、それがどのように組織されて地域を担うのかが明らかでなければならない。農村地域では、良くも悪くも、かつては村が自治の単位でもあり、行政の（補助的な）末端でもあった。しかし、すでにその構造は崩れてしまっている。新たな状況の下で、自治の単位をどこに求めることが出来るのか。それを明らかにすることが今日の地域社会学が担うべき重要な課題である。

注

1　北川隆吉・蓮見音彦・山口博一編『現代世界の地域社会――重層する実相への社会学的視座』有信堂、一九八七年、ⅰ頁。
2　この書では、日本（蓮見音彦）、ジャワ（高橋明善）、インド（山口博一）、アフリカ（小倉充夫）、中東（加納弘勝）、イタリア（古城利明）、フランス（梶田孝道）、イギリス（川崎嘉元）、ドイツ（秋元律郎）、アメリカ（吉原直樹）の各章が設けられ、北川は「はしがき」として「グローバルな対話をめざして」を執筆している。
3　北川他編、前掲書、ⅰ、ⅱ頁。
4　鈴木栄太郎『日本農村社会学原理』（『鈴木栄太郎著作集』第一巻、未来社、一九六八年、原著は一九四〇年）「わが国の農村

における社会化の単位は主として、村と家である。」五六頁。

5　鈴木栄太郎、前掲書、五六頁、一〇七頁。

6　水本邦彦『村――百姓たちの近世』岩波新書、二〇一五年、三五〜六頁。

7　鈴木栄太郎『国民社会学原理ノート（遺稿）』（『鈴木栄太郎著作集』第八巻　未来社　一九七五年）この書は、鈴木の遺稿ノートを、笹森秀雄・富川盛道・藤木三千人・布施鉄治らが編集してまとめられたものである。

8　鈴木栄太郎『都市社会学原理』（『鈴木栄太郎著作集』第六巻、未来社、一九六九年、原著は一九五七年）。

9　前掲『鈴木栄太郎著作集』第八巻、二一六頁。

10　鈴木の考え方の変遷については、Otohiko　Hasumi. 2013. Strides Forward from Regional Studies.*International Journal of Japanese Sociology*. Number 22. を参照。

11　山崎仁朗「鈴木栄太郎における自然村理解の転回過程について」（日本村落研究学会『村落社会研究ジャーナル』四三、農山漁村文化協会、二〇一五年）

12　前掲『鈴木栄太郎著作集』第八巻、八五〜六頁。

13　鈴木栄太郎のノートの記述。山崎、前掲論文、四二〜三頁による。

14　福武直『日本農村の社会的性格』（『福武直著作集』第四巻、一九七六年、東京大学出版会、原著は一九四九年）、四九頁。

15　網野善彦『日本中世の民衆像』岩波新書、一九八〇年、一七二頁。

16　大塚久雄『共同体の基礎理論』一九五五年、岩波書店、六二頁。

17　渡辺寛「イギリス農業の展開過程」大内力編『農業経済論』一九六七年、筑摩書房、五頁。

18　小松芳喬『イギリス農業革命の研究』一九六一年、岩波書店、四〜六頁。なお、小松の記述では。「インクロージャ」とされているが、ここでは一般的な表記に改めた。

19　渡辺、前掲、四七頁。

20　近世村落については多くの研究があるが、平易な解説書として、木村礎『近世の村』教育社新書、一九八〇年。またモノグラフに、成松佐恵子『近世東北農村の人びと』ミネルヴァ書房、一九八五年、など。また、前掲の水本邦彦『村――百姓たちの近世』岩波新書、二〇一五年など。

21　時代的にはずっと後の時代の状況についての分析であるが、農家の共同作業についての、余田博通による個別農家の農作業にかかわる相対的独立的労働と、水利施設の維持管理にかかわる共同態的労働の区別は参考になろう（余田博通『農業村落

社会の論理構造』弘文堂、一九六〇年、三〇五〜三〇七頁)。

22　小田切徳美『農山村は消滅しない』(岩波新書、二〇一四年、三九〜四〇頁)では、他出して隣町に住む長男夫婦が、村に残る老夫婦の稲作の肥培管理や刈取りを担当しているウイークエンドファーマーの事例を報告し、また他出した後継者の半数が農業に参加しているという農水省の調査を紹介している。

地域間格差問題と地域再生の課題

——批判的構造分析の視座から

北島　滋

1　問題の所在と限定

日本創成会議報告書（以下「報告書」と略）の〈不都合〉な事実は誰にとって不都合なそれなのか。長期にわたって政権を担当してきた自民党政権にとってである。もちろん短期間の民主党政権は存在したが、地域再生に影響を与える政策を提起する前に交替してしまった。後述するように、自民党政権は一九六〇年代以降現在に至るまで多くの地域振興策を〈切れ目なく〉実行してきた。その結果が地域振興の失敗であり、そのあげくが〈地域創生〉である。報告書はその原因がどこにあったのかを一考だにせず、地方元気戦略を唱える。現在の状況に立ち至った原因を指摘し、その原因を除去する〈手術〉（政策）をしなければ同じ過ちを繰り返すことになる。地域振興策は未だ過疎化が顕在化しない段階で提起されたものであり（例えば新産都法、一九六二年）、地域再生は振興策が機能せず、産業衰退、労働市場の縮小、基幹労働力の流出、地域の人口減、コミュニティ機能の衰退という悪循環を断ち切ろうとした政策である。その最たる事例は、地域再生法（二〇〇五年）であろう。報告書は経済成長戦略という視点から、消費市場が縮小することを問題であると〈診断〉する。これに対して、筆者が依拠する批判的構造分析は地域のコミュニティ（＝共助）機能が衰退し、生活が困難になっているという〈診断〉を重視する。そこから導き出される解決の〈処方〉は全く異なる。成長派はコストの視点から人口減で高齢化したコミュニティは放置するか、集落移転を推し進める。これに対して非成長戦略派はコミュニティ機能維持のための〈処方〉（政策）に腐心する。

この論文では、日本創成会議報告を手がかりに、筆者なりの地域が抱える〈病〉（地域間格差）の診断とその〈処方〉（再生モデル）を多少とも提起したい。その分析方法は批判的構造分析に依拠するが、単にそれに依拠するということではなくて、多少ともそれを補強する問題も併せて提起したい[1]。なお、本論文では数量的データについては省略していることを予めお断りしておきたい。

2　東京圏を含む大都市圏への人口移動の要因

中枢管理機能の東京・東京圏への集中・集積を無視して東京圏を含む大都市圏への人口移動を問題視

なぜ、東京・東京圏に人口が移動し、人口増が続くのか。この要因について報告書は触れようとしない。それは国にとって〈不都合〉な事実があるからである。その不都合な事実とは、中枢管理機能の分散を神奈川、千葉、埼玉（東京圏）に限定したからである。中枢管理機能とは、政治的・行政的中枢管理機能（立法・司法・中央省庁による許認可権限等）、経済的中枢管理機能（本社機能等）、文化的中枢管理機能（情報・高等教育・研究等）を指す。これらがすべてを引き込むブラックホールの正体である。

一九八七年、第四次全国総合開発計画（以下「全総」と略）が閣議決定された。その目標は「多極分散型国土形成」であった。この計画が決定されるまで紆余曲折の過程を経た。当時の中曽根内閣は、東京への中枢管理機能及びそれらを支えるサービス機能等の集積に伴い、首都機能の非効率を問題視した。その問題を解決すべく四全総で東京圏改造を提唱した。東京及び3県（神奈川、千葉、埼玉）に上記機能を分散する計画の提唱である。従って国の財政はこれらの地域に集中的に投下する。これに対して全国の道・府・県の首長は地方への財政支出が削減されることに反対し、妥協の産物として多極分散型に落ち着いた。しかしその実態は東京・東京圏改造であった。臨海副都心、みなとみらい21（MM21）、幕張メッセ、そして最後に建設された埼玉新都心であり、これらを結ぶ高速道路網の整備である。これらの開発地区に行政、経済的中枢管理機能の一部は移転したが、政治的・行政的中枢管理機能、経済的中枢管理機能である本社機能、文化的中枢管理機能はほとんど移転しなかった。政治・立法機能は今後の国の方針を決定し、中央省庁は許認可権限で経済、地域の在り方を決定する。これらが移動しない限り本社機能、情報機能、サービス機能が移転するはずはなかった。従って全国から人、情報、金を飲み込むブラックホールはそのまま維持された。この〈不都合な真実〉に目を背けて、東京・東京圏への人口移動のストップを主張しても何の意味もない。

経済成長戦略の視点からのみ人口減（国内市場の縮小）を問題視

報告書は経済成長戦略の視点から人口減少を問題視し、その点は徹底している。この問題は大都市圏への労働力移動の問題とは位相を異にする。この両者に共通して言えることは、無策ではないが、国による適切な政策の選択ができなかったことにある。もちろんこれは国の責任ばかりではなく、自治体側にも国の〈指示待ち〉という受け身の姿勢にも問題があった。これは全総策定において典型的にみられたように、都道府県計画は全総と事前摺り合わせを法的に義務づけられていたし、許認可権限が中央省庁に握られていたことにも現れている。一言で言えば、中央集権体制であり、自治体側の視点、国民(市民)目線が欠如していたことである。[2]

企業行動は売らんがための経営戦略を立てる。製造業は売れる製品の開発・生産、小売業は消費者に対して売る戦略の立案に腐心する。しかしいくら企業が努力しても国内市場が縮小すれば〈もの〉は売れない。従って、市場を支える人口を増加する必要がある、というのが報告書の結論である。企業経営者の発言であればその通りであろう。しかし人間は喜怒哀楽を持ち、日常的に考え、行動する。経済の対象となる統計的無機質の〈人口〉ではない。それだからこそ、人間は条件に合わせて婚姻・出産行動を選択する。

報告書は今世紀末の人口を何とか1億人くらいの水準に持って行こうと考えている。そのためには現在の一・四三(合計特殊出生率)を一・八(希望出生率二〇二五年)↓二・一(二〇三五年)へと向上させる必要がある。二・一になれば、確かに統計上人口が維持される。

報告書では、第一に、主たる収入稼得者を四〇〇万円、従たる稼得者を一〇〇万円、合計年収五〇〇万円にすることを提案する。具体策は地域創生本部で考えなさいとしている。なお、二〇一三年の正規労働者の年収は四七三万円、非正規は一六七万円である。第二に、女性が労働市場に参入できるように保育園の拡充を含む多様な子育て支援の提言である。第三に、女性が働きやすいようにする企業の労務管理の変更である。第四に、結婚もできないほどの低所得と不安定雇用の若年非正規労働者の処遇改善である(二〇一五年七～九月非正規一九七一万人、就業者の三八%)。その他種々提案がなされているが、これらの提言は、かつてどこかでなされていて、多くは実現されずに忘れ去られたものであったように思える。従って、問題はその提案を「まち・ひと・しごと創生本部」(以下「創生本部」と略)がどこまで具体化し、実施できるかにかかっている。気になるのは、財源が限られているので、高齢者対策の財源を若年者対策に移すべきと提言している。高齢者が増加しているなかで、この提言はいささか乱暴なそれである。現代版「楢山節考」(深沢七郎)の再現を危惧する。

3　日本の高度成長政策の推進と歪な国土構造の形成

一九六〇年代、七〇年代の重化学工業化の光と影

一九六〇年というのは経済的・政治的にも日本の転換点であったと言える。経済的には一九五九年から六〇年にかけて九州の福岡、熊本にまたがる地域で総労働VS総資本の闘いと言われた三井三池炭鉱争議が行われた。石炭から石油へのエネルギー政策転換の中で、経営側が仕掛けた経営権の奪還であった。他方で、一九六〇年にこの闘争の延長線上に安保改訂闘争が存在した。種々の意味づけがあるにしても、一方で経営権の確立による職場から労働組合を駆逐する始まりであったし、他方で国論の分裂を、政治の季節から経済のそれへと転換することによって事態を縫合しようとした。それが所得倍増論(成長政策)であった[3]。その核心は鉄鋼、自動車、電機、造船、化学等の重化学工業化の促進であった。地域的には千葉県の臨海部から大阪周辺の臨海部に至る太平洋工業ベルトの形成であった。一九六〇年代後半には京葉工業地帯から和歌山の海南に至る太平洋工業ベルトが形成された。やがて兵庫から北九州に至る工業地帯へと連接していった。このことと同時進行したのが産業インフラ・生活インフラの整備を促進した全総の実施(一九六二年、一全総)であった。五全総(一九九八年)まで継続するが、全総は工業化政策を含んではいたが、とりわけその政策的効果は産業インフラ・生活インフラの地域間の比較優位の平準化を推進することにあった。経営の視点からいえば、どの地域に立地しても経営環境・労働者の生活環境が東京と比較しても遜色がない、という水準にすることである。都道府県の総合計画は、国家計画の全総に則して擦り合わせることが法律で義務づけられていた

こともあり〈中央集権制〉、地域の産業インフラ整備が促進された。

国土構造は、産業インフラ、生活インフラの配置、産業の配置、労働市場の形成・配置、人口の布置の在り様と規定することができる。地域間の比較優位の平準化とは裏腹に、太平洋ベルト形成に向けた企業の立地誘導により、我が国の企業立地、労働市場の形成は太平洋岸に集中し、人口が太平洋工業ベルトに集積するという歪な国土構造をつくりだした。それはまさに人為的にである。別の視点から見れば、太平洋側における都市連続体の形成でもある。

高度経済成長に伴う必要労働力は地域間労働力移動と産業間労働力移動〈一次から二次、三次産業へ〉で充足された。一次産業に着目すれば、林業は外材に押されて衰退し、農業は狭隘な耕作地からして雇用力がなく、かつ二次・三次産業との所得格差を埋めるべく出稼ぎ、兼業そして場合によっては離農していった。加えて一次産業の子弟の多くは所得の稼得が優位の他産業に就職していった。労働力供給地域は北海道、東北、日本海側、四国太平洋側である。まさに津波のような〈民族〉の地位間移動であった。過疎化は一九六〇年代の中期以降顕著になった。人口の移動先は、人為的につくった太平洋工業ベルト及びその先に延びる瀬戸内、北九州工業地帯である。これらの形成過程で多くの公害問題を生起させたが、国民は命と引き替えの限界点で、一定の所得水準の向上を手に入れた。

地域振興の産業政策は地域に何を残したのか

一九六〇年代から八〇年代にかけて、地域再生、創生という用語は使われなかった。おそらく六〇年代から二〇世紀末までは地域振興、二一世紀に入ってからは地域再生、そして近時の地方創生である。地域再生法が立法化されたのが二〇〇五年ということもある。

ところで全総の共通したテーマが〈国土の均衡ある発展〉であり、過疎化の進展は阻止しなければならない政策課題であった。しかし一九六〇年代〜七〇年代において、地域をもとに戻す〈再生〉ほどの深刻な認識は政府側にはなかったように思える。太平洋工業ベルトにおける成長の成果を〈地方〉に分散する（お裾分け＝トリクルダウン）ことに集中した。大都市圏における企業立地を工業、工場制限法（一九五九、一九六四年）で制御しながら、工業の分散を新産都形成促進法（一九六二年）、工特法（一九六四年）で推し進めるというのが地域振興戦略であった。さらに出稼ぎ労働を含めた農村部からの労働力移動を多少とも阻止しようとした農村工業導入促進法（一九七一年）も施行された。結論的にいえば、一五地域が指定された新産都で工業化が進展したのは水島・倉敷（岡山県南）コンビナート、大分の鉄鋼産業を軸とした産業集積、そして内陸部ではせいぜい諏訪（長野県）の精密機械工業である。工特法指定地域は法の性格からして太平洋工業ベルト地域に偏り、その代表格が茨城県の鹿島コンビナートの形成である（工特法指定）。工業の分散は多少進んだとしても、大都市圏、太平洋工業ベルトへの労働力移動を止めることはできなかった。

栃木県の一九六〇年代は、東北地域と同様、東京圏、太平洋工業ベルトへの労働力供給基地であった。一九六三年に横川県政が誕生し、〈ストップ・ザ若者〉を合い言葉に企業誘致に奔走した。高度経済成長に乗り、東京圏に隣接するという北関東の地の利の良さ、交通条件（四号線、東北線等）、平地に加えて土地価格の安さとも相まって大手製造工場が進出し始めた。一九七四年に東北縦貫自動車道（以下「東北道」と略）が福島に抜けることにより、東北道沿いに工業団地が造成され、企業立地が進んでいった。このことは県土構造の形成において、県西、県東、県北地域から労働力移動が進み、現在の宇都宮市一極集中と上記した東北道沿いに人口が集積する歪な県土構造を形成したことは否めない。ともあれ、二％の大手製造業（従業者数三四・五％、出荷額四三％、二〇〇五年）を中心として県内中小企業の三〇％～四〇％を下請け化した内陸工業県が形成された。県人口のその後の増加から見れば、労働力移動は確かに止まった。茨城、群馬も同様の傾向が見て取れる。この傾向は磐城・郡山新産都、仙台周辺に多少企業は立地したが、全体として言えば、福島県以北には必ずしも延びなかった。

拠点開発から大規模開発へ：更なる地域構造の均質化

新産都等の拠点開発が十分な効果が上げられず、とりわけ労働力移動の阻止に失敗した。地域の過疎化が進展する中で、一九六九年に二全総が閣議決定された。三年後の一九七二年、田中角栄氏が「日本列島改造論」を刊行したが（刊行直後に自民党総裁に就任）、二全総と同じ内容である。卵が先か鶏が先かはともかく、田中氏の自民党内の地位からすれば、二全総は田中氏の主張そのものであるという方が妥当な解釈であろう。地域振興を小さな地域開発ではなく、大規模開発で実現するというのが二全総の内容である。

苫小牧東部港開発、青森のむつ小川原湖開発、山口・大分にまたがる周防灘開発、鹿児島・宮崎に至る志布志湾開発である。いずれも重化学工業基地の建設である。これらの地域を高速道路と新幹線網で連結し、かつそれらの間を情報ハイウェー（二全総では電気通信ネットワーク）で結ぶ。さらに言えば、一全総による地域（工業）開発の推進によって公害が全国的に拡大し（とりわけ太平洋工業ベルトに沿って）、住民運動が激化した。それを押さえ込む手段として自治体改革（道州制の導入）・国民総背番号制が盛り込まれた。結果としては首長の反対により実現しなかったが。田中氏好みの大規模開発は一九七三年のオイル・クライシスで頓挫したが、現時点で見れば、苫東開発（一九九九年倒産）、むつ小川原湖開発（二〇〇〇年倒産）は夢のまた夢に終わった。むつ小川原湖開発は核燃料リサイクル基地に、志布志湾開発は石油備蓄基地に姿を変えた。

苫東開発は北海道の製造業振興の、むつ小川原湖開発も青森県民の出稼ぎストップの夢であった。一九六〇年代から七〇年代の北海道経済は、農・畜産業は減反と乳製品の自由化に、夕張を中心とした石炭鉱山はエネルギー政策の転換で閉山に、という四面楚歌に置かれていた。青森も同様であり、活路は工業化の推進であったが、大規模開発によっても（もちろん形を変えてしまったが）、地域からの労働力移動を止めることはできなかった。

二全総の計画において現時点で実現したものは、高速交通体系（高速道路、全国新幹線網）、情報ハイウェー、国民総背番号制(住基ネットからマイナンバーへ)である。高速交通体系は確かに企業立地誘発要因でもあるが、他方でストロー効果もある。企業立地が進まなかった以上ストロー効果の方がはるかに大きかったと判断できる。道州制についても、政府は平成の合併によって最終ステージに入りつつあると考えている。

人口移動を止めることができなかった大きな要因として、中央集権システムに全く手をつけずにマクロ経済成長モデルを地域の置かれた諸条件を無視して適用したことにあった。マクロ経済成長モデルとは、産業インフラの整備→工場の誘致(下請けを含む)→労働市場の形成→労働力の流入→生活インフラの整備→定住人口の増加→生活支援企業の立地、という螺旋的拡大である。このモデルはある特有な性格を持つ。このモデルを実施すれば、おしなべてその地域固有の産業構造、資源構造、地域構造が解体し、工業地帯に見られる均質な産業構造、資源構造、地域構造に転換する。これは工業化の負の側面である。他方で、遠隔地の企業立地は産業インフラをいくら整備しても進まない。それは企業が戦略的経営情報へのアクセス、技術革新・製品開発の人的・情報獲得、市場情報アクセス等に重きを置くからである。東京圏に政治・行政機能、本社機能、情報・高等教育・研究機能という中枢管理機能が集積する。とすれば、工場立地は東京・東京圏に近接する地域にまずは立地する。新卒層及び職を求める基幹労働力層は巨大な労働市場のある東京圏及び大都市圏、太平洋工業ベルトに、さらには北関東に移動・定着する。人間の行動動機からすれば、まずは仕事のあるところへ、次によりよい仕事(所得が高く、社会的評価の高い仕事)を求めて移動するのは当然のことである。

企業(本社)は許認可権限を持つ中央省庁の情報をいち早く取得できる東京からは移動しない(中央集権体制)。工場は、東京圏から比較的近くかつ自然条件が良く、交通体系、産業インフラが整備され、内外の市場・情報接近に優位でかつ労働力の調達が容易なところに事業所を立地させる。従って下請け企業も発注先の事業所に近接して立地する。企業行動の分析を十分に行わず、ひたすら全総で産業インフラを整備しても、東京圏からの遠隔地である北海道、東北等の地域への工場立地は進まず、過疎化（人口移動）の阻止に機能しなかったのは当然であった。重化学工業化を軸とした国のマクロ経済成長モデルを無媒介に地域に当てはめても、地域の産業構造、社会構造の均質化を促し、結局は地域の経済成長ではなく地域産業の衰退、ひいてはコミュニティの解体を加速させることにつながった。このマクロ経済成長モデルを地域に無媒介に適用することがこれ以降も反省することもなく続けられた。皮肉にも、地域再生の〈芽〉（＝地域構造の多様化）を政府自らが摘んできたことになる。

4　一九八〇年代の地域振興策の結末

テクノポリス、頭脳立地、リゾート開発の結末

一九八〇年代の地域振興策を鳥瞰すれば、三つの政策を指摘することができる。テクノポリス法（二六地域指定一九八三年）、頭脳立地法（二六地域指定一九八八年）、リゾート法（四二地域指定一九八七年）である。これらはすべて指定地域として栃木県内の自治体が関わっている。

全国の優等生と称された宇都宮テクノポリス（一九八四年指定、宇都宮、真岡、芳賀、高根沢）を例にとってその政策の効果について述べてみたい。この政策において新たな工業団地の開発あるいはそれに類した開発はない。シリコンバレーを模したこのテクノポリス建設は、人口一五万人以上の母都市（企業で働く研究者、労働者に都市機能を提供）、理工系大学、テクノ財団、大手ハイテク企業、ハイテク技術・製品開発の潜在的能力を有する地元の地域企業をネットワークで組み、地域企業への技術移転（大手ハイテク企業から）あるいは大学とのネットワークでハイテク技術・製品開発の潜在的能力を顕在化することにあった。その開発費用をテクノ財団が負担するという仕組みである。この目論見は

成功したかと言えば〈不明〉である。なぜなら十分な検証が行われなかったからである。というより、地域企業への技術移転、大学との連携による技術・製品開発の検証ができなかった。企業の技術移転の壁、開発による特許、製品開発による売上高等の検証が大手企業から、地域企業から、そしてましてや行政からも統計的に明らかにされることはなかった。頭脳立地の目標であるＩＴ関連企業の集積効果の検証についても同様である。これら二法から、その後において唯一継承されたのは、地域と関わる産業振興策として、産・官・学ネットワークの国家による〈公認〉であろう。

産業振興の地域指定から無縁の山間地域、中山間地域から期待を持って迎えられたのはリゾート法による地域指定であった。開発構想が四二も認められたということは、いかに各地域がリゾート開発に賭けざるを得なかったかである。〈溺れる者はわらをもつかむ〉、というのが山間・中山間地域自治体の本音であったろう。栃木県は日光国立公園内の開発を目標にして日光那須リゾート構想がいち早く指定された。国立公園は自然公園法によって公園内での開発は厳しく制限されていた。しかし特区構想（1国2制度）が立法化されることによって、国立公園内であっても指定された地区内であればいかような開発であっても許可された。国による脱法行為の合法化であった。

観光開発は、都市型であればＴＤＬ型のテーマパーク、自然資源活用であれば自然の中での滞在型がモデルとして想定可能であるが、実際にはその境界はなかった。開発主体は自治体が民間企業と提携し第三セクターを立ち上げ、施設等の建設を民間企業にすべてを委託した。しかし民間ディベロッパーは施設建設はできても観光商品の差別化を目的とした開発のノウハウを持ってはいなかった。したがって、全国どこでも温泉、ホテル、ゴルフ場、テニスコート、プール等、いわばどこを切っても〈金太郎アメ〉であった。その末路は観光客の急激な減少に伴う赤字の累積、巨額の赤字を自治体に押しつけて民間企業は第三セクターから逃走した。財政の脆弱な自治体は巨額の赤字負担に喘ぎ、他方で開発途中の事業の中断に伴う環境破壊である。リゾート法の先駆けとして夕張市の観光開発が当初注目されたが、金太郎アメの罠に陥り、巨額の財政赤字を抱え赤字再建団体となった。財政赤字はすべて住民生活に皺寄せされた。[4] 日光那須リゾート開発も多くが倒産、中止となり、たまたま財政再建団体の指定を免れただけにすぎない。美しい夢を見たのはよいが、自治体にしてみれば悪夢となった。夢を見させたのは誰か、その誘いにのった自治体が悪いのか。結論は明らかである。責任の軽重からいえば、確証もなく観光を成長戦略として吹聴した方だ。

その後の末路は、観光商品として潜在力を持つと判断されたホテル等の施設は、観光商品開発のノウハウを持つ外資系企業に買いたたかれ、一部だけが命脈を保っているに過ぎない。このリゾート開発で継承されたものは、アベノミクスの成長戦略の一つとされている戦略的開発特区である。言い換えれば、一国二制度という国家による脱法行為のさらなる拡大である。しかしこの戦略的開発特区も、各国間でのＴＰＰの合意により（批准はまだではあるが）、国家主導による究極の規制緩和が成立したことから、アベノミクスの成長戦略の中核を構成していた戦略的開発特区は事実上終焉した。日本全体が戦略的開発特区になり、一国二制度を採用する意味を失ったからである。

地域間格差是正の切り札、首都（国家）機能の移転

首都機能移転論は、一九六〇年代に源流を持つ（当時の建設大臣河野一郎が提唱）。もちろん、その時点で過疎化解決の切り札として論じられたのではない。むしろ東京の過密化対策の一環であった。その流れで、一九九〇年に国会移転に関する決議がなされ、一九九九年に首都機能移転先三地域が選定された。それが栃木県の那須地域、そして岐阜県の東濃地域等であった。那須地域を事例に取れば、那須塩原インターがあり、その周辺に国立草地試験場（独法・農業・食品産業技術総合研究機構）、県農業試験場、民間企業の千本松牧場等、地主が限定されかつ広大な用地が取得可能であったこと、さらに福島空港へのアクセスが可能ということで選定された。国会が移転すれば、中央省庁の出先、本社機能の出先、新聞社等の各情報関連企業の移転、それらを支えるサービス産業の立地が予測された。都市規模としては一〇万前後を想定していたが、その波及効果の大きさは十分予測された。

他方で、中曽根内閣は東京圏一極集中の是正を掲げ（中枢管理機能の六〇～八〇％が集中）、すでに四全総（一九八七年）で東京・東京圏改造を掲げ、その計画の実現に向けて動いていた。中枢管理機能を一都三県に分散するという計画である。首都機能移転構想は、国会決議がなされたときにはすでに東京圏改造が進められつつあり、移転の実現可能性は零であった。移転先三地域案は埃がうず高く積もり、もし再度日の目を見るとすれば、関東大震災の被害の大きさを目の当たりにした直後であろう。あの時危機管理の視点から（筆者は危機管理の視点を重視する立場）、首都機能を移していれば、という後悔はやはり先に立たない。

ところで、この首都機能の移転を、東京圏への人口移動を止めるという視点から見れば、その効果はそれなりに大きい。多少の分権化が進んだとはいえ、未だ権限の多くは中央省庁そして立法権限は政権政党が握っている。中央集権システムの構造改革はなされていない。手放すのは国民の身近な生活であり、金のかかる医療・福祉領域に過ぎない。その構造が変わらないと仮定すれば、中枢管理機能の中核である政治・行政的中枢管理機能を東京圏から移せば、人口移動対策としてすべてではないにしても切り札の一つとはなる。しかし、今となっては雲散霧消した。創成会議報告をベースにして創生本部が知恵を絞った創生法は首都機能の移転を含めた構造改革に手をつけたものではない[5]。

5　財政悪化と地域――一九九〇～二〇〇〇年代、地域にとって失われた二〇年なのか

一九八五年からの円高不況はプラザ合意に基づく人為的円高シフトに原因がある。円高といっても、たかだか一ドル二〇〇円前後の為替レートである。企業は生産機能を為替の変動を受けない、人件費の安い東南アジア・東アジアに移転し始めた。それまでも生産機能の海外移転はあったが、それは貿易摩擦の回避による自己規制あるいは当該輸

出国からの要請に基づいていた。これらの動きを世界的に見れば、グローバリゼーションの序曲と言える。一九六〇年代以降、地域に多少とも立地してきた大手企業の工場が、本社の世界戦略に基づいて移動を始めた。地域に立地していた工場の移転、生産機能の縮小が今日まで続く。それればかりではなく地域に立地する下請け企業の再編をも生起した。発注元の大手企業から見れば、海外展開できる下請け企業とできない企業の選り分けである。後者は他の発注先を見つけるか、できない企業は倒産・廃業に追い込まれた。これが一九八〇年代後半から進められてきた下請け再編の実態である。この事態の進行に伴い地域の労働市場は一貫して縮小に追い込まれていった。

政府は円高不況を乗り越えるべく、大幅な金融緩和と公共事業による内需拡大を繰り返していく。産業構造の変動を無視した公共事業の拡大は産業連関による十分な波及効果を生まず、逆に金融緩和は過剰流動性を生み出し、それが土地と株等の不動産、金融商品に向かった。実体経済の成長を伴わない〈好景気〉はやがて破綻する（一九九一年中期）。これがバブル経済の論理であり実態である。いまのアベノミクスにきわめて類似する。違うのは政府が赤字国債を発行し、それを機関投資家（金融部門等）が購入し、政府の〈子会社〉（株式保有率五五％）の日本銀行が機関投資家から購入する。政府の債務は表面上二〇〇兆円超削減（債務の移転に過ぎないが）という、政府・機関投資家・日銀によるだれも責任の取らない国債発行の無限連鎖である。これはとうていモラルハザードでは言いあらわすことのできない事態である。

一九九〇年代、さらには二一世紀に入っても成長戦略の名の下に赤字国債発行に基づく公共事業の大盤振る舞いが継続された。この期間を失われた二〇年と言う経済学者、評論家も多いが、累積された一〇〇〇兆円超の赤字国債を目の当たりにして、止めようとした人・組織はいなかったのか。このような借金を返せると思う人がいるのだろうか。これだけ借金しても、一〇〇〇兆円超の赤字国債の発行で一九九一年～二〇一三年までの平均成長率は〇・九％にすぎない。

この借金は結局地域に直接負の影響を与える。それが小泉内閣の〈三位一体の改悪〉である。改革ではない。自治体の鼻面にニンジン（合併した自治体には地方交付税を減額しない、合併に伴う必要な事業費の七〇%は国が面倒を見る）をぶらつかせ、合併をしなかった自治体には地方交付税の減額をちらつかせて、ムチを入れて合併に走らせる。〈無い袖は振れぬ〉というが、自治体がなぜ政府の尻ぬぐいをしなければならないのか。合併しなかった多くの自治体の存在は、合併しなくても住民の意志に沿った自治経営ができるという証左でもある。合併した自治体、とりわけ吸収合併された自治体は、役場が支所となり、地域経済の核が失われ、地域の衰退に拍車をかけている。加えて合併特例債の償還が目前である。

このような事態の中で、道州制で地域を強めるというのは絵空事にすぎない。栃木県庁が北関東州の栃木支所になれば、つまり栃木県庁が持つ地域レベルの政治的・行政的中枢管理機能が他の州都に移転することになり、前記した吸収合併された自治体の現状と同様、宇都宮あるいは県内の都市の行く末は予測できる。

6　地域再生の有効な〈再生策〉（特効薬）はあるのか

成長指標の光と影

このように問われると答えるのは難しい。というのはこれまで明らかにしてきたように、産業振興を軸とした地域振興策の正否は検証されないまま今日に至っているからである。太平洋側に工業ベルトを形成することができたではないのか、あれは成功だったのではないか、と問われれば、公害の発生に伴い、多くの死者、病人が出たこと（外部不経済）を除けば確かに成功したと答える。既存の京浜工業地帯、中京工業地帯、阪神工業地帯、北九州工業地帯はそれぞれ点として存在していた。所得倍増論等の計画はこれら点を線で結び、そして面として拡大しようという計画であった。産業インフラの整備を優先的に整備し、大都市圏から工場を他地域に移転させ（工業・工場制限法）、加えて経済成長に伴う設備投資をこれらの地域に誘導する。これらの政策は（マクロ経済成長戦略）は確かに工業化を推し進めた。

これらをマクロの成長指標から見れば確かに効果があった。しかしこのマクロ成長指標は太平洋工業ベルトへの集積効果が、それ以外の地域のマイナス指標を帳消しして表したものに過ぎない。いわゆる数字のマジックである。他方で、工業化は地域構造の均質化を推し進める事でもあり、これらの地域からかつて存在した地域固有の産業構造、生活様式、景観等の多くは失われた。この事態を成長・発展あるいは近代化と称した。ところでこのマクロ経済成長モデルがどこにでも通用する普遍的モデルでないことは既に明らかにした。

中心市街地の空洞化と改正都市計画法

地域の人口減少が加速してきた一九九〇年代、全国の中心市街地から個人商店が一軒、また一軒と店を閉じ、シャッターをおろし始めた。この事態を、ある評者は中心市街地空洞化と呼んだ。まちの人口減少に加えて、まちの人々の生活を支える生鮮食料品、衣料等の小売店の消滅である。この事態を引き起こした原因は明白である。モータリゼーションの伸展に対応して大手小売り企業が郊外に駐車場を設置した大型店舗を建設したからである。アメリカの圧力があったとは言え、この事態を加速させたのが一九九八年の大規模小売店舗立地法の改正である。周りの混雑等の環境要件をクリアすれば、いつでも、市街化調整区域であろうとどこにでも立地できるように改正された。これも規制緩和という形をかえた全国一律のマクロ経済成長戦略モデルの一つである。これ以降、様々の業種を集めた複合型店舗へと拡大し続けた。それに比例して中心市街地の空洞化が進み、商業機能の消滅と同時に中心市街地の過疎化・高齢化を同時進行させた。中心市街地空洞化というのは、単に商店が無くなるというだけでなく、市街地の過疎化によりコミュニティ機能も併せて失われていくことを意味する。

宇都宮市の中心市街地も例外ではない。筆者は、二〇〇一年に二荒山神社（宇都宮市の中心）を中心とした地域の調査を実施した。その結論は、商店数の減少もさることながら、過疎化・高齢化の同時進行であった。市街地の商店はテナント化が進み、地元商店主は職住分離、したがって中心市街地の商店街はある時間を過ぎれば人通りが途絶えてしまう。その後、種々の活性化策が取られてはきた。例えば、消費基盤人口増加のために、集合住宅の建設、そこに入居する若年者家族への補助金等である。それなりの効果はあったが、現在（二〇一五年）の事態が一五年前と比べて注目すべき伸展があったとは言えない。中心市街地の商店数が大幅に増加したとか、売上額が伸びたとか、歩行者数が多くなったという統計的データが示されていないからである。これに対して郊外に開発した大型店舗、アウトレット、飲食店舗の集積地はこの一〇年で大幅に拡大し、土日にともなると車が渋滞する。条例等で郊外型大型店の立地を規制しない以上中心市街地の空洞化が進むのは当然の帰結である。

中心市街地をめぐる神学論争からの脱却

なぜこれほどまでに中心市街地の空洞化に市民も、商店街も、行政もこだわるのか。宇都宮市に例を取ってそれらの主張に耳を傾ければ次のように要約できる。

①中心市街地の売り上げが減少すると店をたたむ商店主が出てくる。中心市街地はまちの〈顔〉だから、〈顔〉が無くなるとまちの特徴が消える。

②中心市街地には公共施設、生活関連施設が集積しているから（市役所、県庁、郵便局、病院、高層集合住宅、商店等）、それらの都市機能が活用されなくなると社会・経済的にも大きな無駄を生む。

これらの主張はそれなりに傾聴に値する。これらに反論するとすれば、次のようになろうか。

①まちに〈顔〉がなくても日常の生活に支障を来すわけではない。毎日中心市街地に行って買い物するわけではないのだから。

②売り上げが減って商店街がつぶれるというけれども、郊外の大型店舗等の売上げと合わせれば、宇都宮市全体として増加しており、宇都宮市の小売業は衰退ではなく成長しており、中心市街地の売上げ額の減少を特に問題視する必要はない。

これらの主張はそれなりに理解可能であり、納得がいく点も多々ある。例えば、〈都市機能の無駄論〉である。留意すべきは、ここでも市域全体のマクロ指標が中心市街地のミクロ指標を帳消しにしている、数字のマジックがここにも存在する。

種々議論がある中で、筆者は、〈域内経済循環論〉（有機的産業構造の形成）に向けた意見に注目したい。一九七〇年代後半から宮本憲一氏は国主導の地域開発（工業化等）に異議を唱えてきた。宮本氏が地域経済論の視座から国主導の地域開発が地場の産業、住民に利益をもたらさず、その投資は民間ディベロッパー、立地した東京及び大都市圏に本社のある企業に利益を吸い取られるに過ぎない。地域に還元されるものは限りなく少ないと主張する。むしろ地域が豊かになるには、地域内の中小企業が相互に有機的な関係を形成することに知恵を絞るべきと主張した。清成忠男氏は、経営学の視点から、成長する中小企業に着目し、それを軸にして域内での経済循環を高めることが可能である、ことを示唆した。両氏とも内発的発展論の理論的根拠を提起した。当時の筆者は域内経済循環論について内発的発展論の視座から賛意を表明しつつも、地域経済・社会システムの開放性が伸展し、その事態と域内経済循環論は矛盾すると考え、その理論的・現実的根拠には懐疑的であった。ただその後の経済のグローバル化の進展で、グローバル企業とローカル企業に分断化され、グローバル企業の地域での縮小、地域からの撤退という地域をめぐる新たな条件が形成され、改めて有機的産業構造形成の可能性を探らざるを得ない状況が生じてきたと考えている。

これらの論点を踏まえて、ある地域経済問題評論家は、郊外型大型店のほとんどは東京等に本社を置く。市民の消費した金額はすべて本社に吸い取られ、市内には金が落ちない。おまけに郊外の大型店が利益を上げるほど市街地の商店は減少する。郊外大型店の進出規制をすべきだ、と。これに対して、大型店の方は次のように反論する。雇用を増やし、給与、固定資産税を払い、法人市民税、法人事業税も払っているのだから市も市民もそれなりに恩恵を受けているではないか。

筆者は、資金循環が市内でより多く回る工夫があっても良いのではないかと考える。既存の大型店を排除するのではなく、立地している自治体のまちづくり計画の中に既存大型店を位置づける工夫があっても良い。その上で、大型店が必要とする領域の地場の企業との取引連携、大型店が必要としているが、その地域に未だ存在していない分野での起業支援を、大型店が持っている資金・人材・マネジメント、情報等の面での連携を要請する。大型店の地域資源化（産業・生活インフラ・税等）であり、大型店の地域資源に対するFree Ride（ただ乗り）の時代はすでに終焉しているからである。

改正都市計画法（二〇〇六年）は、政府もようやく重い腰を上げた出店規制の強化策である。市街化調整区域、第一種・中高層地域等への大型店の出店禁止である。市街化調整区域は都市の膨張を防ぐ防波堤の役割を果たすはずが、その防波堤を政府・行政が破壊に手を貸し続けた。大型店進出という大波に目をつぶり放しであった。都市計画法の改正は極めて大きな効果があった。しかし、これはあくまでも出店規制であって、中規模都市では有効であるが、中心市街地を活性化するわけではない。小規模都市にとってこの法改正はあまりにも遅きに失したが、嘆いても元には戻らないのであるから、これからは先進自治体の商店街活性化の方法を学びつつ、自らの地域資源の分析・摘出を踏まえて、改正中心市街地活性化法（二〇〇六年）、地方再生法、地方創生法等、使えるものはすべてを使って知恵を絞るほかはない。すなわち、自らのまちの外的状況の変化をにらみつつ、まちがもつ様々の資源、不足している資源を見据え、この両面にらみから第一歩を踏み出す。これが空洞化、過疎化を招いた要因から導き出される、単純ではあるが基本命題である。

7　地域社会・経済質量再生モデルに基づく多様な地域再生の構想

地域社会・経済質量再生モデル（以下「再生モデル」と略）

ここでは筆者が構想する再生モデルについて規定しておきたい。留意しておきたいことは、地域社会を経済の視点から市場としてのみ捉えることはしない。あくまでも地域社会を生活者が自助・共助・公助が織りなす生活者のネットワークとして設定する。したがって、経済活動、市場活動はネットワークを構成する要素として位置づける。このことを前提用件として、分析のための再生モデルを設定したい。

再生モデルは、地域社会を構成するプレイヤーが生活者のネットワークの自助・共助・公助の量的水準ばかりでなく質的なそれを高めることを企図している。

地域社会を構成するプレイヤーは多様であるが、ここでは分析に関わって、市民、市民活動団体（自治会、NPO・NGO、市民活動団体等）、企業（大企業、中小企業、ソーシャル・ビジネス等）、医療法人、福祉法人、学校法人、労働組合、自治体等としておく。

これらが相互にネットワークを組む。ネットワークはフラットではなくプレイヤーが実現しようとする目標に応じてプレイヤー間でネットワークを形成する。例えば福祉活動団体間で、教育活動団体間で、企業間で。名称は地域ごとに多様であるが、福祉協議会、教育連盟、商工会議所等である。これらのネットワークがさらに自治体等と結びつく。フラットなネットワークではなく層化された立体的なネットワークである。

フラットではないという意味は、プレーヤー間に権限等で示される影響力の強弱が存在するということである。立体的ネットワークはコミュニティ・パワー・ストラクチャ（地域権力構造）を示したものであり、それを考慮しなければ、計画策定、遂行することはできない。

層化されたそれぞれのネットワークごとに目標が設定され、その目標を複数の目標にカテゴライズし、それらを実現するために資源を動員する。それを地域経営（まちづくり）という。例えば、福祉の充実、経済振興等である。目標設定、資源動員の過程に構成員が可能な限り参画する、これが市民協働である。目標、意志決定は所与のものではなく自らが参画し、実施する。

再生モデルは地域経営にプレイヤーが自発的に参画し、その過程で、例えば福祉の量的水準、関係の密度、クライアントの背中に手が届く適切な価格で良質のサービス財の提供を実現する諸条件を摘出し、地域社会の参加プレイヤーに示す。コミュニティ形成の諸条件の摘出・提示と言い換えても良い。

地域社会は大企業にとっては期待するほどの利潤を生まない局地的市場であるが、中小企業、ソーシャル・ビジネスにとっては企業組織を維持する適切な利潤と志向する価値実現の場であり空間である。福祉分野を例に取れば理解しやすい。地域内市場は、あくまでも地域社会を構成するプレイヤーが〈生活できる〉利潤を得るための空間であり、それは自助・共助を実現する空間である。それができない部分は公助によって実現する空間でもある。市場は自助・共助・公助の量的・質的水準を高める手段的位置づけである。

マクロ経済成長戦略モデル（以下「成長モデル」と略）

これに対して成長モデルは地域社会を〈市場〉としてのみ設定する。その特徴を構成すれば次のごとくである。

①地域を構成するプレイヤーは企業、消費者である。

②地域社会は〈地球を微分化〉したものであり、消費者がいるところどこにでも設定可能である。企業にとって消費者は生活者ではなく当該企業が提供する財を購入し消費する対象である。

③企業の立地は、当該企業にとって有意味（＝利潤）と判断すれば立地する。利潤が得られないとすれば、地域が抱える種々の問題（自助・共助・公助の量的・質的水準の向上等）に関係なく撤退する。

④この成長モデルにおける企業と政府の関係は企業利潤の拡大に寄与し、それに関係する限りで協働するそれである。自治体も同様である。

この成長モデルを日本国内に適用すれば、産業インフラ整備↓企業立地（誘致）↓労働市場の拡大↓人口の社会増↓生活インフラ整備の拡大↓定住人口の増大（＝婚姻数の増加）↓生活支援産業の拡大（第三次産業）という〈正〉のスパイラル効果を狙いとする。この過程で、政府、自治体は産業・生活インフラの整備を担当し、立地した企業には様々の税の優遇特典を付与する。立地企業はそれらにただ乗りする。以下で再生モデルに基づいた地域再生を構想してみたい。

再生モデルに基づく多様な地域再生

地域再生に向けた血のにじむような努力が全国的に展開されている。その結果は当該地域において創成会議報告のセンセーショナルな人口減少宣言に対抗して人口減少の進行を押しとどめ、コミュニティ機能を維持再生すべく、北海道から沖縄まで全国的に多様な創意工夫に基づく実践が推進されている。ここでは一つひとつの全国的な事例を取り上げて分析をしても、多少の類型化はできても一般化は困難である。それは人口の質量、経済・産業構造、東京及び大都市圏、中核都市からの物理的距離を含めた地理的特性、これらを前提にしたその地域が持つ特有の社会構造、政治構造、それと不可分の文化構造、加えて創発的人材の在り様、情報の受発信等、これらが全国一律ではないからである。構造的に類似性を有するところは確かに分析的に類型化がある程度可能である。だからといって当該地域への一律の地方創生策で〈再生〉させることはできない。増田寛也は『地方消滅　東京一極集中が招く人口急減』（中公新書、二〇一四年）において六つの地方にカテゴライズしているが、創生策に直接つながるものではない。結論的に言えば、これまでの地域再生分析において地域再生に向けた一般理論はないし、むしろできない。もしあるのだとすれば、いまさら〈地方創成〉を声高に吠えたてる必要はないからである。筆者自身、この間紆余曲折の思考・分析を経てきたが、現時点での結論は、現在の自治体数一七一九通りの地域再生策に加えて各自治体内部の地域再生策があると考えている。したがって、対象となる地域再生策は〈無限〉に存在する、と考えた方がよい。

ここでは、地域再生策を構想するに当たって、前記した再生モデルを踏まえて、かつこれまでの地域再生の〈実践知〉を鳥瞰し、検討すべき諸項目を提起したい。その前に地域再生の目的を確認しておきたい。それは、自助・共助そして必要な公助が相互に関連し合い、それらを充足することによりコミュニティが再生・維持されることにある。それがまちづくりの全体デザインであり、それを実現する手段が地域経営である。

そのために必要な要件とは、

（A）仕事づくり……仕事づくりはコミュニティ再生・維持のための手段。市民・事業者の創発行動を重視し、条件に応じて行政と協働する。

（a）地域内プレイヤーの層化ネットワークの形成……これらは重要な地域資源（まちづくりリーダー、起業家、中小企業経営者、農・林・漁業者、NPO等の市民活動団体、自治会、行政等）。

（b）地域内プレイヤーの自己分析（何ができ、何ができないか、何を付加したらできるようになるか）

(c)ソーシャル・ビジネス(SB)は利潤・成長重視ではなく、コミュニティ再生・維持を目標とする。その限りでの利潤・成長を堅持する。
(d)中小企業(個人・法人・農・林・漁業者の組合を含む)は地域内の市場を第一義的とし、余力があれば域外に進出する。
(e)SB、中小企業のネットワークを形成し、域内産業連関の組み合わせを構築する。その構築により地域内労働市場を維持・拡大する。
(f)大企業が立地していれば、仕事づくり、SB、中小企業のマネジメント支援そしてまちづくりに協働する。
(g)地域内で人材を中期・長期で養成すると同時に、地域内で調達できない人材(マネジメントスタッフ、ITを含む技術者・技能者、マーケティング等)を域外から求める。移住者には住宅、生活資金、各種器材等を提供する。
(B)起業家向けの資金融資を整備し、〈失敗〉を許容するシステムとし、再起可能なものにする。
(C)自然再生可能エネルギー(域内資源として太陽光・木質バイオ・畜産バイオガス・風力・小水力等)のビジネス化による地産地消・商を重視する。
(D)地域内教育改革として、地域再生・創造人材の養成及びグローバル人材からのI・Uターン可能なシステムを併せて教育改革の中に組み込む。確認すべきは、地域再生・創造人材とは地球上どこの地域にいても活動できる人材のことである。したがって地域再生・創造人材とグローバル人材は根本で融合する。その養成は相互にオープンなシステムであること、これがアベノエデュケーションとの決定的な違いである。[6]

その他多くの事項が考えられる。後は当事者が実践の場で実践知を蓄積し、それらを昇華し、関係づけていただければよい。日本創成会議報告は政府の地方創生法へとつながり(最初から仕組まれてはいたが)、やる気のある自治体は数値の入った検証可能な〈創生計画〉を持ってこい、と相も変わらず上から目線である。

重要なことは、いま実行している地域づくりをさらに発展させ、その成果をフォーラム・シンポジュウム等で全国的に交換し合い、地域間の相互交流を活発化させ、実践知を交換し合い、それらを昇華し、また地域再生現場に戻り、それを適用する。この絶え間ない地域再生のフィードバックが地域再生、地域発展の王道である。地域はマクロ経済成長戦略モデルが設定している単なる市場ではない。地域社会は、生きた人間たちの、生活者の場であり空間である。

注

1　研究者の多くが採用する分析方法は規範的方法である。筆者は北川隆吉氏（以下北川氏と略）が提唱した批判的構造分析に依拠する。北川氏の批判的構造分析については、北島滋、一九九七、「地域分析の方法的展開―構造分析の流れに限定して―」『地域社会学会年報第九集〈地域・空間〉の社会学』（時潮社）を参照していただきたい。この論文は、一九九五年一〇月に開催された地域社会学会主催の第二回研究会で北島が発表したものに基づいている。発表に至る過程で、北川氏と筆者との間で2カ月にわたる厳しい論議が闘わされた。その最終的結論を研究会で発表した。筆者が執筆した北川氏に関する論に限定すれば共著といっても良い。鎌田氏等の構造分析を検討する研究会において、北川氏の方法を他の方々のそれと峻別するために〈批判的構造分析〉としたのは北島である。

北川氏の批判的構造分析を特徴づけるとすれば次のごとくである。

①マルクスの土台・上部構造に依拠しつつ、社会の土台に技術革新・企業構造それらが規定する産業構造を設定する。

②産業構造が階級・階層・職業構成を包摂した社会構造の形成を規定しつつ、それが産業構造に逆作用する。

③産業構造の変動が社会構造の変動を促進し、人口構成（例えば少子高齢化）を、政治構造、市民生活の在り様を規定する。

④法政的諸関係が前記した①、②の変動に強く作用し、自治体の政治・行政機構を介在して前記した③の変動を規定する。

北川氏の方法が批判的構造分析と言われる所以は、市民生活を分析するためには前記した①〜④を組み込んだ方法でなければ市民生活の変容を十全に明らかにすることはできないし、その変動要因への有効な対抗・対応行動ができない、ということにある。とりわけ法政的諸関係の強い規定力への着目は、我が国の中央集権システムを前提にしている。これまでの地域社会学、都市社会学は法政的諸関係の分析を怠ってきたばかりではなく、前記した①も分析の俎上に載せることを軽視したのではないのかという批判が根底にある。

批判的構造分析は現実を分析するにあたってその方法的意義を失っていないが、他方で、以下に展開する解釈パラダイムとの〈対話〉〈架橋〉の試みにより、より一層の方法的リアリティを担保できるのではないかと考える。その根拠は、前記した〈変動要因への有効な対抗・対応行動ができない〉ということにある。これを創発的行為とすれば、北川氏の批判的構造分析には創発的行為の分析方法が十分装填されているとは言い切れない。地域再生を担う行為は、まちづくりを含めて事態を改善・改革する〈対抗・対応〉であり、創発的行為である。その点に着目して筆者は解釈パラダイムと批判的構造分析との〈対話〉〈架橋〉を提案をしたい。

批判的構造分析を規範パラダイムに含めてそれを特徴づけるとすれば次のようになろうか。課題設定、分析対象の確定、分析対象を分析手続きにより裁断し、裁断された要素を計量的・質的方法等により規定関係の強弱を摘出し、それに基づいて分類し、規定関係の弱いあるいは検出されない要素は不必要なものとして捨象し、規定関係のある残された要素を論理的に再構成する。この結果得られた構成体が認識像である（分析結果）。これら総体を、ここでは規範的方法と呼ぶ。問題はこの一連の手続き（規範）の結果得られた認識像がリアリティを持っているのかどうかである。

これに対して解釈パラダイムは、認識対象（＝自己自身の行為を含む）を自ら構成した主観的解釈枠組み（＝準拠枠）に則して対象を理解しようとする手続きである。従って、認識の客観性は解釈枠組みを自己客観化できる程度に依存する。筆者自身は規範パラダイムとの比較で、この方法をそのように理解するが、解釈パラダイムの論者は、客観化の手続きそれ自体この方法とは無縁のものである、と主張する。大山信義氏は（以下大山氏と略）これを方法的無構成主義と主張する（『船の職場史』御茶ノ水書房、一九八八年）。むしろ主観的解釈枠組みの形成過程、主観的解釈枠組みの構造それ自体の認識に視点を向ける。一例を挙げれば、運動に従事する者は、自らの行動の妥当性の可否について解釈枠組みを通して判断（＝解釈）する。自らの生活史を自己解釈するにあたっても、その主観的解釈枠組みを通して〈遡及的〉に理解（＝解釈）する。従って話者は、現実的ダイナミズムを身体的痛みを含めて生き生きと表現する。しかしそこで表現される〈認識像〉と規範パラダイムで摘出される認識像との間に当然のことながら乖離が生じる。このことを前提として、まちづくりを事例として方法的に異なる両者の間に〈架橋〉する方法的手続きを次のごとく設定したい。

①対話者の選択において、一方には規範方法を採用する研究者、他方にまちづくりに従事し、かつ全体を見渡せる位置にいる実務者とした。

②まちづくりに対する相互の視座の違いの自覚（＝確認）。一方は規範パラダイム、他方は解釈（主観的）パラダイムに依拠していることの自覚。

③相互の視座の違い・距離を単純に零化するのではなく、一定の距離を保ちつつ反発・共鳴する部分の明確化。研究者

の視座から構成される分析的〈規範的まちづくり像〉とまちづくりの当事者が構成する〈解釈的まちづくり像〉（＝実践的まちづくり像）の比較分析（対話）。

④実務者は、解釈パラダイムによるまちづくり像の構成に至る過程において、内省的（＝解釈的）視座からまちづくりの抱える状況規定、構成した〈解釈的まちづくり像〉、設定したまちづくりの目標実現に至る課題、身体的痛み等を解釈し、話者は、規範的まちづくり像との違い、あるいは同一性がどの手続（解釈的）に起因するのかの確認。

⑤対話を通した比較分析に基づき、規範パラダイムに依拠する話者は、構成された〈規範的まちづくり像〉（＝分析的まちづくり像）と実務者の構成するそれとの違い、あるいは同一性がどの手続に（規範的）起因するのかの確認。

⑥相互の視座・手続の結果得られたまちづくり像、すなわち〈規範的まちづくり像〉〈解釈的まちづくり像〉を相互に比較し再構成。

⑦規範パラダイムを採る話者は、実務者の視座、解釈的まちづくり像およびそれを構成する手続を自らのそれらと比較しつつ可能な要素は分析方法として内部化（＝再構成）し、方法的リアリティを担保する。

⑧実務者は、規範的パラダイムによるまちづくり像構成に至る分析過程を自らのそれらと比較し、解釈パラダイムに内部化が可能なものを摘出し、〈解釈的まちづくり像〉の構成、更には目標とするまちづくり像の実現に援用する。

これら内部化が双方において可能になるのであれば、両パラダイム間の〈架橋〉がすべてとはいわないにしても実現したことになる。

本論文においては問題提起の段階であり、いまだ〈架橋〉は途上にある。ただ筆者はかつて方法的〈架橋〉について部分的に試み、かつ論じたことがある。それは大山氏の『船の職場史』（御茶ノ水書房、一九八八年）、特に生活史の理論的位置づけとして書かれた「第Ⅲ部　解説論文」の影響を受けたことにもよる。筆者は当時造船労働者の分析を試みていたが、労働現場の臨場感を方法的にどのように摘出できるかに腐心していたからである。一つの方法として、一九八六年に刊行した北島滋『エレクトロニック・サバイバル・造船のレクチャー』（中央法規出版）において「座談の方法的意義」（一九二―一九四頁）を論じた。その後一九八九年に前記した「船の職場史」の書評で（北島滋、一九八九、船の職場史、現代社会学研究2、北海道社会学会）、規範パラダイムと解釈パラダイムの方法的〈架橋〉の可能性について示唆した。本稿はその延長線上にあるが、今回の論考に至る研究過程をたどると以下のごとくになる。

筆者は一九八〇年代〜九〇年代にかけて産業・労働研究に従事したが（もちろん現在も継続している）、そこでの課題は、〈労働者による労働組合運動が運動量に比して成果が出ないのはなぜか〉であった。厚木・相模原地区にある電機関連の大手A労組の調査を行う過程で、これほど多くの組合課題を遂行しているのに組合員の不満が多いのはなぜか。筆者はインタビュー記録、一〇年間の組合総会資料等を並べて内容を検討した時、資料の年度を隠せばどの総会資料もその年度の課題によって多少の違いはあるにしても、ほぼ同じ内容で構成されていることに気がついた。組合の活動量と組合員要求とのジレンマの狭間で、執行部は、組合員要求の多様化には組織構造の多機能化への組み替えで、業務量の拡大には（上部組織への対応、労使交渉等、組合大会、職場会議等々）には業務のスケジュール化、ルーティーン化等で対応した。これを組合組織の官僚制化による運動の惰性化（＝空洞化）として結論づけた（北島滋、一九八九、「ハイテク下の労働者・労働組合」北川隆吉編『ハイテク化と東京圏』青木書店）。この結論に至る過程でデータをどう読み解くかが最大の課題であった。筆者は国公労に所属するU大学教職員労組の委員長を経験していた。その経験を〈参与観察〉として置き換えれば、同教職員労組も同じ問題を抱えていたこともあり、上記の結論に至る読み解きが可能となった。この場合、参与観察で得た生活史的資料をどのように客観化するかが課題となる。言い換えれば、客観化の手続き（＝方法）である。筆者は、「岐路に立つ地域労働運動と労働者・家族」（日本労働社会学会年報、一九九七年第八号）において、労使紛争下の労働者・家族をどのような視座・方法から分析すべきかを検討し、筆者が参与観察で得たデータ（筆者自身労使紛争を経験しており、その生活史的・心理的データを有していた）をもとに分析した。参与観察を踏まえ、紛争下の労働者の行為（家族を含む）への感情移入は確かに容易となり、彼らの行為を理解することの一助になった。これらの分析を「生活体験を活用した労働組合調査の方法」（フィールド調査〝職人芸〟の伝承、日本労働社会学会年報、二〇〇〇年第一一号）としてまとめた。但し今から思えば、ここでの生活体験を参与観察と読み替えた方が妥当であった。

これらの論に、北島滋『開発と地域変動』（東信堂一九九八年）を加えておきたい。本著では構造分析の方法で論・分析を展開した。地域変動を分析した第五章の中で、地域住民の意識分析から次のような指摘をした。「……その生き方を選んだ（まちづくり・・筆者注）、あるいは選ばざるを得なかった地域に根づいて全うしたいという価値意識である。……〈よりよく生き抜く〉ことと〈根づき〉の融合体の思想形成である。これが七〇年代と八〇年代の狭間で、即ち、開発と内発的発展の相克の中で形成された本物の地域づくりの『思想』である」と結論づけた。この結論は、筆者が北海道で生まれ・育った中で形成された価値意識・思想・状況認識と無関係ではない。筆者は単なる主観的感情移入ではなく、分析方法に基づいて分析的認識像を導き出したと考えている。本著を専修大学に学位請求論文として提出し社会学博士の学位を取得したが、審査報告の中で主査より次の指摘を受けた。「同氏（北島……筆者注）の内部でいまだ整理が不十分で自覚化されていないようにみえるが、その地域社会に住む人々の生活や思いを正確にとらえるということと、それをとらえようとしている分析者（研究者）とのへだたりやかかわりについて今一度検討があってもよいと思われる。さもないと、一方でいわゆる現場（その土地の人）の人の思いに容易にくみこまれ、自己をそれに同一化する誤ちを、他方で分析者の理念やおもいが、科学的作業とは無媒介に全面にくりだすといった誤ちにおちいることになろう。…」（審査委員会、一九九九、博士論文要旨及び審査報告、専修人文論集、第六五号：一八四）。この指摘は正鵠を得ている。対象に安易に自己同一化することを回避する科学的作業こそ本論でいう〈架橋〉である。筆者はその後の一連の研究において、規範パラダイムの手続きで得られた資料・分析と主観的データ（解釈パラダイムによって得られたデータ）とを綿密に照らし合わせる以外この迷路から抜け出すことはできないと考えている。その時に重要と考える鍵は、参与観察（＝生活から得られたデータ）によるデータの解読である。

2　つまり二〇〇一年の地方分権化一括法の施行まで、地方自治法一五〇条、一五一条は各主務大臣の機関委任事務実施に当たって都道府県の首長を指揮監督下に置いていた。

3　安倍内閣の〈一億総活躍社会〉は、一九六〇年の岸内閣から池田内閣に変わったときの所得倍増論の焼き直しである。立憲主義を放棄してまで強行した安保法に伴う世論の反対の高まりの中で国民の目を〈経済〉に転化させる方法である。

4　この点については、田巻松雄編著、二〇一三、『夕張は何を語るか—炭鉱の歴史と人々の暮らし—』、吉田書店。併せて同書の書評（宇都宮大学国際学研究論集、第三八号、二〇一四年）を参照していただきたい。

5　石破地方創生担当大臣は、中央省庁そして本社機能の一部を東京圏から移転することを要請しているが、各省庁の反対で実現できるのかが危ぶまれている。ましてや本社機能の移転は経団連からなしのつぶてである。

6　安倍首相は妙に海士町をほめあげる。確かに海士町にはその資格は十分あるが、起業化→労働市場拡大→人口減の歯止め、という点だけではないように思える。隠岐島前高校の教育改革、すなわち進学コース（グローバル人材養成）と地域創造コース（ローカル人材養成）に安倍内閣が進めているアベノエデュケーションを重ねている。要約するとグローバル人材とローカル人材（地域創造人材）の育成につきる。ローカル人材（ノンエリート）は地方創生に、東京及び大都市圏にグローバル人材（エリート）が残り、大手企業の経営の、中央省庁の行政の担い手として育成し、がんばってもらう。用済みの方は地方に移住していただき、地方創生に多少とも関わってもらう。この構図は一九九〇年代以降大手企業で進めてきた企業経営の中核を担う人材以外は非正規労働者でという雇用の柔軟化（労働力の流動化）に合致する。

＊本論文は、「とちぎの地域と自治」『とちぎ地域・自治研究所所報』二〇一四年一一月第一四二号、一二月第一四三号、二〇一五年一月第一四四号、二月第一四五号に連載したものを大幅に加筆し修正した。また注の（1）の規範パラダイム（批

判的構造分析〉と解釈パラダイムの〈対話〉〈架橋〉に関する論は北島滋、安藤正知「栃木県、宇都宮市におけるまちづくりの現状・課題とＮＰＯの役割」『作大論集』作新学院大学、第五号、二〇一五年、に掲載した北島執筆分を加筆修正したものである。

中小企業の「家」構造と家業の社会学

――社会集団論的アプローチの意義

鎌田　彰仁

1　はじめに

社会学は、経済学や経営学とは異なり、中小企業への社会集団論的アプローチをとおして、伝統的な職縁社会の編制原理や商家同族団（工家同族団を含む）の展開構造、高度経済成長期以降の小零細企業と家族経営の構造変化、女性の自立と絡めた商工自営業と家族従業員の存在意義、さらには情報化国際化を背景にしたSOHOスタイルやスモールビジネスの台頭など、数多くの実証研究を積み重ねてきた[1]。

こうした社会学的中小企業研究を通じて、戦後日本の産業・労働社会学は、中小企業の内面構成を支配する親方子方関係や擬制的家族関係、本家分家・別家関係など、日本経済の二重構造の基底を形成する集団的特質（生活共同体、共同生活体、同族団）を抉り出してきた。また、一九七〇年代末、近代化の転換期を迎えると、地方の時代の主役として期待された地場産業や伝統工芸、地域商店街など、地域を切り口にした新たな産業研究が広がりを見せてきた。同時に、それまで「家から家族へ」を理論図式とする家族近代化論の死角に隠れていた「家族と経営の境界」に照明が当てられ、近代化以後の視座から、中小企業の家族経営や事業承継、あるいは商工自営業家族を対象にした調査研究が進められてきた。近代化以後の産業変動という視座では、ＳＯＨＯスタイルに代表されるように、集合化原理の家業から個別化原理の個業への変化潮流[2]も議論されてきた。

実際、ＳＯＨＯスタイルや夢実現型開業などを除けば、中小企業では親子世襲型家族経営や夫婦共同型家族経営など、親子夫婦の家族就業を単位にした老舗や個人商店は少なくない。また、事業は家業であり、会社は家産であるとの事業観を抱いている中小企業経営者も数多く存在する。さらに、多くの中小企業では、家業を受け継ぐ制度的慣行は今も生きており、事業承継の後継者は現在でも直系家族が主流を占めている。高度産業社会においても、家族や家業、家産などの諸概念は、中小企業の組織風土や中小企業経営者の内面を理解する鍵概念である。そして、中小企業経営者とその家族の生活世界において家族や家業、家産等の構成要素を束ねている総体的な概念が「家」である。

しかし、これまでの社会学的中小企業研究では、中小企業の内面構成において家族や家業、家産等の諸要素がどのようにして「家」として統合されているのか、すなわち中小企業の「家」構造の研究は必ずしも十分ではなかった。まず、「家」に照準を合わせた研究としては、商家同族団等の研究を除けば、多くは地場産業や伝統工芸の工房を対象にした歴史研究であり、現状への変化の視点を欠いた研究も少なくない。また、統計データの問題もあるが、中小企業の量的多数を占める町工場や個人商店、あるいは小零細企業や商工自営業を対象にした家研究は少ない。さらに、家族経営は論じられても、相互に緊張関係にある家族と経営の境界に橋を架けて両者を家族経営システムへと統合する基盤機能については十分な考察が成されてはいない。同様に、中小企業の事業承継（主に後継者問題）の調査研究はあるが、直系家族の承継を主流とする制度的慣行の支持基盤についての解明も十分とはいえない。政策次元でいえば、「家」

を切り口にして、格差是正を目標とする中小企業近代化論や自立支援を主眼とする中小企業成長論とは異なる視点から、中小企業問題に政策提言する志向も弱かった。

本稿では、中小企業と家族の関係を集約する家族経営と事業承継の視点から、中小企業経営者とその家族における「家」の問題にアプローチし[3]、家族と経営の境界に位置する家族従業制と家意識に分析の焦点を合わせ、中小企業の「家」構造、すなわち家族と家業と家産の各要素の内面構成を明らかにする。そして、その分析結果を踏まえて、産業化と家業の現在を解き明かし、家業の変容の方向を企業化＝会社主体、組織化＝家族主体、兼業化＝世帯主体に分類整理し、高度産業社会における家業の進化と解体再編[4]の流れを論じてみたい。これにより、中小企業の家族経営を支える基盤機能の意義や事業承継の制度的慣行を温存させる非経済的要素の役割を再発見し、少子高齢化と地方消滅を背景に進行する中小企業の構造問題に対して、社会集団論的アプローチから新たな視点を追加することが狙いである。

付記：本稿は、北川隆吉監修『新版社会学：現代日本社会の研究（上）』所収の拙稿「技術革新と経営：中小企業の構造と変化」の系譜を引く論稿であり、北川先生が有賀喜左衛門氏を講師に招き「家と家族」を主題に開催した研究会を追懐する論考でもある。論者は、北川（階級論）と有賀（民族論）の談義に啓発されて家業経営体への関心を新たにし、中小企業への社会集団論的アプローチの意義を見直した思い出がある。研究の道筋を示唆してくれた北川先生に拝謝いたします。

2　家族経営と事業承継

中小企業の国

日本は「中小企業の国」であり、中小企業の存在が日本経済の発展と国民生活の安定に深く関係している。実際、日本経済と国民生活の実態を把握しようとするならば中小企業の問題を避けて通ることはできない。特に地域経済に占める中小企業比率が高い地方圏の問題を議論する場合には、この度の東日本大震災地域で露呈したように、中小企業の問題は産業と雇用の両面で地域の将来にとって決定的な意味を持っている。これが、わが国経済社会の現実である。

まず、企業規模別の事業所数及び従業者数をみると[5]、全国三八六・四万事業所の一三・二％が従業員三〇〇人以下の中規模企業事業所であり、八六・五％が従業員二〇人以下の小規模企業事業所で占められている。両者を合わせると、全事業所の九九・七％に達する。全国事業所の大部分が中小企業や商工自営業で占められていることになる。また、従業者数の面からみても、全従業者四六一四万人の四三・九％が中規模企業の従業者であり、二五・八％が小規模企業の従業者である。両者を合わせて、全従業者の六九・六％、三二一六万人が、中小企業や町工場、中小商店、中小サービス業などで働いて生計を立てていることになる。しかも、この統計数値は、バブル崩壊、平成の大不況、リーマンショックを経ての結果であることを考慮すると、単なる中小企業過小過多論では説明できない現実である。

日本の中小企業政策は、こうした中小企業を中堅企業や大企業、あるいは上場企業にどのようにして成長させるかという視点から組み立てられている。しかし、中小企業の中にはそもそも規模の拡大や上場を目指さない企業も存在しており、むしろ中小規模のままで財務体質を強化して企業の存続を目標としている企業も少なくない。そうした企業の代表が、家族経営を伝統とする老舗や長寿企業であり、ファミリービジネス（同族企業）とよばれる企業群である。

こうした統計的事実は、旧中間層は資本主義社会の発展とともに衰退・分解する階層であり、したがって中小企業は「歴史的発展段階照応の性格を失った経営」と規定する中間層没落仮説の妥当性を疑わせる客観的な根拠を示している。日本は中小企業の国ではあるが、ＧＤＰ世界三位、産業グローバル化先進地域において形成されている中小企業の国である。しかも、世界的に見て、家族経営による老舗や長寿企業も少なくない。ここには、日本経済の二重構造論や旧中間層没落論、家族経営後進論では説明できない「もう一つの日本的経営」の世界が存在している。

家族経営と家族従業者

従来、中小企業近代化政策の観点からは、資本主義経済の発展に連れて経済活動の単位としての家族の性格はしだいに薄らぎ、それとともに「家族経営は消滅する運命」にあると見なされてきた。家族経営とは、親子夫婦など、家族を単位として営まれる経営で、通常、世帯主が経営者として管理・運営を行い、家内労働の大部分を家族員によって賄う経営形態のことである。経営学の分野でも、理論パラダイムとしては、家族経営は企業発展史の前史に位置する前近代的な経営形態であり、経営組織を近代化して経営規模の拡大を図るべき遅れた存在として扱われてきた。

しかし、中小企業を経営形態の側面からみると、親子世襲型の老舗企業や夫婦共同型の個人商店など、家族経営で営まれている事業所が多数存在している。日本政策金融公庫の家族従業員に関する調査によれば[6]、平均従業者数は八・一六人で、八八・二％が従業者数二〇人未満の小企業で占められている。従業者の内訳は、経営者本人（一・〇〇人）のほか、家族従業員が〇・九五人、正社員が四・〇四人、非正社員が二・一七人である。家族従業員のうち女性が〇・六五人で六八・二％を占め、男性は〇・三〇人である。また、従業員構成のパターンをみると、経営者のほかには家族従業員だけが働いている「家族のみ」の企業が一六・五％、家族従業員と家族以外の従業員の両方がいる「家族と家族以外」が四五・〇％で、合わせて六一・五％の企業で家族従業員が働いている。六割を超える小企業に家族従業員が存在し、人数も平均〇・九五人（家族従業員が存在する企業に限れば平均一・五四人）であることから、現在でも小企業に占める家族従業員の存在は依然として大きく、家族経営が最も一般的な経営形態として定着していると推測される。

また、経営管理の面でも、中小企業では事業の所有と経営管理が結合しており、家族経営の場合は事業の中心的な担い手が血縁関係や婚姻関係にあることから、機動性と柔軟性に優れた事業活動が可能である。その点に関連して、中核となる経営者とその家族の属性をみると[7]、世帯主は五五・六歳で、七五・〇％が経営者であり、残りは引退して後継者をサポートしている。配偶者は五一・二歳で、八〇・〇％が家業に従事しており、うち四七・〇％は経営者並みに働いている。子供世代の後継者は二七・七歳で、七五・〇％が家業に従事しており、うち九〇・〇％が次期経営者に予定されている。過去も現在も変わらず、こうした親子夫婦を単位とした粘着度の高い家族従業者の存在が、機動的で柔軟な家族経営の人的資源となっている。さらに、承継財である技術技能や経営ノウハウをマニュアル化できても、実際には秘伝や暗黙知を含んでいることから、寝食を共にし、会話が密で、共体験をもつ家族のほうが伝えやすいと推測される。承継財の伝承まで含めて考えると、家族経営は必ず近代的経営に取って代わられる前近代的な経営形態ではなく、歴史的に見れば商業的／企業的家族経営として進化発展し、今日の資本主義経済にも適応できる合理性を内在した経営形態であると推察される。

このように、中小企業では、親子夫婦を単位にした家族従業者が労働力の中核となって経営を支えており、事業主は企業家的機能を発揮して市場への適応に努力している。中小企業の現場では、規模は機能に従うとされているが、全般に市場の規模が縮小化し、市場の構造が大衆化から分衆化へと細分化され、商品の差異化が市場価値の源泉となる成熟型消費社会では、家族経営の機能合理性は決して失われてはいない。重要なことは、規模ではなく機能であり、この観点から家族経営を〈資本・労働・市場〉との関係だけでなく〈家族・技術経営・地域〉の文脈に置き直して、その機能合理性（経営パフォーマンス）を再評価する固有の理論を構築することである。

事業承継と直系家族

中小企業と家族の関係は、前述した家族経営の面だけでなく、経営者の世代交代を伴う事業承継の問題とも深く結び付いている。事業承継とは、会社の経営について経営者が後継者に引き継ぐことであり、中小企業では家族・親族に会社を引き継がせるのが主流である。事業承継は、通常、経営承継（技術技能・経営ノウハウ）だけでなく資産承継（財産相続）も含んでいることから、ある意味で中小企業と家族の関係がもっとも凝縮された形で表れる問題領域でもある。

中小企業経営者の多くは所有経営者であることから、サラリーマンのように定年はないが、体力気力の衰えや企業業績の低迷からいずれは引退を考えざるを得ない。中小企業経営者が引退する際の選択肢は、正確には、後継者に事業を承継するだけでなく、会社を健全な形で廃業するか、あるいは会社を他社に売却する方法も存在する。しかし、実際には現在の事業を縮小・廃業したいと考えている中小企業経営者は全体の一四・〇％に過ぎず、会社の売却についても五七・〇％の経営者が関心なしと回答している。引退に伴う事業の廃業や会社の売却は選択肢としては存在するが、実際には後継者に事業承継する方法が一般的である。しかも、事業承継における経営者と後継者の関係をみると[8]、息子・娘が六八・〇％で最も多く、これに息子・娘以外の親族一一・七％を加えると、家族と親族で全体の約8割に達する。高度産業社会の現在でも、中小企業では親子世襲型家族経営が主流であり、直系家族が経営組織の中核に位置している。

このように、家族経営に加えて事業承継の視点からみても、家族は現在でも経済活動の単位として機能しており、経済活動の苗床としての意義と役割を失ってはいない。中小企業を取り巻く経営環境は厳しさを増しており、家族に関連する社会的規範は弛緩してきているが、直系家族を中軸にして家族経営は世代間で承継され続けている。中小企業と家族の関係には、「家から家族へ」を近代化と定義する家族近代化論では説明できない構造が潜んでいるようである。

3　家族と家業の境界：家意識と家族従業制

前節で述べたように、中小企業では大企業とは異なり、家族と経営は有機的に関係しており、家族関係の在り方が会社の存続に深く関係している。すなわち、中小企業における事業承継は親子世襲型家族経営が主流であり、経営者の引退に伴う事業の廃業や会社の売却を選択する事例は比較的少ない。この事実は、家族経営という経営システムは資本主義経済の下でも一定の合理性を有していることを間接的に示唆している。また、中小企業では現在でも、後継者は直系家族から選出するのが主流であるが、そうした制度的慣行の基盤には「家（＝家業）」を意識し、その連続を志向する世代間の意識がはたらいているように思われる。ここでは、中小企業経営者とその家族の事業観等を手掛かりにしながら、中小企業の「家」構造に迫っていきたい。

企業経営者の事業観

中小企業の世界では、「一国一城の主」という言葉から想像されるように、経営者個人の存在と影響力は絶大であり、経営者個人の資質と能力が事業商売の行方を左右する割合は極めて高い。しかし、それでも経営環境の変化に対する経営者個人の適応能力には限界があり、経営リスクの負担能力も限られている。このため、経営者個人とその家族を単位とした柔軟で機動力に富んだ経営組織により家業の繁栄を追求することは、婿養子制の伝統に象徴されるように、家として経営力を強化して家族リスクを分散させるという点では合理性に適っている。また、そのようにして中小企業の家族経営は市場の変化に適応し、経営の危機を乗り越え、次世代に事業を引き継いできたのである。

中小企業の経営者にとって事業とは、自分とその家族の生計の手段であると同時に、自分の存在意義を確証する社会的容器でもある。その意味で、事業は中小企業経営者にとっては単なる労働ではなく仕事であり、育て上げた会社は経営者そのものであり、ある種の作品でもある。そして、経営者の手掛ける事業が家族にとっても自分たちの生活を防衛する手段として意識される限りにおいて、経営者個人の事業は家族全員で支える家業と観念され、会社は家族全員で守るべき家産として意識される[9]。

したがって中小企業では、生計を安定させて自分と家族の福祉を向上させるには、まずなによりも事業＝家業の繁栄が必須であり、その所産である会社＝家産の維持が絶対となる。ここから、家族の福祉、家業の繁栄、家産の維持が、家族全員で追求する経営の目標ともなる。そして、この経営の目標を中小企業経営者とその家族が共有して協業するところに、家族経営システムの「見えない」競争力が潜んでいる。

家族・家業・家産

このように、中小企業の内面では、家族と家業と家産の各要素が家族経営システムとして相互に結び付いている。また、家族経営システムは直系家族を主流にした事業承継をとおして世代間で受け継がれている。すなわち、家族経営システムは中小企業の内面を構成する家族と家業と家産の各要素を空間軸の上で結合して統合したものであり、その統合化された家族経営システムを過去から現在、未来へと時間軸に沿って再生産するのが事業承継の制度的慣行である。したがって、家族と家業と家産を結合する家族経営システムとその世代間の再生産を支える事業承継の制度的慣行は、中小企業の内面構成を理解する基本概念でもある。

視点を転換していえば、家族を軸とする家族経営システムと世代を軸とする事業承継の制度的慣行は、旧中間層が資本主義的経営者と賃金労働者に両極分解することなく、常に中小企業の担い手が家族従業者（家族）を単位とする小経営組織（家業）であり続けたという事実を説明する有力な根拠を示している。中小企業は、歴史的視点から見ても、旧中間層没落仮説や家族経営後進論の主張とは異なり、経済の発展段階に対応して家族や家業を伸縮・進化させ、外部から婿養子を迎えてでも家＝家業の存続に拘り続けてきた。その意味では、家族経営と事業承継の概念は、家族・家業・家産の諸概念と合わせて、中小企業の内面構成を理解する基本概念であるだけでなく、その歴史的発展のプロセスを読み解く鍵概念でもある。

ところで、このような中小企業への社会集団論的アプローチを支えている研究の基点は家族社会学や農村社会学の伝統に求められる[10]。改めていうまでもなく、日本の社会学は戦前より家を基礎的単位として、日本の伝統的な村落社会の構造を明らかにしようとする「家―村（イエ―ムラ）」理論を展開してきた。この理論の基本概念が家であり、それを構成する要素が家族・家業・家産とされてきた。このうち、家業とは家族経営により営まれている商売・事業のことであるが、それは企業のように（家族から）独立した経済活動ではなく、家を構成する中核的な要素と理解されていた。すなわち、家業は家の中に埋め込まれていた。この「埋め込み」という認識の点で、社会学的中小企業研究の社会集団論的アプローチは日本社会学の伝統と深く結び付いている。

しかし、ここでの問題は、農村社会学を起点とする基本概念を社会学的中小企業研究へ応用することの妥当性とその是非ではない。ここで問題となるのは、家族と家業の境界に位置して家族経営システムを支えている制度的慣行の分析であり、家族による事業承継を半ば慣行としている制度的基盤の解明である。すなわち、ここで問題として取り上げるのは、家族経営システムを支える家族従業制の意義であり、直系家族を主流とする事業承継に結晶している家意識の統合作用である。これは、端的にいえば、中小企業の〈家族と家業の境界〉に埋め込まれた基盤機能の問題であり、〈家と家産の境界〉を媒介する制度的慣行の問題に他ならない。

家族経営と家族従業制

このように、中小企業でも農家と同様、家族・家業・家産が家を構成する諸要素であることに変わりはない。しかし、相互に編制原理を異にする家族と家業が結合して家族経営システムへと統合されるには、効率を原理とする家業と連帯を原理とする家族、端的に言えば、家業の繁栄と家族の福祉を架橋する構造がどこかに存在しなければならない。中小企業の内面構成において、そのような構造に該当するのが家族と家業の境界に埋め込まれている家族従業制である。

この点に関連して、中小企業に特有の家族と家業の関係をめぐって、「家族は、わが国の小売業を理解するうえで不可欠の要因である。妻は無給で主人の商売を手伝い、息子は商売を後継する。(中略)まさに家族関係こそが、わが国の小売業を支えてきた」[11]とする指摘もある。この指摘から想像されるように、中小企業における家族従業制は、大企業の経営と労働の境界に埋め込まれた終身雇用制と同様、明文化された規則や協定ではない。家族従業制は、家族と家業の境界に埋め込まれた制度的な慣行であり、家族構成員の間の暗黙の了解とそれを維持したいという期待の上に成立している約束に過ぎない。これは、近代の資本―労働の観点からは理解できない約束ではある。しかし、この「共有された集合的理解」(P・ディマジオ)に支えられた制度的慣行が家族経営の機能合理性を支える礎石の役割を担っていることは否定できない。

家族経営と家族従業制の関係については、零細商店の存在と役割に対する肯定的見解を要約した論稿において、次のように述べられている[12]。すなわち、「(零細商店に対する肯定的見解においては)零細商業の経営内部に立ち入り、そこに家族という『安く・意のままに使える』従業者を発見し、これを零細商店の経営を支える基盤は『家族従業制』として摘出し、この家族従業者制度が零細商店を家全体の『家産』として観念させる結果、零細商店を温存する粘着性(＝退出障壁)を生みだす」と指摘されている。さらに、肯定的見解においては、『家族従業制』は、零細商業を家産として機能させる決定的な要因として位置づけられ、資本主義の発展に伴う小売業の産業化プロセスの中にあっても、その時々の家業環境へ適応しながら存続する経営の機制として理解されている」とされ、その基盤機能の意義にも言及している。

職人家族の事例でも、ほぼ同様に、家族労働との結び付きの意義が指摘されている[13]。すなわち、職人個人の労働を支えるものとして、「(中略)問屋との取引・注文の関係やあるいは集住という地域的理由という経営上の条件と同時に、その生活内部に存在している家族労働との強い結びつきであった」とされている。さらに、「そこでは、経営に対して家族の労働（無償労働）がいかに寄与を果たしているかといった、従来の零細企業論にとって自明視されている点だけではなく、むしろ、家族と経営とが両者の相互規定的な状況にあり、また強く緊張と相関の関係にある」ことが指摘されている。

実際、無償労働の側面だけが強調される中小企業の家族従業制には、家族と家業の境界に位置して両者を媒介する機能と同時に、（経営学的な意味での）人件費、労務管理、会社意識、イノベーションなど、企業経営の基本に関係する諸機能が暗黙知として埋め込まれている。そうした諸機能を秩序づけ、内部から統合している慣行的制度が、ここで定義する家族従業制である。この点から、家族従業制は家族経営システムの機能合理性を支える基盤機能を果たしていると理解される。

経営学におけるファミリービジネスの研究でも、近年、この家族従業制に近い考え方として社会情緒的資源理論が注目を集めている[14]。社会情緒的資源理論は、ファミリービジネスは非財務的効用を経済合理的効用よりも優先するという前提に立っている。非財務的効用とは、①企業への強い感情的結び付き、②事業によるファミリーの永続、③ファミリー内での利他主義、この三点である。本稿の問題関心に引き寄せて言えば、ファミリービジネスでは家イコール会社であり、会社は単なる経済的富の集積ではなく、ファミリーの感情的な集合体である。そのため、ファミリーにとっては、会社を保有し続け、自ら経営することと家を存続させることは一緒と観念されている。また、生業・家業は、先祖伝来の事業であり、それを受け継ぐことが後継者の使命とされている。この承継の論理は、金銭的効用とは別の効用の重視であり、例えば老舗の旅館や伝統工芸品の工房などがその典型とされている。

このように、社会情緒的資源理論の観点からも例証されるように、中小企業の家族従業制は、家族と家業の境界に埋め込まれた合理的な制度的慣行であり、互いに異なる原理で編制されている家族と家業の間に橋を架けて両者を内的／情緒的に結合し、家族経営システムへと統合していく媒介的制度である。これにより、家業は家族関係に支えられた低廉で柔軟な労働組織を基盤とすることができるようになり、家族は家業の存在により経営上の地位と役割を与えられて会社を家産として意識するようになる。中小企業では、このようにして、家族従業制を媒介にして家族と家業と家産が互いに結び付けられており、これが中小企業経営者とその家族の精神的基盤（勤労の支柱）となり、生活防衛の安全網として機能している。こうした経営の機制が、規模で劣る家族経営の強さの源泉であり、資本に乏しい中小企業の市場適応力を支える根源となっている。

事業承継と家意識

家族従業制が家族経営システムの礎石であるとすれば、事業承継は直系家族を中軸にした世代交代を伴うことから、この半ば慣行化した制度は中小企業の「家」意識の反映として捉えることができる。ここでいう家意識とは、老舗の親子世襲型家族経営に代表されるように、家業の存続と発展を親子両世代で志向する世代間の意識である。この意味での家意識の定義に近いのは、「『家』はあくまで世代間の意識である。それは鈴木のいうように一時点の現在にとどまるものではなく、過去から現在、未来へと無限に連なっているという感覚であり、またその連続を志向する意識である」[15]とする定義である。すなわち、家は制度ではなく感覚であり、連続の意識である。

この意味での家意識は、**図1**に示したとおり、中長期の家族従業のプロセスをとおして醸成され（ＯＪＴ）、親から子へと伝承される独自の技術技能や暗黙知としての経営ノウハウの承継を通じて形成されていく（技術移転）。家意識は、したがって家族経営システムの礎石である家族従業制を基盤としており、家業の存続と発展を支える承継財（技術技能、経営ノウハウなど）の伝承を回路にして形成される。すなわち、中小企業における「家」とは、家産である会社を支える中長期の労働をとおして醸成される共同の感情を基盤にしており、その感情基盤の上で進められる承継財の伝承プロセスを経由して形成される共同意識に他ならない。端的に言えば、中小企業における「家」とは、世代間で家業の存続と発展を志向する意識の結晶であり、家族と家業と家産を家（血縁的伝承システム）として内面的に統合する精神作用の表象である。

図1　「家」意識の形成：形成軸と制度

	形成軸	制度
家意識の形成	①空間軸：家族従業のプロセス（家族従業員） ②時間軸：承継財の世代間伝承（家業後継者）	①家族経営（家族従業制の埋め込み） ②事業承継（直系家族の制度的慣行）

ところで、親子世襲型家族経営の生存率（三年後一二・〇％）を考えると、家として血統主義や縁故主義への傾斜をどのように回避するかという問題が浮上してくる。日本では、そのための制度的措置として機能してきたのが婿養子制であり、家は事情に応じて、外から新しい有能な人材を家族のメンバーとして受け入れてきた。血の連続ではなく、婿養子という擬制的親子関係の創設によって家の連続を優先する制度的措置が、血統主義・縁故主義への傾斜を防いできた。直系家族が事業承継の主流を占める現在でも、婿養子を迎えて後継者に据える中小企業が皆無ではないことが（二・四％）、婿養子経営の社会的伝統の根強さを物語っている。

このように、中小企業では、事業承継を媒介にして先代経営者と後継者、すなわち親と子が世代を超えて家を志向する意識を共有しており、その家意識の制度上への表出が老舗や伝統工芸の工房などに多くみられる親子世襲型家族経営である。一般的には、「家から家族へ」の近代的な変化が自明視されているが、中小企業の生活世界では、家業の承継をとおして家の連続を志向する意識が世代間で覚醒されることにより、そこには現在志向型の家族生活には欠けている超世代的な家の存在とその精神作用を見て取ることができる。したがって、中小企業の「家」は、意識の結晶であり、機能の表象であるだけでなく、家族の内面では規範的準拠集団の機能も果たしている。

4　家構造と家業の現在

家構造と家業経営

これまで、中小企業経営者とその家族の事業観等を踏まえて、中小企業でも農家と同様に、家族・家業・家産の各要素が「家」の構成要素であることを確認した。そして、家族と家業の境界に埋め込まれた家族従業制と家族経営システムの機能連関を解明するとともに、事業承継は世代間で家を志向する意識の結晶でありその反映であることを明らかにした。これにより、中小企業における家族と家業と家産の各要素の関係と制度的慣行の意義を解き明かすことができた。ここで、これまでの議論を踏まえて、中小企業における家の構造を図解すると**図2**のごとくとなる。

すなわち、中小企業において「家」とは、親子世襲型家族経営に代表されるように、親から子への承継財（技術技能や経営ノウハウ）の伝承をとおして、家産を引き継ぎ、未来に向けて家業の繁栄と家族の福祉を共に志向する世代間の意識に他ならない。そして、そのような家意識を醸成する苗床となるのが家族と家業の境界に埋め込まれた家族従業制である。また、中長期の家族従業のプロセスと親から子へと伝えられる承継財の伝承が家意識を形成する軸となっている。この意味で、中小企業における家意識は家憲や家訓として客観化され、家の構成員にとって所与の前提として外在しているものではない。中小企業の家意識は、家族の生活世界に視点を置いて見れば、家族経営の日常を通じて内面化された家族従業制により醸成され、直系家族を主流とする事業承継の制度的慣行を媒介にして社会化された意

図2　中小企業の「家」構造と構成要素（親子世襲型家族経営）

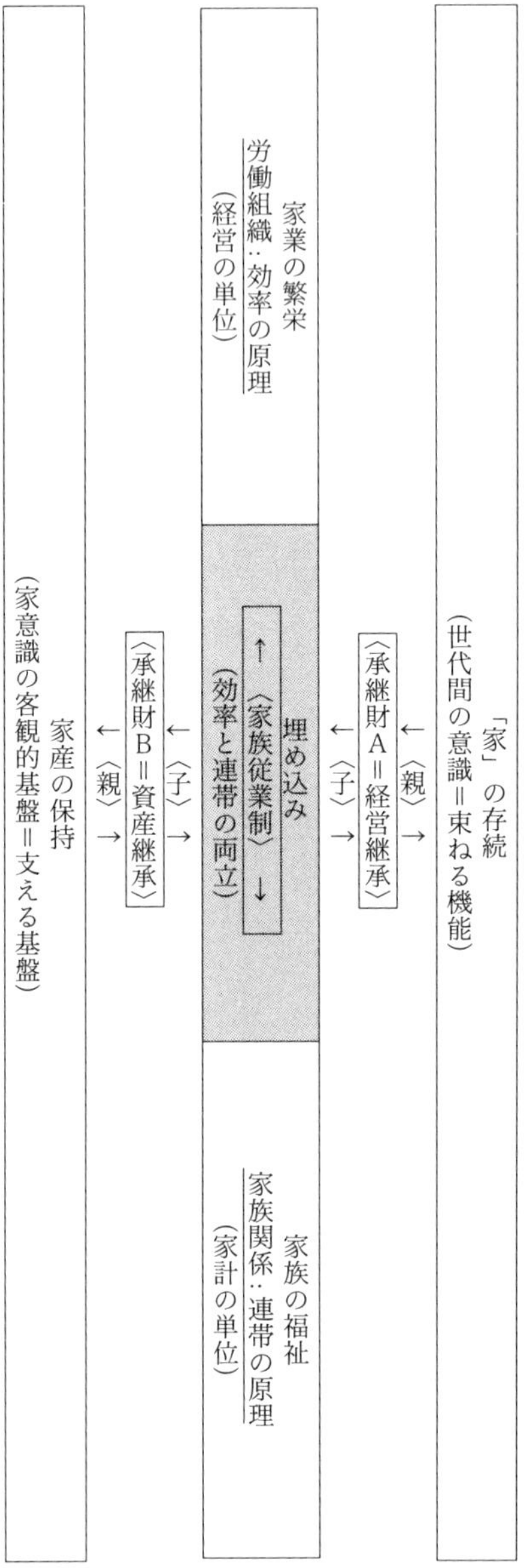

識である。視点を換えて言えば、親子夫婦を単位とした、中長期の対面的相互作用の所産として結晶化された集合意識である。

このように、中小企業、取り分け小零細企業や商工自営業などにおいては、「経営知識や技術技能の血縁的伝承システムとしての『家』が、経営組織のマトリックスともなっている。そして、この『家』という基本的枠組みの中で、異質多元（年齢・世代差、性差、資質その他）の家族労働力が個々の能力・条件に適合した守備位置に、柔軟なスタイルでもって、有機的に配置されている。しかも、これら異質多元の労働力が夫婦・親子など家族関係という強力な紐帯で結びついて、家業の繁栄・家族の福祉という共通の目標を追求している。そこでは、原子論的機械論的な組織論を超えた経営組織と家族集団との全体的有機的な統一がはかられており、それが家族経営の強さの源泉ともなっている」[16]ように思われる。したがって、繰り返しになるが、中小企業の「家」は、制度ではなく意識の結晶であり、対内的には規範的準拠集団として機能する、また対外的には企業間競争の単位として機能する共同意識であり、家族の内的／感情的結合を束ねる表象である。

すなわち、中小企業の家意識は、家産を維持し、家業を支える勤労の支柱であり、家族の共同性を表す表象でもある。そして、そのような家意識に裏打ちされた生活集団が、対外的には労働集団として競争の単位へと転化するところに、中小企業における家族経営システムの競争力が潜在している。この点で、家意識を媒介して統合されている家族経営システムと事業承継の慣行は、決して前近代社会の遺制ではない。その経営システムと制度的慣行は、近代の企業経営と専門経営者へ分解できないまま、高度産業社会のものづくり機能を支える職人的技能の受け皿として、あるいは成熟型消費社会において小さな市場に適所を拓く柔軟な経営組織として生き残っている。

産業化と家業の現在[17]

ところで、高度経済成長期以降、中小企業を取り巻く経営環境は急速に変化し、中小企業の存立条件も大きく変化してきた。この間、中小企業の世界は、開業率・廃業率とも高水準の多産多死型で推移し、社会的流動性に富んだ競争世界に変化した。そして、オイルショック、ニクソンショックを生き抜いた中小企業の多くは、やがて日本経済を支える活力ある多数と評されるまでに成長した。国際的にも、その柔軟な専門化体制は「第二の産業分水嶺」（M・J ピオリ、セーブル他）の例証として評価された。

この間、生業・家業から企業へと順調に成長した中小企業（中堅企業）も少なくはないが、小売業・飲食店を中心とした大多数の中小企業は大きく成長もしないが、しかし淘汰もされずに細々と事業を営んでおり、その時々の経営環境の変化に適応した経営改善を進めて生き残りをはかってきた。しかし、一九九〇年代以降、バブルが崩壊して円高、平成の大不況を迎えると、産業空洞化や商店街の空き店舗などに象徴されるように、中小企業の経営環境は構造的に変化してより厳しさを増し、町工場や個人商店を中心にして中小企業の淘汰と再編がはじまった。この流れは、高度経済成長期に創業した経営者の世代交代の時期とも重なって、開・廃業パターンは少産多死型に変化し、中小企業の数が絶対数で減少しはじめ、全般に経営規模の上位集中が進行した。

こうして、典型的には商店街の空き店舗問題に示されているように、消費者ニーズに対応した小売業の産業化と都市化による地域共同体の解体が併進し、商店街の交流空間と市場機能(交換機能)の乖離、すなわち地域=商店街を支えてきた地域の論理と消費の論理が乖離してくるのにともなって、商店街は衰退し、家業承継の終焉がしだいに現実味を帯びてきた。これまで個人商店の家族経営を支えてきた前提条件が外側から崩れはじめ、さらに個人商店の内側では後継者問題に加えて、家内労働の負荷が女性=主婦に局所化されてきた労働の論理が限界に近づいてきた。したがって、地域商店街の衰退は、単に新たに進出してきた大型店との競合が原因であるだけではない。商店街の衰退は、それと同時に進行した人口の郊外化、モータリゼーションの拡大、ロードサイドビジネスの成長、商店街を含む地域共同体の解体、また後継者の他産業への流出や生業・家業を支えてきた家族関係の個別化など、地域商店街を取り巻く経営環境の構造的変化の帰結として理解されなければならない。

生業・家業志向の中小企業でも、このような経営環境の構造的変化と競争的淘汰の過程を通じて、市場経済に対する適応戦略はしだいに多様化してきた。主要には、**図3**のように、①経営環境の構造的な変化を意識して、家業は継いでも事業は継ぐなという言葉に示されているように、家業の承継を第二創業と受け止め、創業者精神でもって家業再生に挑戦する創造革新型の中小企業が台頭してきた(企業化=会社主体)。それと同時に、②小売業の産業化を与件にして、免許業種の酒屋からコンビニエンスストアへの事業転換に代表されるように、家業と資本の結合により新たな事業機会を獲得して時代の主流に乗る方向へ経営を転換する（組織化＝家族主体）か、③柔軟な地域労働市場の拡大を前提にした家業と労働の結合により、家業以外の世帯収入（や不動産収入）で家業の限界を補完する兼業化の方途を選択する事例も増加してきた（兼業化＝世帯主体）。

図3　家業の現在：市場経済に対する適応戦略

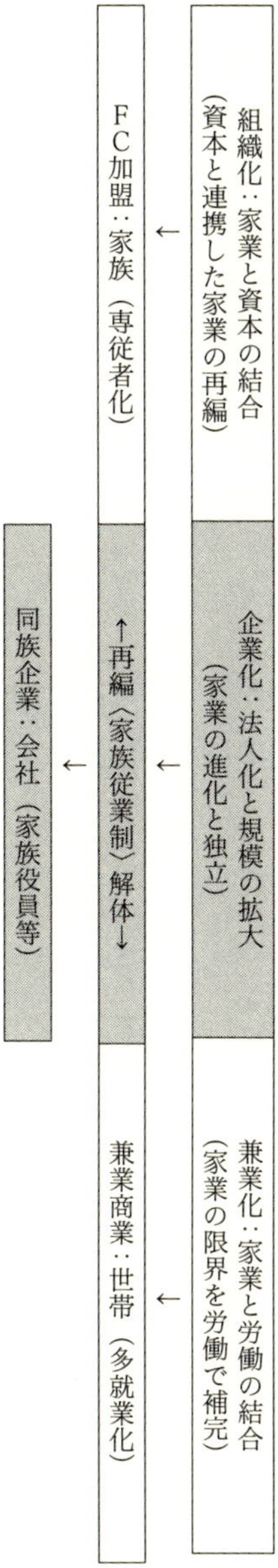

このように、一九九〇年代以降になると、中小企業の市場経済に対する適応戦略も、従来の中小企業近代化政策が想定してきた生業・家業から企業化への単線的な方向だけではなく、事実上の事業転換や経営革新を意味する第二創業の発想による事業承継への挑戦、あるいは資本と結合して新たな事業機会の獲得に資金投資する組織化の方途や、弾力的な就業機会を組み込んで家業と労働の結合をはかる兼業化の選択など、生き残り戦略は多様化している。

ところで、この戦略的多様性を家業の現在という観点からみると、現在でも親子世襲型家族経営に基づく第二創業型の事業承継が主流である。その中には、中小企業としての独立性を堅持しながら経営規模の拡大と家族経営の進化を推し進め、生業・家業から同族経営、ファミリービジネスへと発展してきた企業も存在する。企業化戦略に成功した中小企業には、法人化を契機にして家族経営システムを経営家族主義へと進化させ、安定した事業商売を営んでいる企業も少なくない。ベンチャー企業や社会企業の創業が注目を集めているが、現在でも家業の進化と発展により市場経済に対して適応する企業化の方向が、中小企業の主流を形成している。

これに比して、FC加盟など、家業と資本の結合による組織化戦略は、中小企業経営の脱家業化であり、小売業産業化への受け皿としての家業再編と理解される。しかし、家業と資本の結合というビジネスモデルには、コンビニエンスストアのオーナー店に代表されるように、夫婦共同型家族経営が基本モデル（加盟条件）として組み込まれている事例が多い。そこには、資本により組織化された経営の効率原理を夫婦共同の連帯原理で支える設計思想があり、伝統的な家族関係が再編されて近代的なビジネスモデルの中核に組み込まれている。この点で、組織化戦略は資本による家業の再編であり、「個人商店に時代の主流に乗る方法を提示した偉大な社会革命」（P・ドラッカー）でもある。すなわち、伝統的な家業は資本と結合し、所有と経営を分離することで新たな成長機会を獲得し、成熟型消費社会で生き残る革新的な経営システムを見出したのである。

これに対して兼業化は、企業化や組織化とは異なり、家業を支えて生計を維持する単位は経営者個人やその家族ではなく世帯であり、世帯の多就業化による所得源の複数化（ダブルインカム）を特徴としている。ここでは、家業を取り巻く厳しい経営環境を背景にして、市場経済に対する適応の主体は中小企業経営者個人やその家族ではなく、世帯に切り替っている。世帯が市場経済への適応の主体であるという点で、兼業化は事業経営の多角化とは異なり、経営方式を脱家業化して廃業を先送りし、家族の福祉に傾斜した生き残り戦略である。家業の現在の観点からみると、家業の限界を労働で補完する兼業化の意味するところは、家業を支える家族経営システムの解体であり、廃業の先送りによる事業承継の終焉でもある。

このように、中小企業の市場経済に対する適応戦略は家業の進化と発展による企業化の流れが主流ではあるが、FC産業の成長とともに、資本と結合して家業の再編を進める組織化の潮流も急速に拡大してきた。他方、労働と結合して家業の限界を補完する兼業化の流れも加速している。さらに、企業化が主流であるとしても、FC産業の成長と非正規雇用の拡大により、資本と労働が外から家業の解体と再編を加速させるメカニズムとしてはたらいており、親子世襲型家族経営から離脱する中小企業も増えてきている。そのため、中小企業全般として考えれば、家構造の中核に位置する家業の解体と再編は避けられず、家と家業の分離が今後の変化の方向となることが予想される。

家業承継の限界

しかし、ここで注意しなければならないことは、家業の解体と再編は、単に経済―技術構造の変化が原因であるだけでなく、それに先行して進んでいる人口―社会構造の変化による家構造の変容も影響していることである。すなわち、意識・価値観の変化を含めた人口―社会構造の変化による家構造の変容が、中小企業の市場経済に対する適応戦略の多様化として現象している側面もある。産業経済の変動は無視できないが、ここでの問題の震源地は経済ではなく社会であり、社会の構造変化に伴う諸個人の意識・価値観の変容である。次に、小零細企業の廃業理由をとおして、問題は経済ではなく社会にあることを探ってみよう。

小零細企業における廃業理由をみると[18]、事業の将来性がないことを廃業の理由とする経営者は全体の三五・九％であり、これに地域に需要・発展性がない五・一％をくわえると四一・〇％を占めている。事業の将来性と地域の発展を期待できずに市場から退出する企業も少なくない。しかし、全体としてみると、必ずしも事業の将来性や地域の発展など、広くは経済的な要因だけが廃業の理由ではない。むしろ、ここでは非経済的な要因を廃業の理由とする経営者の方が多いことが注目される。回答結果によれば、適当な後継者が見付からないが二一・四％、息子・娘に継ぐ意志がないが二七・三％、息子・娘がいないが五・九％となっており、経済的な要因よりは非経済的な要因、正確には人口学的要因を理由に挙げる経営者が全体の五四・六％を占めている。調査対象企業の二社に一社が、経済が原因ではなく、人口―社会構造が原因で廃業を余儀なくされている。

もちろん、事業の将来性などの問題もあるが、廃業理由の過半は後継者難であり、したがって問題は資本主義経済の技術―経済構造にあるのではなく、人口―社会構造の変化に起因している。小零細企業では、生業・家業型の企業が多いことから、後継者育成の困難や少子高齢化による家族規模の縮小が廃業に直結する割合が高い。また、家族に後継者候補が存在していても、現在では家業を継ぐことは子供の意思に依存しており、家業の承継も長男だから、家業だからといった義務感からでなく、職業選択の一つとして相対化されている。また、後継者の高学歴化に伴う職業観の変化による家業の魅力低下なども、廃業の問題に深く関係している。これらから推測すると、問題は経済ではなく、経済の苗床である社会の構造的変化、すなわち集合化原理の最終的衰微であり、それによる経済における非経済的要素の剥落と見られる。

したがって、少子高齢化と地方消滅で問われているのは、家業の変容に伴う生活共同の新たな文脈であり、経済の苗床となる社会の再発見である。なぜなら、小零細企業の廃業理由から透視されるのは、家族経営システムの礎石として埋め込まれた家族従業制の解体であり、事業承継の人的基盤である直系家族の規模縮小であり、さらには家業を含めた職業観の変容である。これら一連の変化は、家業を取り巻く共同性の衰退であり、将来における家族経営の解体と事業承継の終焉を予感させる変化である。少子高齢化と地方消滅を背景に、中小企業の成長に対する〈内側からの限界〉が顕在化してきた。

5　おわりに

本稿では、これまで述べてきたように、中小企業と家族の関係を集約する家族経営と事業承継の視点から、中小企業経営者とその家族における「家」の問題にアプローチし、家族と家業の境界に位置する家族従業制と家意識の問題に分析の焦点を合わせて、中小企業の「家」構造、すなわち家族、家業、家産の各要素の内面構成を明らかにしてきた。そして、中小企業の基本である家族経営と事業承継に係わる諸問題には、現在でも「家」意識を基軸にして、家族、家業、家産(所有)の諸要素が密接に絡んでおり、そのため中小企業の存在論的な本質を理解するには社会学の社会集団論的アプローチは有効であることを実証してきた。その主張の要点は次の通りである。

すなわち、中小企業の家族従業制は、家族と経営の境界に橋を架けて両者を家族経営システムへと統合する基盤機能を果している。また、直系家族を主流とする事業承継の制度的慣行は、長期的な関係性を基礎にした家業の展開が世代を超えて存在する家(家族)の存続につながるとする観念、すなわち家意識と関係している。そして、そうした「家」構造の分析結果を踏まえて、資本主義社会における家業の現在とその変容の方向性を、①企業化＝会社主体、②組織化＝家族主体、③兼業化＝世帯主体の三類型に整理して検討してきた。中小企業の世界では、現在でも企業化による家業の進化が主流であるが、家業と資本の結合による組織化への潮流や家業の限界を労働で補完する兼業化の拡大により、今後も家業の解体と再編は進むものと予想される。同時に、技術―経済構造ではなく、人口―社会構造の変化に起因する諸問題により家業の内なる限界も露呈しはじめており、家業承継の終焉が現実味を増していることを指摘した。

このようにして、中小企業の家族経営を支える基盤機能の意義や事業承継の制度的慣行を温存する非経済的要素の役割を解き明かし、少子高齢化と地方消滅を背景に進行する中小企業の構造問題に対して社会集団論的アプローチから、経済の苗床となる社会の再構築への視点を追加した。また本論では、中小企業の家族従業制と家意識が果している基盤機能は、ファミリービジネスの非財務的効用を重視する社会情緒的資源理論の主張とも符合することが確認された。その点からも、今後は歴史研究だけでなく、家業の現在を対象にした社会集団論的アプローチをとおして、家を基本概念にした家業の社会学[19]を理論化することが課題である。

謝辞：本稿は、常磐大学課題研究「いえ」研究会（代表：水嶋陽子人間科学部教授）での報告をもとに書き上げた論稿である。貴重な調査研究の機会を提供してくれた常磐大学及び研究会の皆様には誌上を借りて御礼申し上げます。

注

1　社会学的中小企業研究の詳細は、鎌田彰仁「技術革新と経営：中小企業の構造と変化」北川隆吉監修『新版社会学：現代日本社会の研究（上）』文化書房博友社、一九九五年を参照。

2　この変化潮流の詳細については、拙稿「中小企業の創業と雇用問題」（日本労働研究機構『日本労働研究雑誌』三七／八）、二一一〇頁、一九九五年〇八月、同「中小企業の開業と新しい自営業」（金谷貞夫編『エレメンタル中小企業《新版》』英創社、三七─五八頁）、一九九八年、同「雇われない働き方とライフコース：日本における新しい労働世界の予兆」（田中洋美、ゴツイック、岩田ワイケナント編『ライフコース選択のゆくえ：日本とドイツの仕事・家族・住まい』新曜社、七四─一〇一頁）、二〇一三年を参照。

3　従来、「家」はどのように論じられてきたかについて家族社会学、歴史社会学の観点から主要な議論と論点を概説した米村千代『「家」を読む』弘文堂、二〇一四年は、中小企業の「家」構造を考える上でも参考になる。

4　この点に関しては、「家族従業」の概念を軸に商人家族の内面構成を解明した石井淳蔵『商人家族と市場社会：もうひとつの消費社会』有斐閣、一九九六年が参考になる。

5　以下の統計数値は、『小規模企業白書』（中小企業庁、二〇一五年版）の数値を加工再集計した。

6　深沼光・藤井辰紀「小企業における家族従業員の存在意義」『日本政策金融公庫論集』第二〇号、（二〇一三年八月）参照。家族従業員の存在が経営パフォーマンスと正相関するのは開業後約一〇年程度の指摘は興味深い。

7　以下の数値は、「小規模事業者若手後継者育成問題研究報告書」（日本商工会議所、一九八四年）による。

8　以上の統計数値は、『中小企業白書』(中小企業庁、二〇一三年版)の数値を加工再集計した。

9　里見泰啓「中小企業経営者の事業観について」『産業経営』早稲田大学産業経営研究所、第四一号、二〇〇七年六月、二九―三〇頁。

10　鎌田、前掲書、二一四―二一五頁。

11　石井淳蔵、前掲書、三三頁。

12　笹川洋平「わが国の個人商店の特性と現状:『家業性』とパート・アルバイト従業時間からの分析」『福岡大学商学論集』五二(一)、二〇〇七年、三―四頁。前掲の深沼・藤井論文と合わせて、「家業性」の問題を客観的データに則して考えるのに参考になる論文。

13　山本正和「ノート・職人の『家』の変化と家族」『社会科学』四七、一九九一年、三三一頁。商家同族団と比べた工家同族団の特徴とその展開構造を実証的に分析した論文で、中小企業の「家」構造を考える上で参考になる。

14　奥村昭博「ファミリービジネスの理論:昨日、今日、そしてこれから」『ファミリービジネス　その強さとリスク』一橋ビジネスレビュー、二〇一五、AUT(六三巻二号)、一五―一七頁。

15　米村千代「家理論の再構築へ向けて:連続と変化の視角から」『ソシオロゴス』№一五、一九九一年。

16　鎌田彰仁「小零細企業と家族経営:ネオ・ファミリー・ビジネスへの離陸」『調査月報』国民金融公庫、一九八五・五―№二八九、一七頁。日本商工会議所の「前掲書」を土台にした論文で、家族経営を夫婦共同型、親子世襲型に類型化し、若手後継者の属性変化と親子世襲型家族経営の変容を分析した論文。

17　近代化の転換期以降、産業構造の高度化と社会変動に係わる基本問題に関しては北川隆吉編『講座社会学〈五〉産業』東京大学出版会、一九九九年を参照。本書は、「産業の社会学」ではなく、農業を含めた「産業社会の学」として編集されており、一九九〇年代、産業グローバル化と構造不況により構造調整を迫られた日本産業社会の諸相を実証的に描き出した文献である。

18　以下の統計数値は、『中小企業白書』(前掲書)による。

19　中小企業の「家」とは、通常、集団や制度を指す言葉ではなく、世代間でその連続を志向する意識の表象として理解される。そして、家意識の外的対象となるのが家業であり、「家業の繁栄=家の存続」と観念されている。そうだとすれば、調査研究の方法としては、「見える」家業を指標として「見えない」家の構造を解明することができる。これが、「家業」の社会学と命名した理由である。

参考文献

石井淳蔵、一九九六、『商人家族と市場社会：もうひとつの消費社会』有斐閣。
北川隆吉編、一九九九、『講座社会学（五）　産業』東京大学出版会。
米村千代、二〇一四、『「家」を読む』弘文堂。

産業グローバル化先進都市への変容と社会階層

――豊田市とトヨタ自動車をめぐって

丹辺　宣彦

1　はじめに

自動車産業で有名な愛知県豊田市の都市形成はユニークな特徴を示している。ただユニークなだけでは研究対象にする十分な理由にはならないが、豊田を中心とする西三河地域の経済活動は日本の製造業、いや経済活動を牽引する役割を担っている。工業統計では市の製造品出荷額は二〇一〇年で一〇兆六三二四億円となっており[1]、これは東京区部、大阪市、名古屋市のそれを合わせた額に相当する。自動車産業のグローバルな中心地であることによる経済的重要性と都市形成のユニークさが、都市としての豊田を魅力的な研究対象にしているのである。

豊田には社会学に限ってもすでに多くの先行研究がある。産業・労働研究に付随しておこなわれてきた地域研究（都丸・窪田・遠藤編 一九八七：野原・藤田編 一九八八：小山編 一九八八）と、日系ブラジル人の集住や就労にともなう多文化共生をテーマとした地域研究がすぐに思い浮かぶだろう。よく知られているように、前者の先行研究群は、企業都市としての豊田像を確立している。一見すると、ホスト社会側の地域社会も、エスニック・マイノリティ側のコミュニティ・就労問題に関してもカバーされていて、それぞれ充実した研究が存在しているのですでに十分であるように思われる。だが、時間軸を考慮に入れると必ずしもそうではない。企業都市のイメージを確立した前者の豊田-トヨタ研究がおこなわれたのは基本的に八〇年代までの調査にもとづいたものであり、九〇年代以降の社会学の研究は、入管法改訂を機に集住がはじまった日系ブラジル人問題という新しいテーマに雪崩を打って向かっていった。したがって、トヨタ自動車が国内他地域はもちろんグローバルな海外展開を本格化させた八〇年代後半以降のホスト社会に関しては、本格的な調査研究、とくに量的研究にもとづいたデータが存在していない状況にあった。われわれの研究グループが調査課題として取り組んだのは、変化が大きかった九〇年代以降のホスト社会の側から、地域社会の構造とコミュニティ形成の現状を明らかにすることであった。本稿ではその成果（丹辺・岡村・山口編二〇一四）をもとに産業立地と都市形成の関係について階層論の観点から理論的整理をおこなう。ここで注目するのも、先進的な産業都市の空間性だけでなく、その時間的変化にあることをまず確認しておきたい。分かりやすくするため社会学理論の視点に引き寄せてあらかじめ言うと、トヨタ自動車の経営がネットワーク化しつつグローバルに展開していくなかで、地域社会と企業活動の空間的な関係が構造的に変化してしまい、また定住化にともない従業員たちの地域的紐帯がつよくなっている。したがって、今日のホスト社会の社会関係、およびホスト社会と周辺階層との関係をみるうえでは、ヴェーバー的階層論やソーシャル・キャピタル論が妥当性を増しており、マルクス派の発想を活かしながらも、労働価値説や疑似労働価値説に立脚したパラダイムは捨て、生産要素の所有・占有関係をめぐる社会関係＝社会的ネットワークに準拠した「社会学的」階層論を構想する必要があるということである。以下順を追って検討していきたい。

2　地域開発と先行研究の図式

地域研究としての豊田研究を代表する『トヨタと地域社会』では、トヨタ自動車と地域社会の関係はつぎのようにとらえられていた。

トヨタ自動車と地域社会の関係は、企業活動のための地方自治体の行財政・地域諸資源の徹底した利用、利用独占、すなわち「地域独占」を主要な側面としつつ、その上に「地域独占」を支えるために政治・社会的な「地域支配」がなされるというものであった(都丸・窪田・遠藤編 一九八七：三六)。

この見解はその論理構造からして、生産手段の私有・独占とそれにもとづく権力行使という、マルクス派と親縁的な図式から企業都市豊田の特徴をとらえたものである。そのうえで、このことが「住民生活および地域社会にも大きな影響を与えた」(都丸・窪田・遠藤編 一九八七：四二)とされた。地域社会への構造的影響としては、地域農業の侵食、市からの利益供与、合併の推進、低密分散型の市街地形成などがあげられている。住民生活に与えた影響としては、企業による生活管理、住宅や公共施設、医療施設の不足、交通問題、夜勤にともなう生活リズムの狂い、などがあげられている。

開発段階から成長期に至る地域をとらえたものと考えれば、先行研究のこのような見解は妥当する点が多かったと考えられる。企業立地のため開発を進める段階では、工場用地、用水、変電施設、道路、ストックヤードなど、生産手段や生産インフラとなる資源をめぐって地域社会とゼロサム的な利害の葛藤が生じる。生産インフラだけでなく、寮や社宅、駐車場、ショッピング・センター、診療所など、来住する従業員向けの生活基盤の整備をめぐっても、整備するのに必要な資源をめぐり緊張関係が生じがちである。さらに環境破壊や公害など負の集合財が生み出されれば、受益側と受苦側の利害対立がしばしば生じる。ゼロサム的な利害対立が基調となるなか、企業側は自らの利益のため活動し、一定の影響力を地域社会や行政に行使した――トヨタ系議員を市議会に送りこむこと、そのための「ゆたか会」の活動などはその最たるものだろう。新来の若い従業員たちは地域にまだなじみがなく、工場と寮・住宅を忙しく往復する日々を過ごしていたに違いない。先行研究のとらえかたは分かりやすく、また多くの地域開発でみられた構図とも一致するとらえかたであった。

開発期から成長期にいたるこのような地域の基本的構図を明らかにした点で、先行研究群は構造分析の系譜に属し、その貢献は大きかったといえよう。問題は、地域社会が立地産業の成長とともにしだいにその姿を変えていったにもかかわらず、このようなとらえかたが――よくできた分かりやすい図式であったため――その後も更新されなかった点である。じつは構造分析の礎をきずいた著作の終章で、福武直は「開発が長期にみていかなる影響をもたらすかという点では…今後にまたねばならない」（日本人文科学会編 一九六三：Ⅲ二〇五）と記し、将来については結論を留保していたのである。しかし九〇年代はもちろん（職業・生活研究会編 一九九四）、二〇〇〇年代に入っても、地域社会とトヨタ自動車の関係をとらえる視点は更新されなかった（猿田編 二〇〇八）。現実と概念はしだいに乖離するようになっていたが、その隙間を埋めたのは批判的な価値判断であった。マルクス派の流れをくむ地域社会学の構造分析は八〇年代以降日本の製造業の衰退に直面し、国土開発の失敗や企業のリストラを批判することでギャップを埋めていたが、理論枠組が地域のリアリティをとらえられなくなっていった点では同じであった。以下ではまず、豊田市の現在がどのようになっているのかを、二〇〇九年（一部は二〇一五年）におこなった科研調査データ[2]をもとにみてみよう。

3　定住化と職住の接近

構造的に変化するこのような地域社会のなかで、地域住民たち、とくにトヨタと関連企業に勤めている／いた従業員たち、そのなかでも地方出身者たちの地域生活と市民活動は現在どのような特徴を示すものになっているのか、これがわれわれの調査研究（丹辺・岡村・山口編 二〇一四）の中心的な問いの一つであった。先行研究では、来住して間もない彼らは地付き層が優勢な地域になじみがなく、トヨタ生産方式のもとに管理され、昼夜二交替の不規則なシフトのもと自宅と工場を往復する生活を送っているため、疎外され、地域社会にコミットしない／できない存在として描かれていた（職業・生活研究会編 一九九四：四〇五）。あるいはコミットしているようにみえる場合は、それを企業の管理のもとでおこなっている活動――「ゆたか会」や給与所得者連合会、「家庭会」の活動のように（都丸・窪田・遠藤編 一九八七：二七六―八〇）――として批判的にとらえられた。のちに住民の地域活動が活性化してくると、この論理が転用され、企業が社会的貢献を重視するようになったために、その方針ないし指示のもとにやっているのだと説明されるようになった（職業・生活研究会編 一九九四：四五七；猿田編 二〇〇八：三六一）。これら二つの説明＝解釈図式により、地域にコミットしない主体は疎外された主体として（「疎外図式」と呼んでおこう）、地域にコミットする主体は企業により過剰に社会化された主体として（「管理図式」）ともに批判的にとらえることが可能になったのである。これらの見解は、コミットする場合にもしない場合にも使い分けることができる便利な、ある意味で「万能の」――悪くすると「無謬の」――解釈図式であり、マルクス的な枠組に準拠して巧みに考えられたものであった。この二つの批判的な図式は①マルクス的な理論枠組から半ばア・プリオリに導き出すことができ、②「疎外」や「管理」の実態は直接調査することが難しいため実証的に反駁しにくく、経験的事実による反証を受け付けにくい[3]。さらに、管理は疎外を生み、疎外された存在は管理・統制されやすいだろうから、論理構造からみても両図式はたがいに相手を支え合い、強固な意味連関として固定されやすい。このため、地域社会のありかた、企業との関係が構造的に変化し、従業員たちの地域活動参加が増加してもそれらは適用され続けたのである[4]。

それでは、成熟期を迎えた地域社会において、住民たちの生活と地域的紐帯、市民活動参加の状況はどのようになっていたのであろうか？　われわれは、二〇〇九年調査の量的データを用い、さまざまな項目について、トヨタ自動車・関連企業従業員男性を、その他勤務先の男性と比較した（丹辺・岡村・山口他編 二〇一四）。詳細については同書を見ていただくしかないが、その結果、さまざまな事実が明らかになった。トヨタ自動車従業員・退職者男性の市内居住年数は平均三〇・二年（県外出身者でも二七・三年）、現住所居住年数も一八・三年（県外出身者で一五・七年）に及んでおり、居住が長期化していることが示された。トヨタ自動車従業員では、市内に勤務する者が九三・五％と際立って高く、職住が接近していることも特徴であった。トヨタ自動車、関連企業従業員の順で世帯年収は「その他」より高かったが、おおむね中から上の下にかけて分布しており、年収一五〇〇万円以上の最富裕層ではかえって「その他」の比率が高かった[5]。平均でみるとたしかに世帯収入の格差は存在するのだが、他方自動車産業就業者がいることで、中間層の分布が厚くなってもいたのである。注目される仕事の満足度、仕事への愛着についてはいずれのカテゴリーも高めで、勤務先による違いは大きくなかった。

社会的ネットワークについてたずねた質問のなかでは、まず近所づきあいに関する項目への回答が地域へのコミットメントという点で注目された。トヨタ自動車従業員・退職者男性では、がいして各種の近所づきあいをしている人が多く、「とくにつきあいがない」と答えた人は反対に少なくなっていた（**図1**）。さまざまな地方の出身者が非常に多い（他県出身者が七四・八％）グループの近所づきあい（近隣との紐帯）が平均的に最も多くなっているというのは、一見すると不思議なことのように思えるだろう。

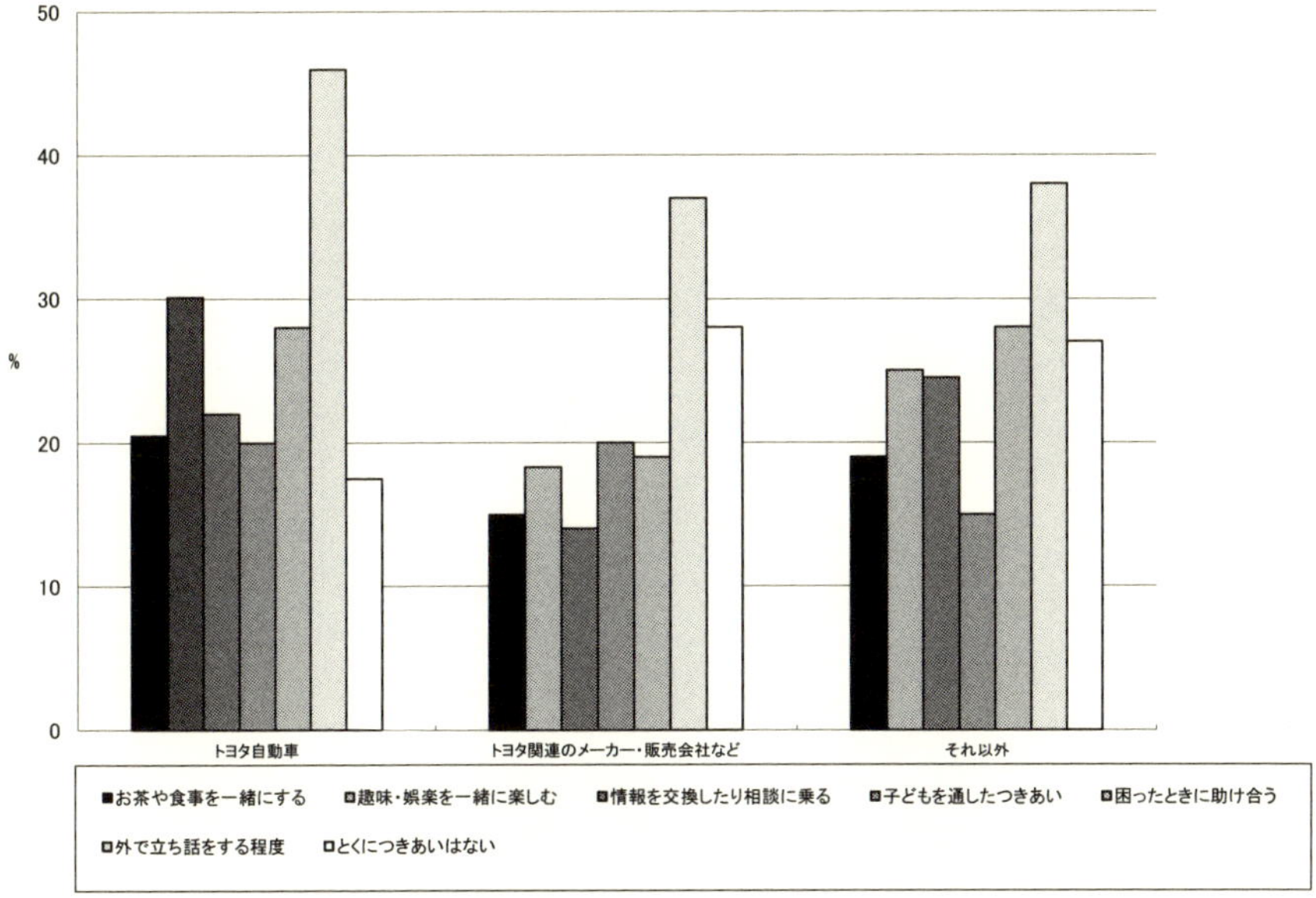

図1　就業先別近隣とのつきあい（男性・退職者ふくむ）

市民活動を八種類のジャンル（「青少年の育成・世代間の交流」「地域の伝統・文化やスポーツの振興」「地区の住環境の整備・向上活動（美化・緑化など）」「防犯活動や交通安全、防災活動など」「自然環境の保全活動」「健康・医療・福祉活動の推進」「多文化共生や国際交流に関する活動」「その他」）に分けて活動経験（過去一年以内）の有無についてたずねた結果も興味深いものだった。トヨタ自動車従業員・退職者男性では一つ以上に参加した割合が六八・〇％に達していて、関連企業の五二・二％、その他の五三・八％に比べて有意に高くなっていた。そしてそれをジャンル別にみると、とくに「地域の伝統・文化やスポーツの振興」「地区の住環境の整備・向上活動」「防犯活動や交通安全、防災活動など」という、居住地区の集合財供給に参加する「地縁型」の活動で彼らの参加率は高くなっていたのである（**図2**）。有名な多文化共生関連の活動がいずれのカテゴリーでもあまり高くないことも注目される。

かつて地域社会にコミットしないと言われたトヨタ自動車従業員であるが、なぜこのような一見すると逆説的な結果——地域社会に関しては「疎外仮説」とは反対の結果

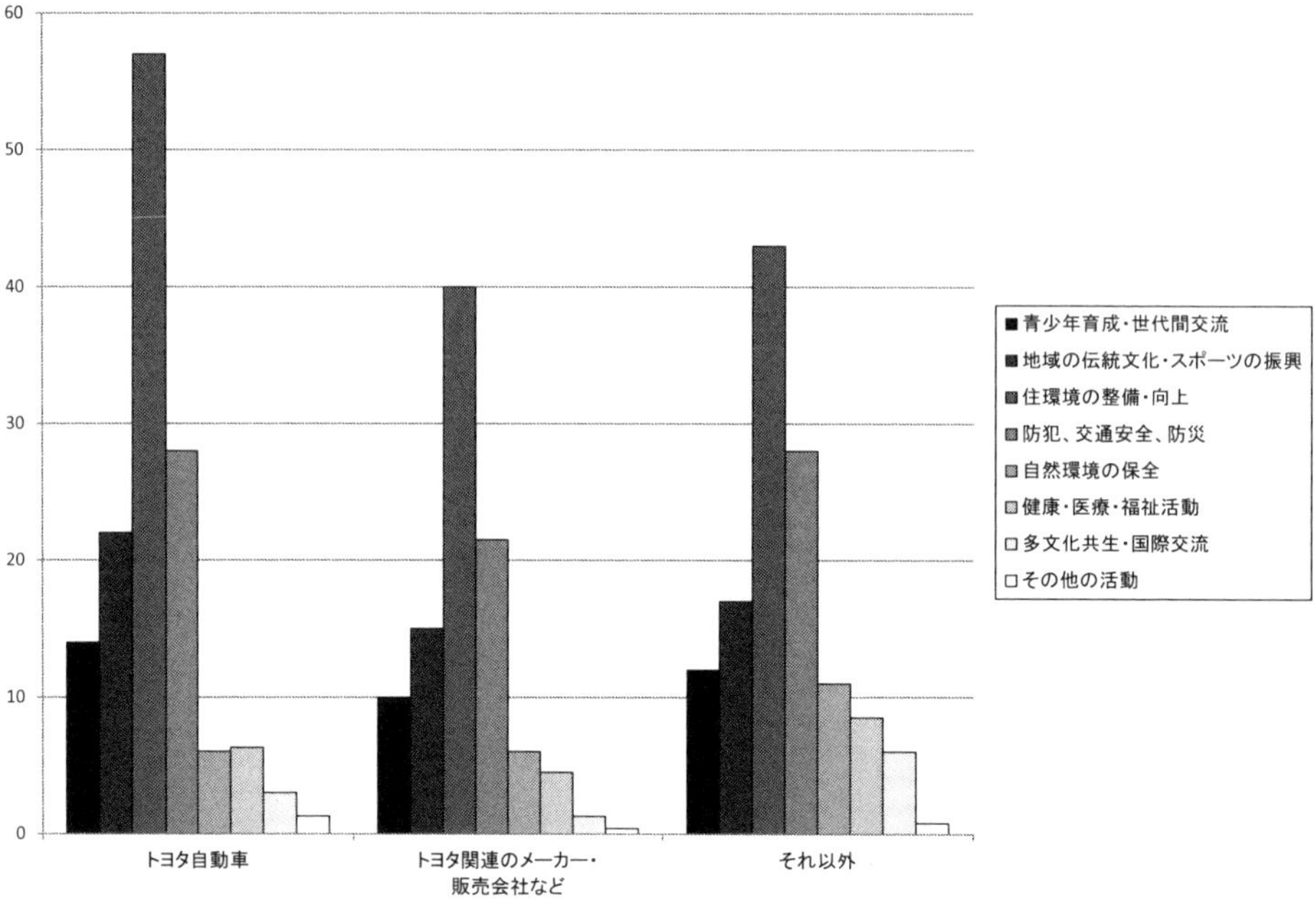

図２　就業先別（退職者含む）男性住民のまちづくり活動ジャンル別参加率（過去一年以内）

であるーーが現れたのだろうか？つぎに考えられるのが、社会貢献を重視するようになった企業の方針と管理のもとでおこなうようになっているという「管理図式」による解釈である。しかし、交通安全キャンペーンや環境関連活動のメニューが目立つトヨタ自動車の社会貢献活動に対して、図2の活動ジャンルでもっとも多いのが「住環境の整備・向上」であることがこの解釈図式とあまり整合しない。過去一年以内に「企業や経営団体関連の社会貢献活動」に参加した人の比率も、トヨタ自動車従業員男性は退職者をふくめて一一・九％、フルタイム就業者で一四・四％であり、少なくはないがさほど大きな割合ではない。またわれわれの質問紙調査では「もっとも熱心にかかわっている」まちづくり活動に対して「なにがきっかけで参加されましたか」という下位選択項目があった。これに対して「職場の社会貢献活動を機に」と答えたトヨタ従業員・退職者男性中は九・一％（現役層でも一〇・三％）で、関連企業の六・五％、「その他」の七・二％にくらべて有意な差はなかった。これも管理図式による説明とは

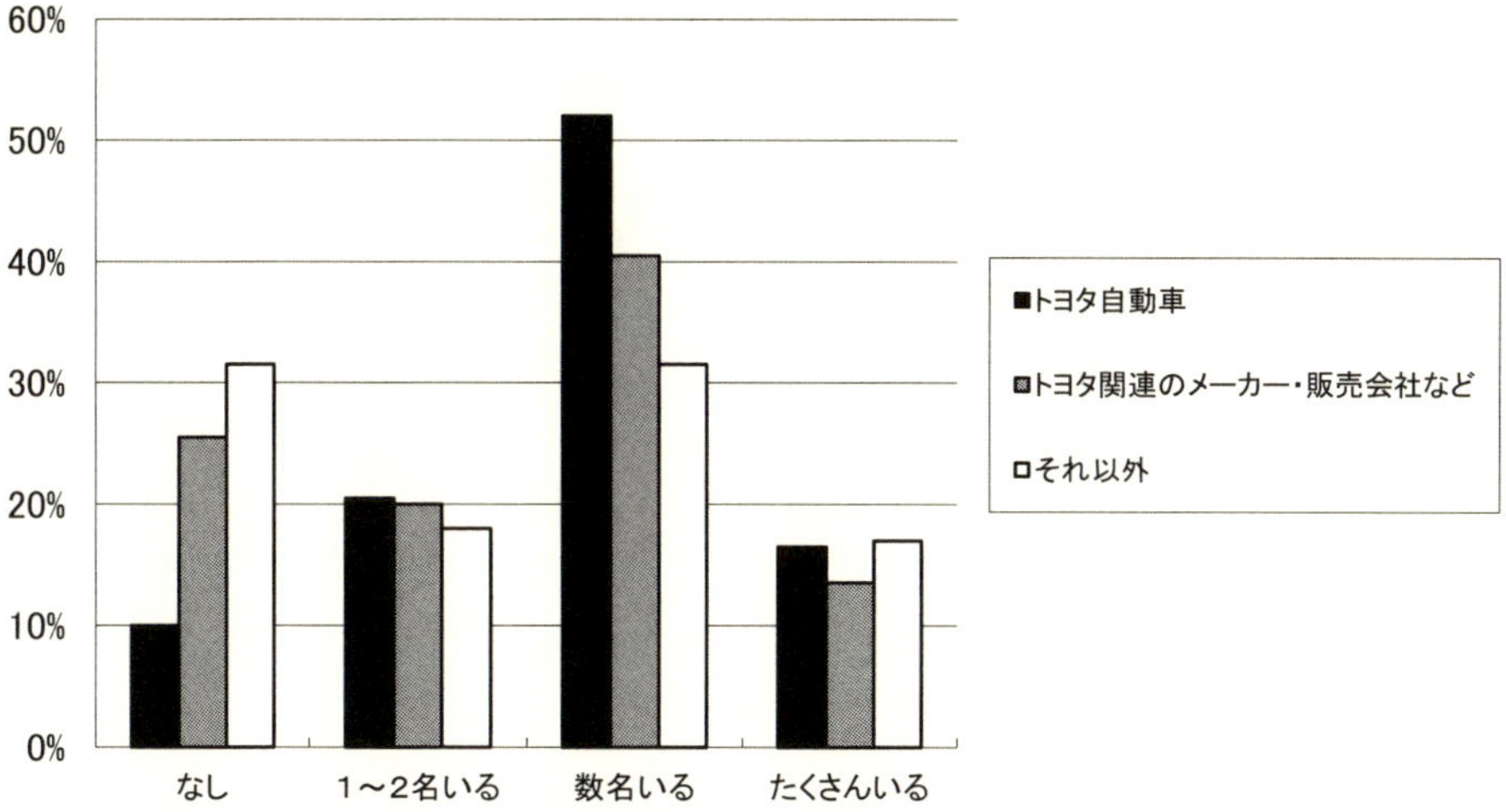

図３　就業先別（退職者含む）・男性住民が地域にもつ職縁

整合しない数字である。もちろん主観的な原因帰属は客観的な効果と必ずしも一致しない。そこで、過去一年以内に「企業や経営団体関連の社会貢献活動」に参加した人としていない人で、まちづくり活動の一つ以上に参加している比率（過去一年以内）に違いがあるかをみたところ、前者が七九・三％で、後者の六七・〇％より高いが有意な違いにはならなかった[6]。交通安全活動を含み、一番違いの出そうな「防犯活動や交通安全、防災活動など」についてみると、トヨタ自動車では三九・三％（一一／二八人）対二四・一％（三九／一六二人）になるが、これも有意な差ではなく（p=.106）、「その他」就業先でみられた四〇・〇％対二六・九％と変わらない。また、まちづくり活動にコミットしているトヨタ従業員・退職者へのインタビュー調査からは、会社の序列、肩書き、縦社会の論理を地域活動の場にもちこむとうまくいかないという語りが多く聞かれた。全体として、「管理図式」による説明を支持するデータも得られなかった。

それでは地縁型活動を中心に現在まちづくり活動への参加が多くなっていることを説明するのはいったいどのような要因なのだろうか？　われわれが注目したのは、さきの近所づきあいの強さに加えて、「お住まいの地域に、勤め先や仕事関係で知り合った

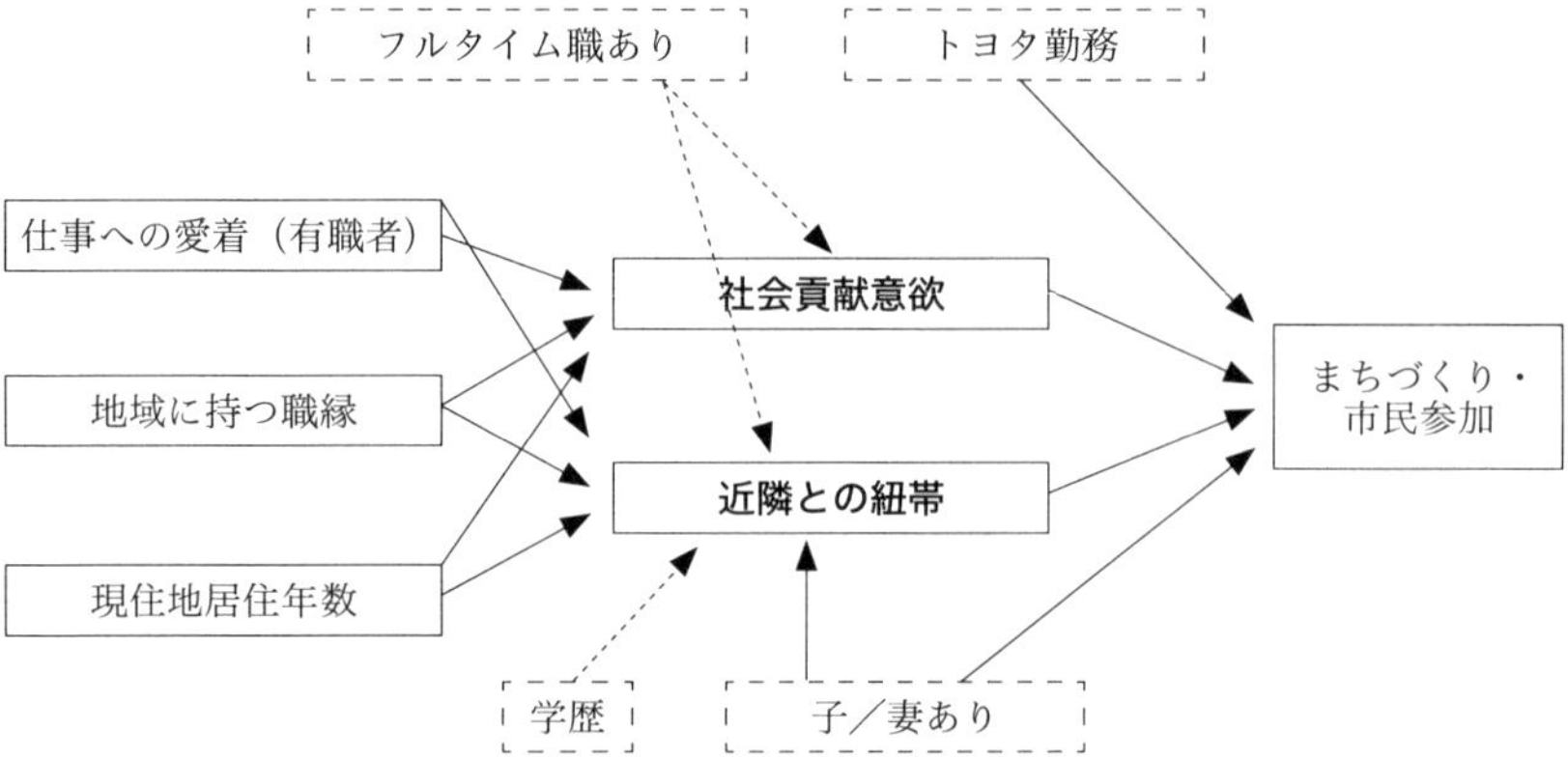

図4　男性住民の市民活動・まちづくり参加をめぐる因果関係

出所：丹辺・岡村・山口（二〇一四）による［一部改変］

知人の方はいらっしゃいますか」とたずねた項目への回答である。トヨタ自動車従業員・退職者男性では「数名いる」「たくさんいる」と答えた人の割合が六八・七％（ブルーカラー層では七一・七％）と非常に大きな割合に達し他より高くなっていたのである（**図3**）。職住が接近した産業都市ならではの分布といえよう。もうひとつは、かつての先行研究がまだその効果をみていなかった、定住化という要因である。

このことを確認するため、過去一年以内に少なくとも一つのまちづくり活動に参加したことを目的変数とし、関連する諸要因を説明変数とした多変量解析をおこない、有意な効果をトレースしたところ、**図4**のような結果が得られた[7]。図中段をたどってみると、まちづくり活動への参加は社会貢献意欲と近隣との紐帯によって促進され、それら二つの要因は、現住所居住年数と、地域にもつ職縁、そして仕事への愛着（有職者）によって促されていることが明らかになった。通常であれば、職場関係の友人・知人が多いことや、仕事に愛着をもつことは、男性たちの居住地域でのつきあいを減らし、地域活動への参加を抑止してしまうだろう。ここで反対に促進効果がみられるところに、職場と住居が近く、異動・転勤が比較的少ない産業都市の特徴がみられると言えよう。そしてここで促進要因として作用するのは、「個人ベース」の居住歴、蓄積した社会関係資本や仕事への愛着だったのである。

4　社会関係資本の蓄積と周辺階層の位置づけ

以上の事実から見えてくるのは次のようなことである。立地した自動車産業が地域外へ展開し長期的に繁栄したのにともない、地域のホスト社会には男性ブルーカラーと技術系・管理系ホワイトカラー職を中心とした特有の「中流的」な階層構造が形成され、かつての来住層も定住化してきている。そうしたなか性別役割分業をともなう近代家族が形成され、職住が接近し、異動も少ない環境で、男性の地域的紐帯も職縁に支えられて強くなり、これがまちづくり活動への活発な参加を支えている。データを見る限りでは、現在では「疎外」の兆候や、地域社会や従業員の生活に露骨に介入する企業の支配や「管理」はみられなくなっている。ホスト社会で目立つのはむしろ、ヘゲモニーを確立した企業グループと地域社会の交換関係であり、他方、定住化にともない住民たちが個人ベースで社会関係資本を蓄積しており、そのことが新たな秩序と、そう言ってよければ新たな「格差」を形成しつつあるということなのである。

この点に関連してホスト社会の力学を背後から示すものとして興味深いのが、丹辺・岡村・山口編（二〇一四）補章「周辺階層の形成メカニズムと社会的紐帯」の知見である。この章では、量的データを用いて、低所得層と、社会的孤立を生む要因について明らかにした。その結果、学歴の低さ、配偶者がいないこと、非常勤・パート職についていること、退職していること（無職であること）、勤務先規模が零細であることが低所得化をもたらしており、所得が相対的に高いのだから当然であるがトヨタ勤務、関連企業勤務は無関連であった[8]。これは他の地域でも広くみられる要因である。「近隣との紐帯」がないことを促進する要因については、図4を逆に読めばよい（男性では「仕事への愛着」「地域にもつ職縁」がなく「現住地居住年数」が短いこと、女性の図は省略しているが「現住地居住年数」が短く「学齢期の子」をもたないこと）。

また、もう一つの社会的紐帯要因として「ふだんいっしょにお茶や食事を楽しむ人」が「いないこと」を抑止するのが、交際意欲とならんで「近隣との紐帯」であることを確認した。

これらのことは、全体として、トヨタ生産システムが「搾取」や「支配・管理」等を通じて「直接に」彼らを周辺化しているとは言えないこと、むしろトヨタ生産システムおよびそれと対になった地域コミュニティに「参入できないこと」、「隔てられていること」が住民の周辺階層化をもたらすことを示している。これら二つのことは、取り違えられやすいが、まったく異なることがらなのである。そして社会学的に表現すれば、前者がマルクス的な階級図式に適合するのに対して、後者は、ヴェーバー的な集団(閉鎖)論、地位論の図式、あるいは近年発展したソーシャル・キャピタル論の図式に適合する事態である。立地産業と地域との関係が変化し、地域コミュニティを構成する社会関係も大きく変化したため、分析に適した理論枠組も変化したわけである。この点については後で再度立ち返ることにしたい。

その前に、周辺階層化されやすいアクターとは具体的に誰なのかを、同書補章の分析結果から確認してみよう。学歴の低さ、配偶者がいないこと、非常勤・パート職についていること、無職であること、勤務先規模が零細であること、といった低所得化をもたらすプロフィールがあてはまるのは、高齢者の一部のグループ、若年フリーターの他、豊田では、期間従業員、請負労働者、パート労働者、外国人労働者などといった人たちである。また近隣からの孤立をもたらすのは、居住年数の短さに加え、男性では仕事への愛着をもてないこと、居住地域に職縁がないこと、女性では学齢期の子をもたないこと、であるから、これも、これら周辺階層の人たちの多くにあてはまる特徴である。要するに、しかるべき企業に正規の職をもたず、家族をもたず、地域に定住しない人が周辺化しやすいわけである。二〇〇九年調査は旧市域に居住する住民(三〇～六九歳)を住民基本台帳から無作為抽出しているから、短期の滞在で台帳に登録されていなかった部分の流動層や外国人登録者、そして若年層をカバーしていない。それでも、周辺階層化をこうむるプロフィールには、彼らの特徴がかなりはっきりと表れていることに注目したい。つまり、本調査の分析結果には、先に述べた「中流的な」地域階層構成だけでなく[9]、周辺階層化を生じる社会的力学がかなり明確にあらわれているわけである。

周辺的労働力、とくに外国人の労働力をトヨタ生産システムがどのように活用してきたか、という論点——丹野(二〇一五)が提起している一つの論点——は扱いが難しい問題である。すでに戦前、戦後を通じてトヨタ自動車本体にも周辺労働力をかなりの規模で雇用してきた歴史があり——昭和三四年には従業員に対する臨時工の割合が三三・〇%にも達している(日本人文科学会編 一九六三：九八)——、その意味では新しい現象ではない。それが生産量の増減に応じて労働力を調整するためのプールとして用いられてきたこと、場合によっては正規従業員への登用の手段として用いられてきたことは疑いない。ただ、九〇年初頭以降の人手不足のなかで外国人の労働力が二次、三次のサプライヤーを中心に導入され比較的単純な作業で用いられてきたこと、リーマン・ショック＝トヨタ・ショックのなかで、大量の雇い止めが発生したことを考え合わせると、トヨタ生産方式あるいはリーン生産方式の中核的な構成要素ではなく、バッファー・ゾーンに位置し「補完物」として重要な労働力として組み込まれていると考えるべきではないだろうか。労働市場におけるその位置も、地域社会のなかでの彼らの周辺的な位置とパラレルなところにあるようにみえる。

関連して、労働市場だけの問題でなく、また後で見る企業と地域社会の関係に関する三段階論との関連からも、現在のトヨタ生産方式がどのような局面にあるのかを次にみてみよう。ただし、この議論は今回の調査データにもとづくものというより、さまざまな状況証拠にもとづく推論である。八〇年代後半以降のトヨタ自動車は日米間の自動車貿易摩擦問題をきっかけとして、海外への投資を加速させ、工場・事業所の立地を積極的に進めた。現在では、アジア、ヨーロッパ、北米を中心に、二七カ国に五二の生産拠点を置いている[10]。また一九八〇年代後半にはTNS(トヨタ・ネットワーク・システム)と呼ばれる情報通信ネットワークが構築され、ディーラー、トヨタ自動車、ボディメーカー、サプライヤー、海外事業所を結んで受発注、部品調達、納期情報をやりとりすることが可能になり、本社工場のラインでも自律分散制御型のＦＡシステムが整備され、カンバン情報は部分的にコンピュータ制御によって代替されるようになった（伊達 一九九四）。このように事業所間、事業所内のネットワーク化や他メーカーとの「多層提携ネットワーク」化がすすめられるなかで、九〇年代半ば以降は、設計の簡素化、部品共通化、モデルチェンジサイクルの延長が図られ大幅なコストダウンを可能にした（藤本 二〇〇三）。

そうした中で、豊田の本社オフィスやテクニカルセンター、市内の本社工場群では全体として、グローバルな経営展開を統括する本社機能と高度な生産機能――新車種・新技術に関連した研究、試作、開発、実験をおこなう「母工場」としての機能――、また世界各地の生産拠点に生産指導をおこない、中核人材を招いて研修をおこなう「教育・研修」機能が強化されてきている[11]。**図5**は、一週間以上の海外出張経験の有無を、現役の従業員（非常勤・パートふくむ）についてたずねた二〇一五年調査の新しいデータであるが、トヨタ従業員、ついで関連企業従業員では、北米・ヨーロッパ・アジアへの出張経験が顕著に多くなっていることが分かるだろう。ネットワークから生み出される付加価値は一般的に中心性の高い結節点＝地域に集まる。リーマン・ショック後の経営危機を乗り越えるにあたっては、先端技術の集積であったハイブリッド車の販売が大きな役割をはたしたのは記憶に新しいし、世界中に投資をおこない生産拠点と販売拠点を整備した結果、トヨタ自動車にはそれにともなう利潤や輸出利益が還流して連結決算を支えてきた――このことは超円高が進んでいた時期の決算からも明らかである。コスト高の国内でなぜこのような拠点形成が可能だったのだろうか。それまでの地域内への投資だけでなく、正の外部経済性を発揮するサプライヤーのチェーン、専門性・技術力が高い労働力編成それじたいがネットワークであり、国内に生産拠点を残すトヨタの決定を支えたといえよう[12]。他方そうしたなかで、生産システム（＝ネットワーク）の周辺部あるいは末端に位置する生産要素の重要性は相対的に低下する。藤田栄史（二〇一五）が紹介しているパッケージ化されたラインにおける脱熟練化や、特色のないサプライヤーの淘汰はこうした傾向の現れと考えられる。このようなとらえかたに立つと、外国人労働力も含

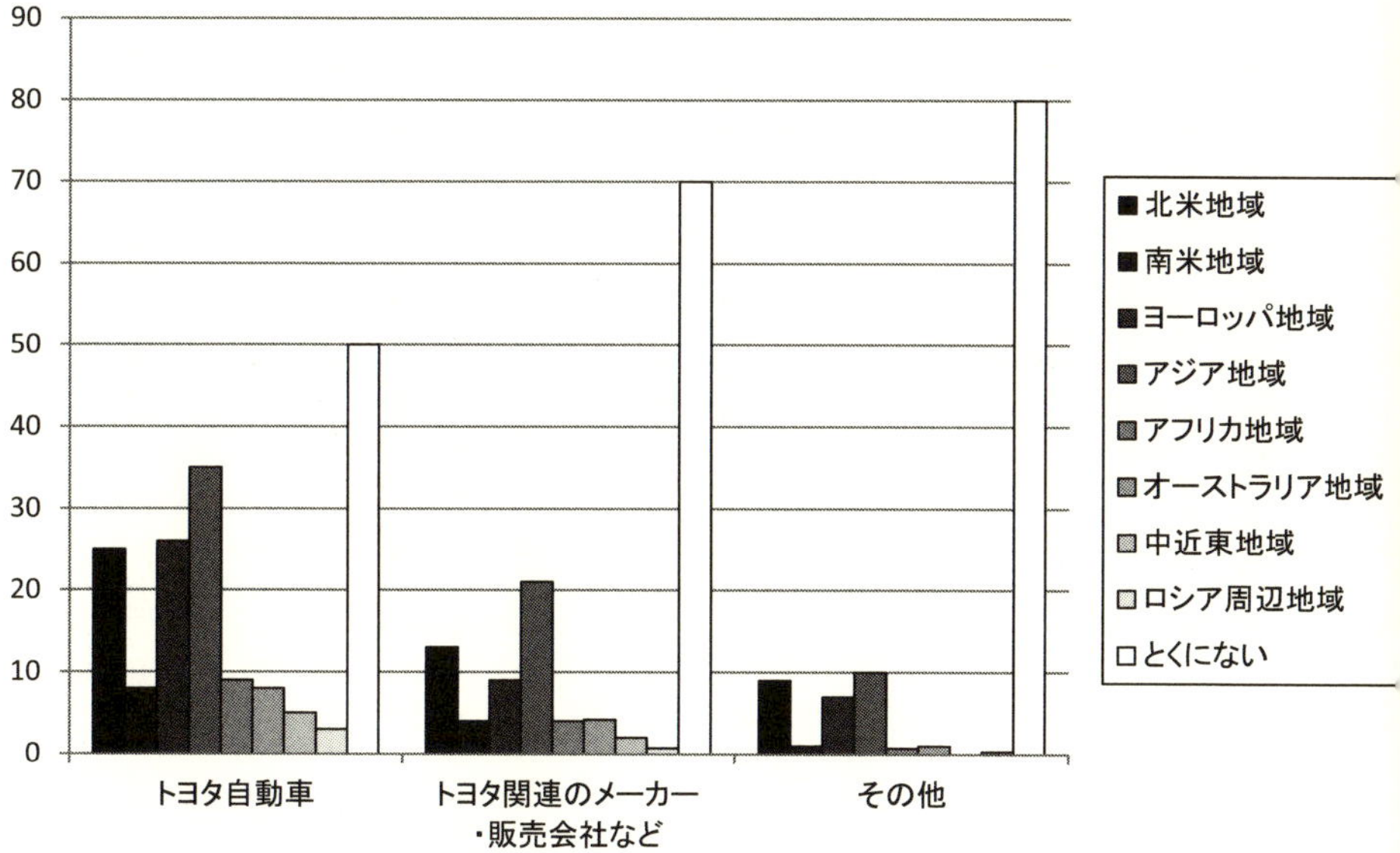

図５　一週間以上の海外出張経験（就業先別）

めた周辺的労働力の活用は、トヨタ生産方式のグローバル・ネットワーク化の結果なのであって、その逆ではない。低賃金で調整の容易な労働力を活用したからこそトヨタ生産方式が発達したのだとする見解は、原因と結果を取り違えてしまっているのだ。

以上のことは、トヨタ生産方式が、通常喧伝される工場・現場レベルの取り組み、サプライヤーに対する合理化要求や「承認図方式」による開発、周辺労働力の活用だけでなく、組織「上方」および「水平方向」にグローバルなネットワークを構築する中で強化されてきたこと、そのことによって生産性を上げ、付加価値が還流する上で、豊田がその中心地となってきたことを意味する。そして同時に、トヨタ自動車という企業も、たんなる経済的資本なのではなく、ネットワーク化された——ソーシャル・キャピタルとしての特徴をもつと言ってもよい——資本として投資されてそこから付加価値を上げ、強みを発揮しているのだといえよう。

5　産業都市形成の段階論

二〇世紀後半から深刻になっていた欧米の都市危機や都市問題も、産業空洞化を背景に発生していたが、そのとらえかた、とくに米英でのとらえかたは日本の地域社会学とは対照的であった。グローバルな経済競争の強まりを背景とした都市周辺部の産業の空洞化は、ブルーカラーや工場の事務部門で勤めていた雇用を減らし、都市に住む中間層に打撃を与えた。有色人種のマイノリティはこのような製造業関連の職種を望ましい地位と考え、就労していることが多かったため、もっとも大きな打撃をこうむったグループとなった(Peterson 1985; Wilson 1987; Massey and Denton; 1993)。ここで望ましくない事態を引き起こすととらえられたのは、産業の衰退や撤退であって、進出ではなかった。新しいサービス産業が育った都市や世界都市はこうした事態を回避して別の発展をとげたが、既存の製造業に代わるべき産業をもたない多くの工業都市が衰退と都市危機の道を歩んだのである。都市における産業の衰退と雇用の不足が労働者、貧困層やエスニック・マイノリティの生活を脅かすとする見解は、米英にかぎらず、今日の先進国では共通了解になりつつあると言ってよいだろう。

この意味で、マルクス主義の影響が強く残った日本の地域社会学は新都市社会学ともやや異なる道を歩み、他の先進国の地域・都市研究とは対照的な方向を辿った。八〇年代までは最先進国を追う立場にあり、先進国のなかでは相対的に製造業の比重が高く、産業空洞化の影響がかなり遅くあらわれたこと、都市危機がさほど深刻でなかったことも、このような事情に一役買っていたと言えよう。マルクス派の枠組で現実をみれば、生産された価値の源泉はすべて生産的労働であるから、企業の利潤はすべて労働者から剰余価値を搾取した分に由来するものになる。資本主義的生産であるかぎり、時期が変わろうと企業活動の場所が変わろうと、その基本的な見解は変わることがない、というより変わることができないのである。産業＝資本が立地することで地域資源の独占と地域支配が生じて、労働力が搾取されるとするなら、それを改善する方途は、産業が撤退することである。このような理論的インプリケーションは、あまりに現実にそぐわないため、産業衰退地でしばしばみられる企業の合理化やリストラ、それらが労働市場や地域にもたらす格差を批判するという、批判的枠組を維持するやりかたがとられたのである。表立って理論的に破綻している労働価値説を採らなくとも、ある種の人間中心主義とヒューマニズムにもとづいて、労働こそが価値を生む主要因であり、また同一労働「量」は同一の価値を付加するから同一の報酬を受け取る「べき」だと考えれば、これとあまり変わらない結論が導かれるだろう。日本の地域社会学――だけではないが――では暗黙のうちにこのような立場をとる傾向が目立ったが、これを「疑似労働価値説」と呼ぶことができるだろう。この立場は、経済理論を欠いているだけでなく、価値判断をあいまいにしたまま記述と分析に混入させてしまっているのだ。

以上は、理論と現実の距離が開いたことを労働価値説由来の価値評価で埋め合わせようとする試みであったが、それでは現実はどのような方向に向かって変化したのであろうか。われわれは、これを企業活動の成長にあわせた産業都市の段階論としてとらえた（丹辺・岡村・山口編 二〇一四：一一）。まず産業が立地する基盤を整備する開発段階では、生産手段となる資源をめぐるゼロサム的な利害対立や、企業による影響力の行使が生じやすいことはすでにみたとおりである。しかし企業活動が軌道にのって成長を始め、新来の従業員たちも家族を形成しはじめる第二の成長期に入ると、生産手段、生産インフラをめぐる利害対立は決着がついたところから順に収束していく――企業立地は不動産収入や雇用の場、小ビジネスや不動産収入のチャンスをもたらし、多くの既得利益も生じる。企業が成長するにしたがい、経営を左右する資源やチャンスは、新規の工場から地域の外部――高速道路を中心地とした道路網や港湾の整備――へと比重を移していく。また地方税収が増え、自治体の財政力は好転に向かう。新来の従業員の雇用は増え続けるから、住宅団地の開発、育ってきた子ども世代のための幼稚園や小中学校、総合病院、文化施設の整備が緊急の課題になるだろう。生産手段・生産インフラをめぐる利害対立から、生活インフラの整備に問題の重心が移ると、企業と地域社会の関係には変化が生じる。この段階は豊田市ではおよそ七〇年代から八〇年代後半までの時期に当たり、豊田観を確立した先行研究群の調査がおこなわれた時期に当たる。理論枠組の効果だけでなく、研究というものは回顧的に、つまり少し前の時期のデータに依拠して結論を出すことが多いため、先行研究が開発期から成長期にかけての豊田を、すでに述べたようなかたちでとらえたのはごく自然なことであった。

本書が対象とした九〇年代以降現在にいたる豊田は、来住したトヨタ従業員がつぎつぎに退職期を迎え、子どもたちの世代が世帯を形成して独立し、一部がまたトヨタ・関連企業に入社する局面、成熟段階を迎えている。トヨタ自動車の新規事業所への投資は、先進国、発展途上国を問わずグローバルに展開され、国内も九州、東北などの新鋭工場を中心としたものになった。この過程で、市内のオフィス・工場は、しだいに研究・試作・開発・実験機能や高級車・ハイブリッド車・高度な部品の生産に重点を置いたものになりつつある。この時期には日系ブラジル人をはじめとする外国人労働者が来住し、保見地区の集住問題が社会学研究者の注目を集めたが、グローバルに展開するトヨタ生産システムの中枢機能が地域内に集積・集約されたことにこそ着目しなくてはならない。集合住宅の建設や宅地開発、インフラ整備も一段落し、市内では住宅の建て替えが進みつつある。市による公共投資は、「交流館」の建設や文化・スポーツ施設、公園・緑地、環境関連施設など、より高度な機能をもつものへの拡充にも向けられていった。

この時期には、地域内の生産資源、生産インフラ、生活インフラをめぐる地域社会と企業の利害の相克状況はほぼ解消され、企業が地方自治体に影響力を行使する必要もなくなる。地域外への投資は、地域に利潤の還流をもたらす。子どもから高齢者まで、そして地付き層・来住層、性別を問わず、トヨタ・関連企業の関係者・家族がマジョリティとなるため、企業と地域住民の関係もより親和的、あるいはウィン―ウィン的なものになる——例外は、外国人もふくめた非定住層であり、非正規労働力を構成するグループである。退職者についていえば、勤めていた企業との関係は直接的なものではなくなる。こうした状況のもとでは好むと好まざるとにかかわらず、企業と地域住民、行政の関係は開発期とは大きく異なったものにならざるをえないし、個々の住民、従業員の地域的紐帯、市民活動参加も大きく変わってこざるをえない。このように構造的に変化した地域社会と企業の関係を、開発期の分析に適していた古い枠組でおなじように分析することはできないのである。

6　むすび——都市類型上の意義と階層論へのインプリケーション

これまで多くの都市が、都市度を高めるなかで付加価値の高い産業を育成・立地させる課題に直面し、その過程で階級対立や環境・公害問題に直面してきた。産業の衰退と雇用の喪失は、都市危機を惹き起してしまう。豊田の場合は、田園的な環境のなかに先端的な工場が立地して成長を続け、周囲に住宅地が形成されたため、「低密分散型」(都丸・窪田・遠藤編 一九八七)の市街地が形成され、都市化がむしろ課題となる展開をたどった[13]。消費人口に近接していることが必要なサービス産業と異なり、製造業事業所は広い土地と安定した労働力供給を要するためそれらのコストが安い空間に立地するメリットが大きい。

先進産業都市に特有のこのような社会空間を立地産業の発達と都市度という二つの軸から図式的にとらえると、**図6**のように整理できる。左上の象限に位置する都市空間では動的密度が低いため、非通念的で多様な下位文化・市民活動は発達しにくく、職場と居住地での安定した人間関係と豊かな資源を支えに、居住地域に集合財を供給する自治活動や地縁型の市民活動が活性化しやすい。工場の内部はもちろん高度な分業に支えられているが、「部外者立入禁止」の世界であり、安定した品質の製品を生産するためにも、撹乱要因を取り除かなくてはならない。異質な他者と

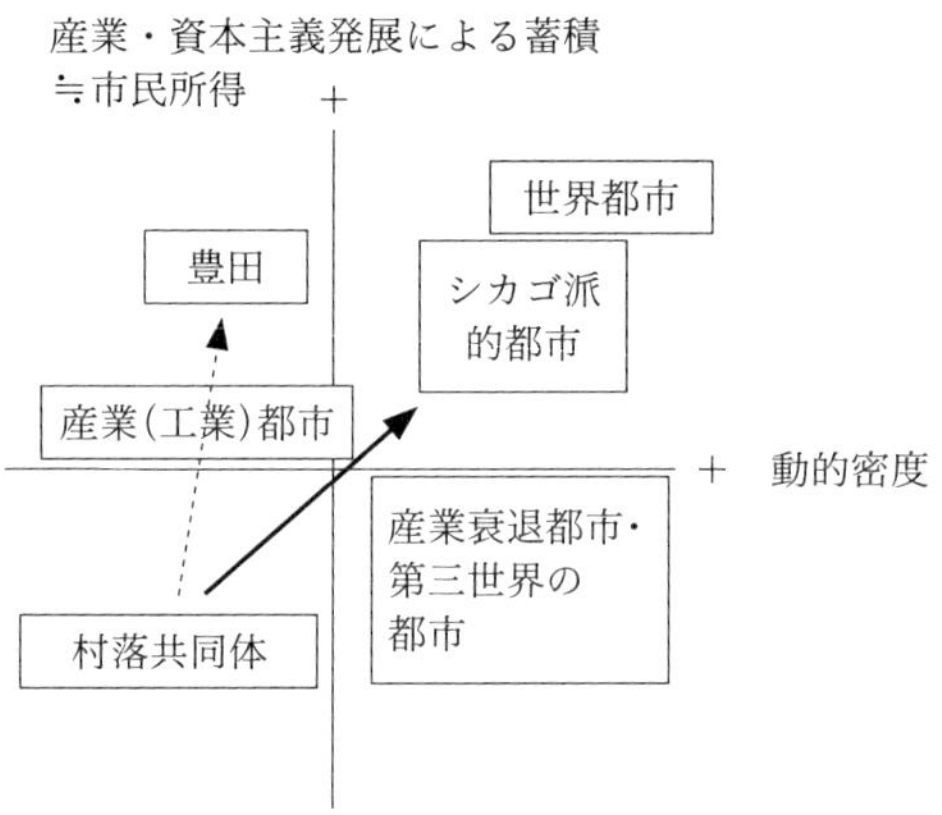

図6　都市化の類型

の思わぬ出会いや刺激がないのは郊外の一戸建て住宅地や通勤に使うマイカーの中もおなじである。とくに豊田のような都市では、集団主義的な職場での厳しい競争や意図された創意工夫があり、長期的な選抜に耐えた者にはそれに見合った評価や処遇が与えられる――競争に敗れるもの、そもそもこの秩序になじめない者、参入できないものも多いわけだが――のである[14]。シカゴ派の伝統と新都市社会学の発想、マルクス派的な構造分析の立場のいずれも、この左上の象限に位置する都市を分析するのにはあまり適合しない。

締めくくりに、階層理論についてのインプリケーションについて述べたい。トヨタ自動車の企業活動のグローバルな展開とその中心地である豊田市の事例が階層論に示しているのは何であろうか。それは、資本投下がしだいに外側の空間へ拡大しながらおこなわれつつ、事業所組織内外のネットワークを形成したこと、また投資元であるネットワークの中心あるいは上方に利益が還流したことである。そうしたなかで、個々のアクターも、ネットワークの内側に位置し、中心に近いほど、組織内に占める地位や報酬が、したがって階層的地位が高くなっている。資本が構築したネットワーク組織のなかで、生産諸要素のネットワークをコントロールする包括的・排他的権限をもち、かつそれを実際に有効活用できるアクターの階層的地位は高くなり、それができないアクターの地位は低くなってしまうのである。一見おなじ作業をしているように見えても、現場の小集団を足場に、他の部署のキーパーソンと連絡・調整しあい、必要に応じて新鋭工場のライン立ち上げに従事する正規従業員と、定型的な作業を繰り返す期間工とでは、生産性には天と地ほどの差がある。ただしこうした状況は、たんにマルクス派の階級論を捨て去り、ヴェーバー派の階級論・集団閉鎖論を採ればよいということを意味してはいない。ネットワークへのアクセスに関してある種の閉鎖がみられることはたしかだが、それが生産手段の所有・占有と関連していることもたしかである。だからといって、それをかつてのように「剰余価値」の「搾取」とむすびつけて語ることはもはやできない。それではいったいどのように階級論を再度構想できるだろうか？　ひとつの有力な方向は、時代遅れの経済理論でなく――社会学なのだから――社会関係に準拠した概念へと徹底させるやりかたであろう。

そもそも、マルクスが問題とした階級区分の基準としていた生産手段の私的所有とは、生産手段のコントロール、生産物の処分権から他者を排除すること、またそれを組織内だけでなく広く社会に承認させ、強制することを意味していた。したがって、生産手段と労働力の利用をめぐる占有＝閉鎖とそれを支える承認・強制力の有無こそがもっとも重要な基準であり、剰余価値の「搾取」がもっとも重要だったのではないと解釈できる。じっさいに、生産した商品が何らかの事情で売れなければ「剰余価値」は得られないが、経営権が揺らがないかぎり彼／彼女の階層的地位が変わることはない。このように、労働価値説や疑似労働価値説を捨て、生産要素（生産手段と労働力から成る）のコントロールと排除を支える社会関係に準拠することによって階級的地位を再定義することは十分可能だろう。おなじく、管理職、監督職、技術職のような新中間層は、経営者から委任された範囲で生産手段と労働力をコントロールする階層と定義できるだろうし、労働者は他の労働力をコントロールすることができず、委任されコントロールできる生産要素も少ないが、生産組織のメンバーシップというステータス――アンダークラスはそれすらもたない――は持っている階層と定義できる。一見するとマルクス派の階級論と変わらないように見えるが、このように定義することで、労働価値説的発想と決別し、ヴェーバー的な集団形成・集団閉鎖の論理、ソーシャル・キャピタル論の発想を活用しながら、階級論を再生させることができるだろう。これはまた、階層論の歴史のなかで後から彫琢された「社会学的」概念を用いて、物的財の所有という古い概念を再定義する試みにもなるだろう。

したがって本稿の枠組は労働価値説や「疑似労働価値説」を採らないが、マルクス派の理論的志向を全面的に否定しているわけではない。二一世紀の社会理論のベースとして労働価値説や疑似労働価値説を受け入れることはもはやできないが、資本あるいは生産手段の配分・所有が不平等であること、そしてそれがネットワーク化した生産諸要素の占有と利用を通して得られる利潤ないしレントを通じアクターの経済的パフォーマンスを、結果として階層的地位を決定的に左右してしまうこと、またこの状況はおおもとにある財の配分を変えることで変更しうることはたしかである。これらはR・ダーレンドルフ（一九五九＝一九六四）、F・パーキン（一九七九）の階級論、J・レーマーの搾取論（一九八二）、C・ティリーの政治社会学（一九九八）のように異なる立場にも受け入れられる部分である。他方で、労働価値説的概念を捨てることにより、一義的・単線的な説明力はもたなくなり、労使関係を原理的にゼロサム的利害に立つととらえることもできなくなる。無条件にではないが、労使協調が生産性と利潤を増加させ、結果的に労働側への分配と利益を増すことがありうる。これこそ、上の階層概念がマルクス派の概念と似ているようで異なっている点であり、トヨタ自動車とその従業員たちの長期的な利害関係に当てはまるように思われる。

肝心なのは、生産組織がネットワーク化しつつ可動化しているため、現在では資本サイドが労働側に対して収益性の点でも力関係の点でも圧倒的に有利になっているということである。また企業経営のグローバルなネットワーク化は、物質的諸関係をかたちづくる中心部と周辺部の関係を変化させてしまう。本稿でみてきたように、企業活動の展開とともに、生産手段の空間的配置や、投資がおこなわれる空間、経営チャンスの場が変化すれば、そのことが地域社会――ここでは中心としての豊田――に与えるインパクトや意味合い、アクター間の交換条件も不可逆的に変化していく。古びた概念や理論は一新しなくてはならない。物質的諸関係を固定した相の下にとらえることはできず、時間的・空間的配置の変化とともに、それをとらえる理論枠組も当然変化しなくてはならないのである[15]。

注

1 豊田市ＨＰ（http://www.city.toyota.aichi.jp/division/ab00/ab01/1199750_7020.html）による（二〇一五年二月一七日閲覧）。

2 二〇〇九年の調査データは、旧市内に居住する三〇―六九歳の男女を対象とし、五〇地区、三〇〇〇サンプルを住民基本台帳から無作為に抽出し、自記式の調査票を郵送で配布・回収して八月に実施した（有効回収率五一・一％）。詳細については丹辺・岡村・山口編（二〇一四）を参照のこと。第二のデータは、おなじく旧市内二五―七四歳の男女を対象とし、六〇地区三〇〇〇人にたいして二〇一五年八月に実施した（有効回収率は四五・一％）。

3 労働者の疎外がみせかけの満足（虚偽意識）やつきあいを生じているのだと主張されれば――かつてのＧ・ルカーチの見解に沿ったかたちで――それを経験的に反証することは非常に難しい。また企業の管理が一見関係のない地域活動にも及んでいるとされるとき、それを経験的に反証することも容易でない。

4 重厚な労作『自動車産業と労働者』のなかでは、面接調査をもとに、地域でのスポーツ、読書・勉強会、趣味・文化活動、家庭環境整備、などトヨタ従業員も多彩な「職場外生活」をおこなうようになっていることが認められている（野原・藤田編一九八八：四九五―四九九）。しかしそれをおこなっているのは「ライン労働従事者以外」――トヨタ生産システムによる管理・負荷を受ける度合いが少ない層――だとされている。

5 世帯収入の同様の分布は、二〇一二年に刈谷市でおこなった住民調査データでも観察されている（丹辺二〇一四）.

6 そもそも「企業や経営団体関連の社会貢献活動」自体の多くが「まちづくり活動」にカウントされるであろうことを考えれば、この傾向差も割り引いて考えるべきかもしれない。

7 図４では有意水準一％をクリアした効果のみ記載している。詳細については、丹辺・岡村・山口編（二〇一四）五章を参照されたい。

8 低所得層もまちづくり活動には五五・五％が参加（過去一年以内に一つ以上）している。社会的紐帯の強さも所得と有意な関連はなかった。

9　これらの周辺的グループのデータを捕捉していれば、世帯所得分布（本書図4）ももう少し低所得寄りにシフトしていたはずである。

10　トヨタ自動車ＨＰ（http://www.toyota.co.jp/jpn/company/about_toyota/facilities/worldwide/index. html）による（二〇一五／〇二／二六閲覧）。九〇年代以降に解説されたものがうち三三箇所を占めている。

11　反対に海外生産拠点への派遣による指導・支援もおこなわれている。トヨタケンタッキーで社長を勤めた雨澤によると、ケンタッキー工場立ち上げ時には四〇〇人近くが作業指導で派遣され、出張する人員に対しては、現地会社から一人当たり一日五〇〇ドルが支払われたという（雨澤二〇一四）。規模を縮小しながらもマザープラントからの支援は約一〇年におよんだ。

12　新国際分業体制の推進によるグローバル・ファクトリー戦略に対する、域内の集積と分業のメリットを追求する「企業城下町（company town）」の強みについては、R・C・ヒルが四半世紀以上前に指摘していた（Hill 1987）。GMとトヨタ双方の思惑が一致した合弁事業であるNUMMIは「あらかじめパッケージ化された」トヨタ生産システムであったとされている。海外の生産拠点で用いられたのは、定形化され簡略化された、本家のそれのいわば「ダウングレード版」なのである。

13　ついでに言えば、後発地域の都市経済が自生的・創発的発展をとげたパターンの現代版としてJ・ジェイコブズはトヨタと豊田の例をあげている（Jacobs 一九八四＝二〇一二：二三四）。

14　それぞれの象限の都市空間にみられがちな構造、意識、行為・関係、社会問題の特徴については、丹辺・岡村・山口編（二〇一四）終章を参照されたい。

15　本稿は、東海社会学会年報第七号に掲載された特集論文「産業グローバル化先進都市の変容と社会学」（二〇一五）を大幅に改訂したものである。また本研究は、文部科学省科学研究費（基盤研究(B)：26285110）によるものである。

文献

雨澤政材、二〇一四、『トヨタで学んだ工場運営――海外工場へはどのように展開したのか』日刊工業新聞社。

Dahrendorf, R., 1959, *Class and Class Conflict in Industrial Society*, (＝一九六四、富永健一訳、『産業社会における階級および階級闘争』ダイヤモンド社。)

伊達浩憲、一九九四、「ＣＩＭと情報ネットワーク――トヨタ自動車のケーススタディを中心に」、松石勝彦編、『情報ネットワーク社会論』青木書店。

藤田栄史、二〇一五、「トヨタと地域社会の現在」『東海社会学会年報』七号、六六―八二頁。

藤本隆宏、二〇〇三、『能力構築競争』中央公論新社。

Hill Richard Child, 1987, Global Factory and Company Town: the Changing Division of Labour in the International Automobile Industry, in; Jeffrey Henderson & Manuel Castells (eds.) , Global Restructuring and Territorial Development, London: Sage Publications.

Jacobs, Jane, 1984, *Cities and the Wealth of Nations: Principles of Economic Life*, (＝二〇一二、中村達也訳、『発展する地域 衰退する地域』筑摩書房。)

Massey, D. S. and Denton, N. A., 1993, American Apartheid: Segregation and the Making of the Underclass, Cambridge, Massachusetts: Harvard University Press.

丹辺宣彦、二〇一四、「先進産業都市刈谷の現在と地域コミュニティ形成―自動車産業就業者男性の定住化と地域的紐帯をめぐって―」、『日本都市社会学会年報』三二：八一―九七。

丹辺宣彦・岡村徹也・山口博史編、二〇一四、『豊田とトヨタ』東信堂。

日本人文科学会編、一九六三、『技術革新の社会的影響』東京大学出版会。

野原光・藤田栄史編、一九八八、『自動車産業と労働者』法律文化社。

尾高邦雄、一九八一、『産業社会学講義――日本的経営の革新』岩波書店。

小山陽一郎編、一九九五、『巨大企業体制と労働者』御茶ノ水書房。

Parkin, F., 1979, *Marxism and Class Theory*, New York: Columbia University Press.

Peterson, E. P., 1985, *The New Urban Reality*, Washington: The Brooking Institution.

Roemer, J., 1982, *A General Theory of Exploitation and Class*, Cambridge, Massachusetts: Harvard University Press.

猿田正機編、二〇〇八、『トヨタ企業集団と格差社会』ミネルヴァ書房。

職業・生活研究会編、一九九四、『企業社会と人間――トヨタの労働、生活、地域』法律文化社。

丹野清人、二〇一五、「外国人労働者からみる日本的経営」、『東海社会学会年報』七号、八三―九九頁。

Tilly, C., 1998, *Durable Inequality*, Berkley: University of California Press.

都丸泰助・窪田暁子・遠藤宏一編、一九八七、『トヨタと地域社会』大月書店。

Wilson, W. J., 1987, *Truly Disadvantaged*, Chicago: University of Chicago Press.

第Ⅲ部　日本からアジアへ：反省と貢献

日本統治期台湾の同化教育と台湾意識の形成と挫折

佐藤　守弘

1　問題意識

台湾の日本統治期における日本語教育を中心とする同化政策についてはこれまで数多くの研究の蓄積があるが、台湾の住民が「国語」教育を受容しながら、どのように自らの台湾意識を形成したかを見ることが本稿の問題意識である。

歴史的にみれば、植民地の同化政策は、西欧諸国の国民国家形成と海外進出策に対応して早くから推進されてきた。西欧諸国の海外進出は、宣教師会等によるキリスト教の布教とあい前後して行われ、その植民地経営は現地人を言語的・文化的に同化する「同化主義」(assimilation)を特徴としていた。進んだ文明国は遅れた民族を文明化する責務があるとする「文明化の使命」というイデオロギーをもって植民地支配を正当化したのである。同化の鍵は宗主国の言語の普及にあり、植民地人を宗主国の言語に同化することによって、劣った民族を文明の域に引き上げる使命をはたそうとした。イリイチは「言語はいつも帝国の伴侶でありましたし、また永遠に同志としての役割を果たし続けるでありましょう。帝国は国語の誕生と同じくし、ともに成長し栄え、そしてともに衰退するものであります。」と述べている（イリイチ 一九八二：九一）。

本稿では台湾意識（Taiwanese consciousness）を台湾人のナショナル・アイデンティティ（national identity）と定義する。ナショナル・アイデンティティは、ナショナリズム運動の中で、「我々」は他者とは異なった独自の歴史的・文化的特徴をもった独自の共同体であるという集合的な意識を形成することである。さらにはそうした独自感と意識を、自治的な国家の枠組みの中で実現、推進しようとする意思、感情、活動の総称である（吉野 一九九七：一〇）。民族の自己意識を集団的アイデンティティとすれば、好悪のいずれであれ人々の集合意識に決定的な影響を及ぼした「重要な他者」（significant others）の存在が想定される。日本統治期の台湾において、新しい支配者「帝国」や海峡を挟んで歴史的・文化的にも政治的にも深い絆を持った「祖国」はどのような「他者性」を及ぼしたか。

もともと台湾人は一七世紀中期以降、中国大陸沿岸地方、特に福建省、広東省からの移民が太宗をなしているといわれているが、清朝は康熙帝の時代に鄭成功を下し、その後福建省下の台湾府とした。台湾は新たに「発見」された新世界であり、清朝の規制の目をくぐってその肥沃な土地を目指して開拓民が殺到することになった。土地をめぐって先住民族と移住民族との間には緊張が生じ社会的争闘が生じていた（民蕃衝突）。初期の移民はその使用する言語（閩南語や客家語）をアイデンティティの基準として集落を形成していた。同じ原籍で同一言語を使用し、宗教信仰を共にする族群の固い結束が族群意識（ethnic consciousness）を形成していたので、緊張は移住した漢民族の間でも類に分かれて武器を持って闘う「分類械闘」が起こった。王甫昌は、この族群意識を集団内に認知される祖先や起源の共通性の想像的知覚＝族群想像（ethnic imagination）と定義して、自己の属する集団が不当に構造的不平等の状態に置かれていることを認知した時に集団行動の必要性を自覚するといっている。この族群意識こそ台湾意識の基盤といえるかもしれ

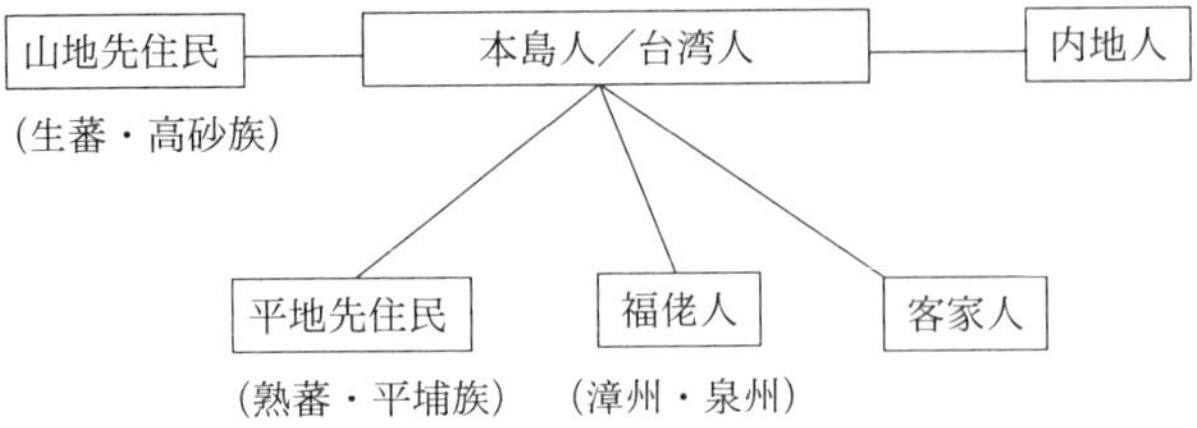

図１　日本統治期の族群構成

出所：若林（2008）

ない（王甫昌二〇〇三）。したがって清朝の統治下では台湾は単一の共同社会ではなく、いくつかの小さな地区に分立していた。一方、漢民族と先住民との間では漢民族が優勢になった平地先住民（熟蕃）は漢民族に調和して包摂され、漢化を受け入れない山地や離島の先住民族（生蕃）は漢民族と区別されていた。こうして清朝の統治下では性格を異にする族群（先住民族と漢民族）と漢民族内の準群族（福佬人、客家人）が存在する多重族群社会であった（若林二〇〇八）。

したがって初期における漢人移民社会（immigrant society）は、中国大陸の伝統社会の連続、あるいは延長であり、次第に統治の神明信仰と新興の各種宗族組織がアイデンティティの対象とみなされてきた（黄二〇〇四：一一）。しかし一九世紀末になると分類械闘は少なくなって、それぞれの族群が定住して移民社会から土着化（indigenous）へと向かい、土着社会（native society）に変化する過程にあった。

日本統治後の一九〇五年当時台湾の総人口は約三〇四万人、そのうち福佬系（閩南系）が約二四九万人（八二％）と圧倒的に多く、客家系は約四〇万人（一三％）、平地先住民は約五万人（一・六％）、山地先住民は約四万人（一・二％）、内地人は約五万七〇〇〇人（一・九％）、中国人を含む外国人は約一万人（〇・四％）となっていた（伊藤一九九三：九〇）。

2　日本語教育の受容　一八九五～一九二〇

遅れて近代化した大日本帝国もまたこれら先進国に倣って台湾・朝鮮半島で言語による同化政策を推し進めた。一八九〇年代の日本では、日本語についてまだ標準的で均質な日本語が確立されていなかった。国内では同一の言語を話し、その言葉で書かれた法や制度に従順な国民を育成することが理想とされて、国民国家の形成と統一的な言語の形成は一体のものであった。そこで一九〇二年になって「国語調査委員会」を設置して、言文一致や標準語についての規範を制定しようとした。このプロジェクトの中心にいたのが上田萬年で、かれが唱えた「国語は帝室の藩屏」とか「日本語は日本人の精神的血脈」という理念が国内の国語論議や植民地の日本語教育に色濃く反映した。

こうした時期の一八九五年に清国から台湾の割譲を受けたが、その統治方針は政治面で「内地延長主義」＝内地と同様な統治か、「特別統治主義」＝特例的な法律を設けて統治するかまだ定まっていなかった。その翌年三月、帝国議会で、「台湾ニ施行スヘキ法令ニ関スル法律案」が上程、採択されて法律第六十三号として交付された（いわゆる六三法）。また現役武官を総督とする勅令台湾総督府条例制定をめぐっても、台湾事務局委員会内部で意見の対立があった。結局、陸軍派が勝利して、六三法に基づき現役武官制による広範な独立性を持った特別統治になった。

日本軍は台湾に上陸して五か月で全島を征圧したと発表したが、清国軍が撤退したのち土着資産階級中心に結成された民兵武装勢力は一九〇二年まで抵抗を続けた。抗日運動の指導者の多くは漢族系台湾人であったが、台湾人としての自覚よりも清朝への帰属を志向する意識を持っていて、各地域の連携もなく全島的な指導者もいなかった。

本格的な植民地政策は第四代総督児玉源太郎のもと民政長官後藤新平によって推進された。後藤は保甲制度や匪徒刑罰令を制定して警察力で治安を確保した。また「ヒラメの目を鯛の目に付け変えることはできない」という独特の生物学的植民地政策にもとづき、性急な同化主義は植民政策としては不可能であると考えていて、公学校教育を制度化したものの教育政策については「無方針主義」と公言していた。総督府は治安を維持するのに精一杯で、とても日本語教育どころではなかったのである。後藤は土匪招降策を用いて帰順するものと反抗するものを区別し、反抗するものを徹底的に討伐した。蕃地調査を行い、漢化の進んだ平地先住民を「熟蕃」（平埔族）として法律上は漢族系住民と同等に扱い、「理蕃」の対象は山地に居住する「生蕃」とした。しかし一方では揚文会を立ち上げ、上層階層の士紳（科挙制度下のエリート）を招集して統治への協力を要請するなど現地の伝統文化を尊重する混和主義を採用した。

台湾における日本語教育は、一八九六年に総督府初代の学務部長心得（後、学務部長）伊澤修二によって始められたと伝えられている。伊澤は、天皇制国家主義のもと台湾を植民地として統治するには、「一視同仁」に教育制度の整備と日本語教育が非常に重要であると考えていた。翌年台湾総督府は国語学校と国語伝習所を設置し、国語学校に附属学校が付設された。国語学校師範部は国語教員養成課程、国語伝習所は台湾人の日本語教育、そして国語学校附属学校は日本人の子弟の教育に当たることになった。山地先住民族には、学務部所管の国語伝習所（後、蕃人公学校一九〇五）と警察本署所管の教育所（教師は警察官）が設けられた。当初は国語伝習所に台湾人の希望者が少なく、教員は生徒募集に奔走する有様であった。このため国語伝習所では入学する生徒に授業料を免除し、若干の食事手当てなどを支給して生徒の確保をした。また伝習所の修了生を総督府の雇員に採用するなどをしたため、比較的低階層の子弟も入学するようになり、日本語教育を受け入れるようになった。

その後一八九八年、総督府は台湾公学校令を公布し、学校制度を内地人向けの小学校と本島人向けの公学校とした（無償制の廃止）。公学校設置の目標は、道徳教育を施し、実学を授け、国民の性格を養成し、同時に日本語に精通させることであった。続いて一九〇七年新公学校令を制定し、蕃童教育の標準を定めた。蕃童教育の目的は日本の風俗習慣に化熟させることであり、学術の教習は急務ではないとされていた。教育レベルは本島人が内地の小学校の三、四年生程度、先住民には日本語会話と耕作・手芸・手工など身近な生活技術を教えることであった。

国語伝習所や公学校の初期には台湾人の日本の支配に対する抵抗があった。台湾人の文化生活には漢文家塾と詩社が大きなウエイトを占めていて、比較的裕福な階層では義塾や書院における伝統的な家塾教育が行きわたり、儒教を中心とした漢文教育が行われていた。知識人は詩社「櫟社」などに依拠して、漢詩の創作だけでなく異民族支配への不満や鬱憤を吐露する機会とした。漢文や漢詩は「同化」に反対し、自己のアイデンティティを確認し民族意識を保持する象徴であり、日本語教育への反抗の手段であった。台湾における伝統的家塾と日本語学校教育の対立は、まさに民族意識の鮮明なあらわれであった（黄二〇〇八：一二）。

総督府が統治の利便を求めて「文明の新法」の習得を宣伝したこともあって、台湾人の就学意欲は漸次高まり、地元有力者の出損による公学校の設置も増加して、一九〇四年には公学校就学者数が書房・義塾のそれを上回るようになった。そもそも日本語学習は台湾人にどのように受け取られていたか。台湾協会の初期の会報を分析した許時嘉は、日本語習得の意味は、文明への接近と近代知識を吸収するための無色無味の媒体として位置づけられ、あくまでも言語としての実用性に止まり、イデオロギー性はなかったという（『日本台湾学会会報』№.9、二〇〇七）。また陳培豊は、台湾人が近代文明への渇望のゆえに、日本語教育を通して近代文明に接近するとして積極的に受容したと指摘している（陳二〇〇一：一一四）。

後藤の後を引き継いだ佐久間左馬太総督は理蕃事業に力を集中し、山地先住民の土地を奪い、隘勇（監視）線を設けてかれらを山地に囲い込んだので、農民の反乱が一九一五年まで続いた。この一連の抗日運動は辛亥革命の影響を受けたものであるが、台湾社会と中国政権との関係が断絶されたので、指導者の多くは自らを皇帝と名乗るようになった。たとえば「台湾にまもなく新しい皇帝が出現して日本人を駆逐する」と唱えて、山地先住民を含めて約二五〇〇人を動員した大規模な西来庵事件（一九一五）では、指導者余清芳は自らを「大明慈悲国奉旨平台征伐天下大元帥余」と称するなど、その抵抗運動は依然として旧時代の中国的様相がみられた（許 一九七二：一五六）。唯一の例外は羅福星事件（一九一三年）で、孫文に私淑していた羅福星の思想には、伝統的な天命思想と近代的な民族独立の理念が結びついていた（王 二〇〇四：二六八、戴 二〇一一ｂ：二七九）。

一九二一年政友会原内閣によって「台湾ニ施行スヘキ法令ニ関スル法律」（大正一〇年 法律第三号）法三号が施行され、総督も文官制になって内地延長主義の統治に代わった。内地の支配層にとって台湾統治の意味は、台湾から最大の経済的利益を得ることであった。第一次大戦前後の日本経済の好況を受けて台湾の経済も明らかに資本主義への道を歩んでいた。縦断鉄道の開通などにより台湾島西部の各地域は相互につながり、交通が活発になった。同じ漢字を使用しても異なる言葉で話していた「漳州人」「泉州人」「客家人」などが日本語教育を受けて日本語を理解し、それを共通言語として使用して共通のコミュニケーション空間を作るようになった。また土地制度の改革によって血縁や村共同体のような社会構造が破壊されて社会内部の階層移動がある程度可能となった。そして伝統的な地主層や知識人の優位が危うくなって、新地主制度の下で新たな形の社会統合が必要になった。やがて族群意識を超えた共通の意識（台湾大の意識）が生まれ始めたが、台湾人のうち福佬人、客家人および平埔族は、法律により「本島人」と呼ばれて日本人の下に位置付けられたのである。

これについて矢内原忠雄は「台湾資本主義化は住民の階級関係を封建的前資本主義的より近代的資本主義的に変革し、且つ植民者たる内地人と原住者たる本島人生蕃人の混在によりて階級関係は民族的対立と相交錯し若しくは相競合して植民地に特有なる複雑なる状態を示す」と書いている（矢内原 一九六三：二九四）。しかし台湾人の心性の底にはまだ台湾意識よりも漢文化への憧憬とそれへの帰属意識が強かったし、近代型の主権国家にまだ親近感がなかったので、国民国家（nation state）の形成に関してはまだ信念がなく、民族認同（national identity）が欠如していた（王 二〇〇四：二三六）。かれらには大陸で革命を成就させ、そのあと迂回的に台湾を日本の軛から解放するという運動方式の「口実」

と「逃げ場」が客観的に存在していたので、台湾人が大同団結して日本の支配に抵抗しようという切羽詰まった状況にはなかった（戴 二〇一一 a：三〇三）。

日本語教育がいっそう盛んになったのは一九一〇年代に入ってからである。一九一三年に新公学校規則が公布され、「国語ハ普通ノ言語文章ヲ教エテ其応用ヲ正確自在ナラシメ兼ネテ知徳ヲ啓発シトクニ国民精神ノ涵養ニ資スルヲ以テ要旨トス」（第一九条）と国民精神の涵養を強調し、いよいよ日本国民への包摂を志向する同化策が進められた。この頃には、台湾語を一切介在させずに、日本語によって日本語を教える方法に切り替えられた。一二年に公学校数は二四八校、就学率は六・六％であったが、一九二一年公学校は五三一校で、就学率も二七・一％と急上昇した。台湾人は富裕層の支援もあってますます旺盛な向学心を発揮するようになり、公学校の不足や、公学校卒業生の進路問題が顕在化した。

一九一九年に台湾教育令が制定され、台湾人の進学熱に対応して六年制の公学校に接続する中等教育機関として国語学校を廃止し師範学校とし、新たに高等普通学校、実業学校、農林専門学校、商業専門学校も設置した。日本語教育は必ずしも順調に進んだわけではない。台湾教育令の第二条「教育ハ教育ニ関スル勅語ノ趣旨ニ基ヅキ忠良ナル国民ヲ育成スルヲ以テ本義トスル」と国家主義教育が強調されたが、その教育理念の根源である教育勅語について、教育現場から台湾におけるその有効性について疑問が表出されてきた。教育勅語は血統的同祖の擬制の下で、天皇制をもって家族的国家観を示したが、漢族の道徳的元素の第一は敬天の観念であり、漢族社会では個々の家を超える祖先祭祀の宗族が統治者とは同一ではないとしていた。この敬天思想は政治、教育、哲学倫理、家庭等の規範たるに留まらず日常生活の民間信仰の末まで浸透貫通していた。そのため一時期台湾にふさわしい新教育勅語が必要だという意見も出された。

続いて台湾教育令の改正（一九二二年）では、台湾人のための教育と内地人のための教育を一本化して両者の共学を標榜したが、「国語ヲ常用スル者」は小学校、「国語ヲ常用セザル者」は公学校へ入学と言語使用による差別が明文化され、漢文科の必修も廃止された。内地延長主義に基づく同化政策は、平等を標榜しながら日本語能力によって内台の差別を助長し、日本語教育によって台湾固有の民族文化や言語に抑圧を加えた。

台湾人と内地人の共学化や中等教育学校の設置は、台湾人の就・進学意欲を吸収して、統治に協力的な上層の台湾人を体制内に包摂する施策であったということができる。しかし実際は共学制実施後十数年を経た一九三五年になっても、小学校で共学できた台湾人は小学生総数の一割にも達せず、中学校でも内地人の子弟の比率が高かった。さらに専門学校を卒業しても、官公署などでしかるべき地位が保障されるわけではなく、大学を卒業したものは医者、弁護士などの専門職に就くものが多かった。これは植民地統治の現地スタッフを養成した西欧の植民地教育と異なるところである。

3　台湾意識の覚醒　一九二一〜一九三四

一九二〇年代には中国大陸や朝鮮半島の民族主義運動にも触れるようになって文明化によるナショナリズムの吸収が進む中でやがて台湾の特別統治の差別に対する抗議が噴出してきた。

日本語を学んで渡日する内地留学生が年々増加して彼らを通じて近代的思想が紹介されるようになった。おりしも大陸の辛亥革命が伝えられて民族自立の思想が一般にも浸透してきた。林献堂を盟主とする地主・資産層とその子弟の留学生たちは、一九二〇年に新民会を組織して雑誌『台湾青年』を創刊し、台湾人の自由民主思想を刺激し、民族の地位を向上させようとした。さらに田健治郎総督の内地延長政策に抗議して「古い歴史を有し、特殊の民情、風俗、習慣を有し、固有の思想、文化を有している現在三百四十万の漢族は、果たして大和民族と純然同一の制度の下に統治しうるや否やを疑わねばならぬ」と台湾の自治を求める「台湾議会設置請願運動」を開始した。請願運動はこれ以後一九三四年までに一五回続いた。その請願理由の第一には「この請願は実に台湾民衆の政治的自覚に基づける現代立憲思想に合理的根拠を有せる国民的要求」であることを簡明に謳っていて、民族アイデンティティの自立を示した。台湾人のナショナリズムのプロトタイプはこのような日本の同化策に抵抗する言説として、つまり日本を他者として誕生した。

台湾議会設置請願運動のメンバーは、新しい民族意識をもった知識人の文化運動団体として台湾文化協会を組織して、台湾の文化の発達を助長することを宣言した。台湾文化協会は全島にわたり文化講演会を開き、新劇を押し広め、映画を放映するなど民衆の啓蒙運動を積極的に展開して民衆に大きな影響を与えた。また黄呈聡の中国白話文提唱は、これを民衆の啓蒙と台湾の改造の手段とし、これによって祖国・中国と台湾の連携を図り、民族文化を防衛することをめざした。

一方、蔡培火は日本語教育を受けて近代文明を摂取した若い世代＝台湾青年層の代表である。彼は日本語教育を重んじる公学校教育が、言語を通して制度上、教育上の差別を生み、台湾人の思考能力を鈍化させるばかりでなく、公学校に入学できない大部分の台湾人を文明の世界から排除する結果となっていると批判した。蔡は台湾語のローマ字表記化運動を民族の魂として、一部の有識者階層だけが文明に接近するのではなく、すべての台湾人がこの言語を利用して文化共同体を創造していく道であると主張した。蔡培火は旧世代の知識人とは異なり漢文化への志向は薄くなっている。黄呈聡の白話文運動と蔡の台湾語ローマ字運動はともに民族意識の形成を目指すものとして共通するが、蔡の場合には黄のように照準が中国大陸ではなく、台湾の等身大の民族意識であった。

一九二七年、内外の情勢変化に伴い台湾文化協会は運動方針の対立で分裂した。中間派と右派は台湾民衆党を結成

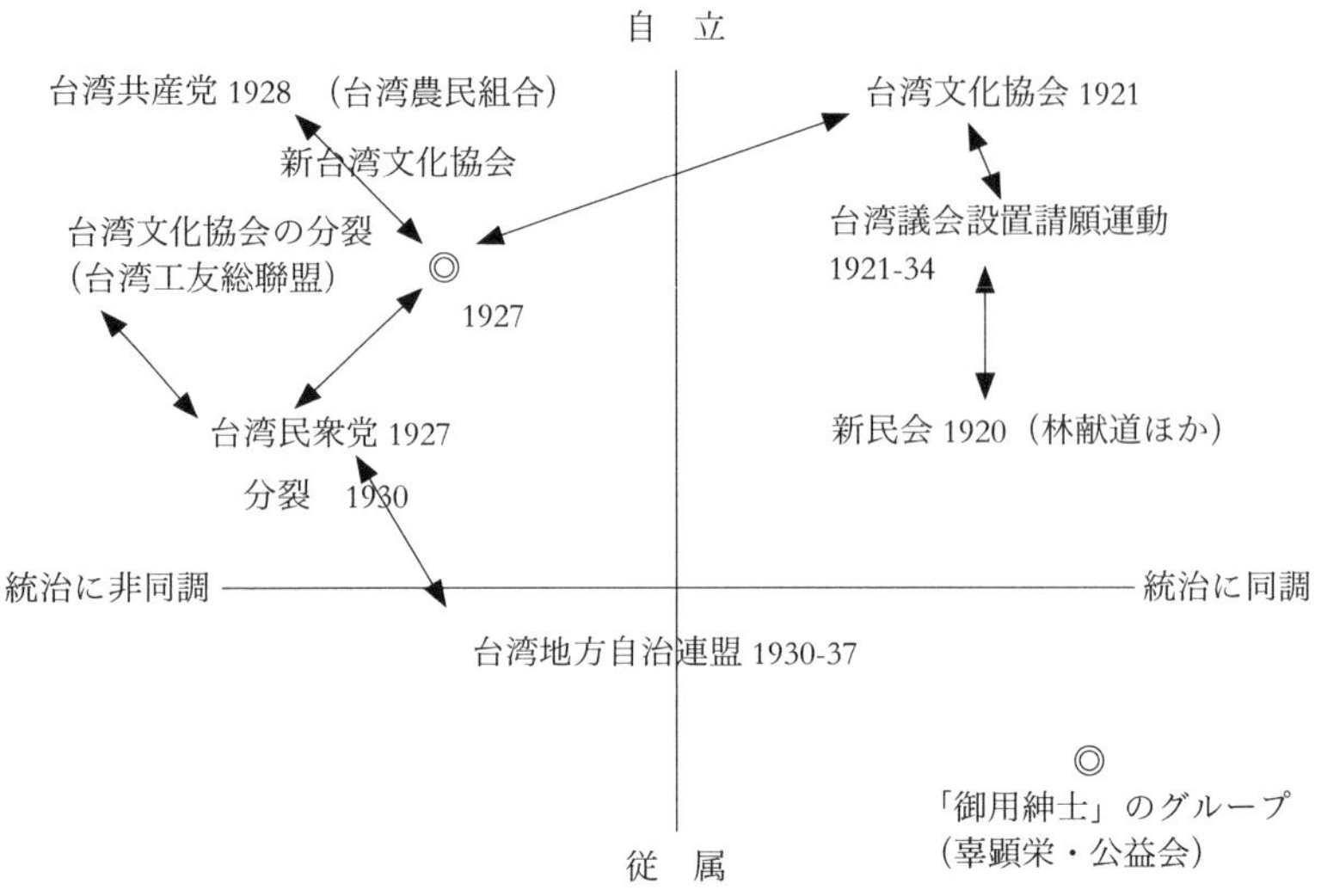

図２　台湾民族運動の軌跡

したが、三〇年に再分裂して右派は脱党して台湾地方自治連盟を結成した。残った台湾民衆党は農民組合、労働組合の新たな組織的抗日運動に参加した。新台湾文化協会は共産主義へ路線転換し、台湾共産党とともに「被圧迫民族の解放」を理論的根拠として台湾独立運動を提唱した（**図２**）。だが総督府の過酷な弾圧によって三一年に新文化協会や台湾共産党は壊滅状態になり、台湾民衆党も無産政党の形を整えていくに従って結社禁止にされて抗日運動は壊滅し、後退した自治要求を掲げて存続した地方自治連盟も三七年七月に解散してしまった。

ところが霧社蜂起事件（一九三〇）が発生した。これは日本の植民地統治によって苦役労働や伝統的な生活習慣の変更を余儀なくされた山地先住民の抵抗であって、基本的要因は植民地支配に対する抗日運動であった。霧社は台湾総督府の進める理蕃政策の先進地であったにもかかわらず大規模な抗日蜂起が生起したことを重視して山地先住民に対する差別的な政策を一部修正し、三一年に「理蕃政策大綱」を制定した。これによって山地先住民の呼称は「蕃人」から「高砂族」に改められ、皇民化教育が最優先されるようになった。

4　一九三〇年代のマス・メディア

植民地近代化には議論が多いが、ここでは台湾人が日本統治下の差別状況の中でマス・メディア、文学等にどのように接触したかをみよう。まずマス・メディアでは、日本統治初期に台湾に移ってきた日本人植民者が新聞発行を望んでいた。当時は新聞雑誌などの出版は届出制で総督府の規制が緩かったので、民間紙は大いに総督府の専制統治を批判した。だが台湾人の識字率の低さと日本語を解する台湾人が極めて少なく、新聞雑誌の読者層は在台内地人を主とし、台湾人は一部の知識人しかいなかった。

児玉・後藤時代になると、新聞が植民地統治の妨げにならないようにメディア対策を採用して統制色が内地よりも強い台湾新聞紙条例（一九〇〇）台湾新聞紙令（一九一七）で規制を加えるとともに、御用新聞の『台湾日日新報』を創設した。

在京台湾人会の「新民会」は一九二三年四月将来の日刊新聞をめざして『台湾民報』を創刊（主幹・林　呈禄）した。当初『台湾民報』は半月刊だが、ついで旬刊、二五年六月週刊になった。従来のメディアは日本語と中国語を併用していたが、『台湾民報』は率先して中国白話文を用いた。二七年八月に至り『台湾民報』（週刊）は日本語版も掲載することを条件にようやく台湾での発行が認可された。

『台湾民報』は台湾の自治を要求する台湾議会設置請願運動以降の政治、社会運動を積極的に支持して一九二〇年代から三〇年代にかけて台湾の社会運動に大きな影響を与えた。また台湾文化協会の文化啓蒙活動などを支援して抗日運動の機関誌の役割を果たした。大陸における軍閥の抗争や蒋・汪対立などの中国政治情勢に関するニュースを積極的に報道して一般読者の支持を獲得し、最盛期には一万部を突破する民間新聞となった。三〇年に紙名を『台湾新民報』と改称して三二年から日刊化している。その頃の新聞市場は御用三紙と『台湾新民報』のほかに純台湾資本の週・日刊紙の参入で、島内の新聞発行部数は増大し、さらに内地大手新聞の台湾移入拡大などによって層の厚い購読者層が誕生した。

文学運動では一九二〇年代に大陸の五四運動と連携した言語の改革から始まって、大衆啓蒙のため「わが手で、わが口に出すものを書く」ことを標榜して、学びやすく、分かりやすい白話文で新文化を普及すべきだという新文学運動が主張された。これは文学の大衆化であり、そこには民衆の文学をめざしたものであった。さらに三〇年代には社会運動が抑圧された後の運動エネルギーが文学運動に向けられるようになった。台湾のプロレタリアの覚醒を巡って、郷土文学論争が起こった。「どうして郷土文学を提唱しないのか」と郷土文学の必要性（三〇―三二年）を提起した郷土文学運動は、台湾語文によって台湾の事物を描写することが文芸の大衆化であると主張した。写実主義の大きな旗の下で書かれた作品は、民衆を啓発する役割を演じ、台湾人の士気を鼓舞し、内に向かっては自我を改造して台湾文化を構築することを推進した。台湾という植民地社会の特殊的な環境と時代の要請に根をおろして、大陸の白話文運動とは異なった台湾自身の自主的な文学の創造を志向したので、郷土文学運動と民族解放運動とは表裏一体化していたのである（松永二〇〇六：一三二）。読書市場では、三〇年代初期に『台湾文芸』『台湾新文学』、後に『文芸台湾』『台湾文学』などの質の高い文芸誌も発行されていて、文化水準の高さを示していた。

また台湾の新劇運動は、文化協会の島内活動と結びついて展開して文化劇といわれ、島内の政治社会活動が活発化した二六―二七年にピークに達した。もうひとつは三〇年代の民烽劇団の活動を中心とするもので、民烽劇団では芸術は大衆の思想と気持ちを結び付けなければならないとして、政権に媚び諂い民衆を愚弄する演劇を厳しく批判していた（藤井省三ほか編二〇〇二：一六八）。

一方、ラジオ放送（一九二八年開局）や台湾歌謡音楽・レコード産業の発展があり、中国映画や内地映画の輸移入によって映画上映が大流行し、ラジオ・映画などのメディアを消費する中間層が増加した。三〇年代の台湾には植民地という強い制約の下ではあるが、メディア・ミックスの環境が成立して、大衆は自らの志向に合致したメディアを選択享受したといっていいだろう。

5　忍従の台湾意識　一九三六〜一九四五

一九三〇年代に台湾の経済は日本の戦時体制に包摂され、三四年の「台湾社会教化要綱」の中で、「国語普及の対策として官公が、銀行、会社諸団体における用語は国語に限ることとする」「官公衙、銀行、会社諸団体における雇用その他利便の供与に際しては国語に重きを置くこと」とした。そして「皇紀二千六百年」（一九四〇年）に向けて国語理解者を五〇％以上にする「国語普及十ヵ年計画」が実施され、四二年には「国語解者」が五八・〇％に達した。

一九三八年以降、小林躋造総督は皇民化運動を推進した。それは「内台一如」を目標とした「国民精神総動員運動」と称される一連の社会動員策で、具体的には新聞の漢文欄廃止、国語の常用推進、神社の参拝強制、寺廟の整理、正庁の「改善」運動、中国式の風俗習慣の廃止、日本式日常生活の実行、改姓名運動などが含まれていた。

民俗学者の池田敏雄は「総督府は、台湾人としての民族意識を助長したり、ノスタルジアをそそるような民間信仰、年中行事、冠婚葬祭などを破壊するか忘れさせようと懸命であった。媽祖の代わりにアマテラス、台湾服の代わりに浴衣、寝台の代わりに畳、陳姓や黄姓の代わりに佐藤、小林や太郎、花子のような日本式の姓名、そうした形式主義の日本化が押し付けられ、B24やB25の空襲下にあって慌ただしいインスタント日本人化が強行された。」と回顧している（「植民地時期の民俗雑誌」『台湾近現代史研究』第四号一九八二）。

しかし皇民化運動は、台湾人の伝統的な信仰、習慣、生活様式および文化の放棄を要求するものであったため、台湾人には受け入れられ難く、警察や官庁の圧力を受けて仕方なく従ったふりをすることはあっても、決して真の効果を収めるにはいたらなかったともいわれている（呉密察・藤井他 二〇〇二：二四五）。また改姓名運動は「国語常用家庭」などの許可条件があったので、改姓名率は朝鮮半島の創氏改名運動と比べるとはるかに低かった。

学校教育も皇民化が進められた。一九四一年国民学校令が台湾にも施行され、台湾全島の小学校一五〇校、公学校八二〇校（分教場を含む）は一斉に国民学校になった。国民学校令では義務教育を定めているが、台湾で義務教育制度の整備が正式に定められたのは四三年になってからである。これによって台湾の児童就学率は、四四年に九二・五％に達した。教科書には軍国主義賞賛の文章が多くなり、皇室への忠誠や愛国を強調し、日本語教育をもって台湾人の同化を実行して、幼い時期から国体を擁護する臣民を養成して台湾人を皇民化するものであった。

台湾が戦時体制に編入されると台湾人に対して銃後の責務が説かれた。その際台湾人が皇民であること、あるいは皇民化することの必要性が強調され、皇国の忠良なる臣民とならねばならぬことが強調された。一九四二年から陸軍・海軍の特別志願兵制度が設けられ、高砂族の青年による「高砂義勇隊」が南方派遣され、一九四四年からは徴兵制度も実施された。

6　結　び

一八九五年から一九四五年までの五〇年間、台湾は日本の植民地支配下にあり、政治、経済、文化のすべてにおいて日本の中に組み込まれていた。統治の手段としての日本語教育は、台湾の伝統的な民俗習慣や文化を抑圧し、教育

表1　統治・教育方針の年代別比較

	明治後期	大正期	昭和期
統治の論理	特別統治	内地化	皇民化
同化の方針	“同化即差別”	“内地延長”	“内台一如”
教育方針への関心	消極的・無方針	受動的・漸次的	強圧的・抑制的
教育政策	日本語の普及	教育水準の向上	皇民化教育
教育施設の重点	公学校・国語伝習所	中等学校・専門学校	社会教育
漢文教育への対応	混和・温存	漸減・抑制	削除・禁止

注：明治後期：児玉・後藤、大正期：田、昭和期：小林の各総督の時代
出所：陳培豊（2001）p.190 の表6により作成

勅語に代表されるような家族的国家観と天皇制国家主義の受容を強要した。しかしそれのみならず台湾では、日本語が植民地支配をめぐる政治の道具として使われたということである。強制的な日本語教育、学校での漢文、台湾語の使用禁止、公共の場や新聞での台湾語の制限など制度的な抑圧は、単なる日本語の普及ではなくて台湾がもっていた伝統や価値の廃棄につながるものであった。日本語による同化政策の極点は日中戦争から太平洋戦争にかけての皇民化教育であり、台湾人は「皇軍」として戦場に駆り出されていった。

日本の植民地統治期において内地人、台湾人、高砂族の差異を階統的に制度化して同化を迫る日本植民地主義の圧力の中で、台湾意識がある程度教育を受けた階層に広まっていたことから、台湾人は族群アイデンティティを読み替えて、台湾人アイデンティティを作りあげたのではないか。王泰升は「台湾人」という概念は、日本による統治の差別構造の中から日本人と区別する意味で形成されたと指摘して、ここが歴史的に長く政治共同体を構成して民族意識に目覚めていた朝鮮人と違うところであるといっている（王 二〇〇四：二二八）。

戴国煇や黄俊傑はそれぞれに台湾人の台湾意識の構成要素として政治アイデンティティ（political identity）と社会・文化アイデンティティ（socio-cultural identity）の区別を指摘している（戴 二〇一一 a：一七三、黄 二〇〇八：四八）。政治アイデンティティは政治的自我の表れで、政治集団（階級、国家）への帰属・貢献である。社会・文化アイデンティティは文化的自我で、風俗習慣、倫理価値など自らが属する文化に対

する帰属である。前者はしばしばで短期的・具体的であるのに対して、後者は長期的、抽象的である。両者は相互に協調し、あるいは緊張しあって台湾人の意識を形成してきた。そして歴史意識が高度に発達した華人社会では、政治アイデンティティはしばしば社会・文化アイデンティティを通して形成されたとしている（黄二〇〇八：四八）。これによれば以上に検討してきた台湾意識はまさに歴史的・伝統的に形成された社会・文化アイデンティティによるところが大きく、台湾人は「祖国」の歴史と文化を「集合的記憶」（M. Halbachs）として、重要な他者として彼らのアイデンティティの一部にしたのである。これが台湾人の政治的アイデンティティの基礎となって台湾のナショナリズムの覚醒と抗日運動を引き出すという統治者の思わざる結果をもたらしたことも事実であった。

台湾のナショナリズムを研究した呉叡人は、世界史的にみると日本統治期の台湾は、西洋の周縁である日本のそのまた周縁に位置付けられたという意味で「二重の周縁化（double marginality）」という状況におかれていたと指摘する。それゆえ台湾のナショナリズムは、日本独特の植民地主義（oriental colonialism）への抵抗として生起したために、西欧植民地主義と闘っている相手（counterparts）＝日本よりもはるかに親西欧的で近代主義的な指向をもったイデオロギーを発展させることになったといっている（Wu, 2003：42）。この政治アイデンティティは、近代的法の支配を要求する台湾議会設置請願運動のような統一的運動に発展し、ナショナリズムが高揚して政治的抵抗として抗日運動が発生した。一九三〇年代には台湾民族の独立を実現しようという政治運動もあった。統治者は民族意識の高揚を恐れて、これらの抗日政治運動を仮借なく弾圧したが、総督府の統治に抵抗する政治運動が消滅しても民族意識が消えたわけではなく、文学・芸術さらに庶民の生活の中に依然として台湾意識として存在していたというべきであろう。

戦後八〇年代において、台湾人は、過去の日本内地人・台湾総督府に対する抵抗の経験を外省人・国民党に投射して、彼らを外来の統治者とみなし、日本統治期における政治的抵抗経験を戦後の台湾に適用するようになったといわれる（王二〇〇四：四）。日本統治を経て形成された台湾意識の埋もれ火は、台湾における国民的主体（national subject）を、植民者によって加えられた規律・訓練を認識しつつ被植民者が自らを解放しようとして闘うプロセスの中から生み出したといえるかもしれない。

参考文献

戴国煇、二〇一一a、『客家・華僑・台湾・中国』戴国煇著作選Ⅰ、みやび出版。

戴国煇、二〇一一b、『台湾史の探索』戴国煇著作選Ⅱ、みやび出版。

春山明哲、一九九三、「明治憲法体制と台湾統治」『岩波講座　近代日本と植民地四　統合と支配の論理』岩波書店。

藤井省三・黄英哲・垂水千恵編、二〇〇二、『台湾の「大東亜戦争」――文学・メディア・文化』東京大学出版会。

伊藤清、一九九三、『台湾――四百年の歴史と展望』中公新書。

イリイチ、I、一九八二、『シャドウワーク』（玉野井芳郎他訳）、岩波書店。

許世楷、一九七二、『日本統治下の台湾――抵抗と弾圧』東京大学出版会。

黄俊傑、二〇〇八、『台湾意識と台湾文化』（臼井進訳）、東方書店。

近藤順子、二〇〇三、「戦前期台湾における日本語教育」『日本語教育の歴史』講座 日本語・日本語教育一五、明治書院。

松永正義、二〇〇六、『台湾文学のおもしろさ』研文出版。

王甫昌、二〇〇三、『當代台彎社会的族群想像』群學出版有限公司。

王泰升、二〇〇四、「植民地下台湾の弾圧と抵抗」（鈴木敬夫訳）『札幌学院法学』第二一巻第一号。

陳培豊、二〇〇一、『「同化」の同床異夢――日本統治下台湾の国語教育史再考』三元社。

矢内原忠雄、一九六三、「帝国主義下の台湾」『矢内原忠雄全集』第二巻、岩波書店。

山辺健太郎編、一九七一、『現代史資料二一：台湾』みすず書房。

吉野耕作、一九九七、『文化とナショナリズムの社会学』名古屋大学出版会。

若林正丈、二〇〇八、『台湾の政治』東京大学出版会。

Wu, Rwei-Ren, 2003, *The Formosan Ideology: Oriental colonialism and the rise of Taiwanese nationalism 1895-1945*, UMI.

村の比較社会論

高橋　明善

1　はじめに

前世紀日本農村社会学は日本の農村理解の基礎的な概念、枠組みとして家—村理論をもっていた。この理論の土台を作ったのは鈴木榮太郎と、有賀喜左衛門だと普通にはいわれている。

私は日本農村の社会学的研究者である。五〇歳を過ぎる頃から、この家村論を一つの比較基準モデルとして異文化性の強い沖縄、異文化のジャワ、中国の農村を観察してきた。

家、村論を尺度におくことによって、見えてきたことも多いが、家村論そのものも見直して日本農村を考えなければならないとも考えてきた。本稿は、有賀の家村論、鈴木の自然村論について最近考えていること、家村論を念頭に置くことによって異文化社会研究で見えてきたことを語ってみたい。紙幅に限りがあるため、簡述せざるを得ない。議論の内容には既に発表したもの、学会報告で詳細な資料提供を行ったものもあり、それらも参考にしてもらいたい。ただし、印刷予定で提出しながら、既に七〜八年本屋の倉庫に眠っているものもある。何時の日か、日の目を見ればと願っている。要望あればメールで送付する。

2　鈴木榮太郎と自然村概念の周辺

自然村概念と日本農村の社会化の単位を家と村に求める考え方は鈴木榮太郎の主著『農村社会学原理』(一九四〇年)と共に有名になった。しかし、この用語は鈴木の専売特許ではない。

明治市町村制施行後、町村制による大規模な合併に反対し、近世の村の存続を主張する多くの議論があった(詳細略)。その流れの中で横井時敬が最初に自然村の用語を用いた。一九一〇年(明治四三年)「政治的町村」に対比して「自然町村」を論じた(横井　その後一九二五年「自然村」と言い直し、それが小農社会に立脚していることを論じた(横井　一九一〇：一九二五：一九二七参照)。

柳田国男は「横井先生などの謂はる自然村」に着目する。「自然というのは外部の力に由らず、住民の先祖が自身でこしらえた村」を考えているのであるとしている(柳田大正一五年講義、一九三一年印刷刊行)。昭和になると社会史の小野武夫は多くの著書で、政治村と自然村を対比して用いている。

中国研究の中で自然村の概念が自覚的に用いられ始めた。最も早いのは、社会学者清水盛光の「支那社会論」(一九三九年)で自然村と行政村を区別した。満鉄調査部の「中国農村慣行調査」は一九四〇年にはじまるが、その調査項目で調査対象を「行政村」と区別した「自然村」に置くことを明記している。福武直の戦中の調査も自然村を用いている。

鈴木は、日本農村研究に乗り出した頃、研究対象として「地域的共同社会」や「基本的地域社会」を探し、そのことの重要性を繰り返し学会誌等で報告していた。鈴木が自然村を最初に使用したのは「日本の村の分類について」（一九三六）の序文であり、次いで、「自然村の社会構造」（一九三七—三八年）、「農村社会学研究法論」（一九三八）であるが、いずれも著作集に入っていない。鈴木の学問と自然村概念の形成史を追うには著作集だけでは不十分であることを指摘しておきたい。

鈴木は農村の社会関係、社会集団が累積する地区を第二社会地区と呼び、この「集団累積体」は「社会的統一性」を持つと考え、自然村と名付けた。第一社会地区はほぼ小字、近隣、第二は部落、第三社会地区は行政町村の区域に対応する。アメリカ社会学が社会関係と集団の累積を通してとらえた cumulative community とは異質の個性をもつ村であることを強調して昭和一四年自然村の「精神」を主張した（「日本における農村協同体」）。

この自然村とその精神に関する理解に示唆を与えたものとして、鈴木が師事兄事した戸田貞三と、髙田保馬の影響について触れておきたい（主著序文参照）。二人は本来リベラルな学者だったが、戦前昭和も進むにつれて、日本民族主義や国家主義的な立場を強めた。戸田は、家族主義国家観の指導的主張者として活躍したが、大正一四年の著書の中で「家族の精神」を論じ、鈴木は主著の中で繰り返しこの書を引用している。髙田は日本民族の「精神的強みは農村にあり」その「優秀性」は「共同社会的結合」にあると民族主義的主張を論ずるにいたっていた（河村一九七五年二四三頁以下参照）。鈴木は、自然村理解に髙田の「国家と社会」から最も大きな示唆を受けたと語っている（主著一三五頁注参照）。

もともと鈴木には家族論はなかった。昭和一〇年戸田との共同研究「分家慣行調査」に参加し戸田の家族論に接してから家族の研究を重視した。鈴木は「農村調査法」（一九三二）を表しているが、家族に関する調査項目は殆どない。

戸田の「社会調査」（一九三三）は詳細である。

鈴木は日本農村家族類型として夫婦家族、直系家族、同族家族を提示した。自然村論はこの家族論と共に統一的に理解されねばならない。日本の農民家族の基本形態は直系家族である。夫婦の死亡とともに消滅する夫婦家族の世界とは異なる。自然村の精神は村を構成する直系家族の精神に支えられて超時間的な村秩序が生まれると考えていたと思う。家族と自然村が統一的に把握される。しかし、鈴木は同族団については家＝家族は「絶対的に自立性の強いもので家連合性は弱い」と考えていた（宗族の強い中国とは違うと考えていたと竹内利美は説明する。一九七二：四）明治の地方改良運動は明治市町村制施行で生まれた町村つまり政治村を強化するために、自然村否定政策をとっていた。鈴木は昭和の農村改革「農山漁村更生運動」を行うに当たって、政治村ではなく、自然村における農民の「生活原理」「生活共同体」の機能を重視して実施すべきだと考えていた。「農村社会の使命と農村工業」（一九三四）。「農村におけるあらゆる協力的計画は自然社会の基礎の上に立っていなければ強力なものとはなり難い」（「農村の社会学的見方」一九三三：二六七）。

鈴木も有賀もまとまった集団としての「自然村」の自治機能について殆ど調査研究することはなかった。有賀の村の研究は内部の家と家の間に取り結ばれる生活組織の研究として行われた。鈴木にも個々の集団、社会関係の説明はあるが、自然村が持つ団体としての包括的な自治機能（役員組織、村財政、村寄り合い、村賦役をもつ）の研究は欠如している。鈴木自身「従来大字や区をそれ自体として研究したものは、ほとんど公にされていないようである」と述べ、全国から主著二章第七節に示した調査項目によって「報告を得ている」と「大字や区の社会的意義に関する実証的研究資料をうることは絶対に必要であると思われる」と述べている（主著第五章注(3)三七六頁）。しかし、調査項目も不十分で結局、鈴木はこの問題を取り扱うことなく、大著を著した。

それを行っていたら、社会的統一性をもたらすものとして精神に飛躍する前にもう少し、わかりやすい説明が行えただろうと思う。有賀を批判し家連合からだけでは不十分で、「居住関係」「共同利害」が生み出す「村集団の統一」の重要性を指摘したのは竹内利美である（竹内 一九五九、一四一頁）。私は糸魚川市の約一二〇の集落の自治活動を三〇年にわたって追跡調査したことがある（高橋一九九五ａ参照）。

晩年の鈴木は行政組織と自然村の関係について考え方を変えている。行政の枠組みの中から自然的共同社会が発生するという議論である。自然村もあたかも行政枠の中で形成されるということになる。「基本的地域社会」は近隣、村落、都市、国家であり、行政組織の中で自然的共同社会が生まれると遺稿の中で論じている（著作集Ⅷ巻：八五―八六頁）。誤解を呼びやすい。行政村枠が共同社会形成にとって重要な役割を果たす事は認める。日本の村は近世以降、行政的に設定された村を農民がとらえ直し、農民の村を作るために権力と対立したり協調したりしてきた。しかし、そのことによって両者の一致が予定調和的にもたらされるものではなく、乖離することも多かった。重要なことは、村は支配のための縦社会としてあっただけではなく、寄り合いに見るように横の共同性と「自治」を持つ社会でもあったことである。有賀や鈴木はこの点での認識が弱かったと思う。

自然村論で受け継ぐべき重要な点は、政治村、行政村と対比しての自然村の主張（横井、小野、清水）、先祖が自身でこしらえた村（柳田）、基本的共同社会と家族の統一的理解、行政枠と自然村の関係（鈴木）、村集団のまとまり（竹内）、縦社会（有賀後述）と横社会、村落自治など内側からの村形成の論理であり、本稿で強調して論ずる課題である。

以上の論点に関しては村の共同性や自治の問題を中心に実証あるいは研究史を通して論じた拙文（高橋 一九九五；二〇〇六；二〇一二；二〇一四）を参照されたい。

3　有賀喜左衛門の家・村論の再検討

有賀の理論の変遷

有賀は方法的反省を繰り返すとともに、理論転換を行った。その過程を追求することは有賀の真摯な研究者としての営みを追体験し有賀を学ぶことでもある。

有賀の研究は大きくいって次の四段階で変化している。

①柳田国男を批判し生活組織を焦点に大家族の崩壊過程を追求した時期。

②社会学の戸田貞三に接近、家と村の相即的な理解を求め、同族的家連合理論を基礎に民族的性格論を展開した時期。

③村論から離脱し生活保障組織の視点から家論に集中する時期。

④晩年の家・むらとらえ直し、伝統を見つめる時期。

第一の時期。柳田民俗学からの決別と生活組織の発展史の研究。

若き有賀の研究者としての出発は柳田国男が発刊した「民族」（一九二九）の編修協力に参加した時から始まる（有賀一九二九；一九三〇参照）。しかし、柳田との人間的確執もあったが、学問方法の違いが明確になった一九二九年、柳田の下を去る。有賀の柳田批判の要点は、柳田の方言周圏論、後に重出立証法として概念化した方法への批判である。前者は周辺部に古い言語が残っているとする考え方である。後者は方言、民間伝承を全国からばらばらのまま採取し、重ね写し、比較によって時代差を確定しようとする方法である。有賀は、方言、民間伝承は村の生活の中、集団の中で意味を持って存在しているので、全体関連を無視した比較は無意味だと批判する（有賀一九七二b参照）。

一九三四年秋、還暦をむかえた柳田を会長に「民間伝承研究会」が発足し、一二月柳田編の「日本民俗学研究」が刊行された。その直後有賀は次のような、民間伝承研究や民俗学批判を行う。「口承資料重視」「文献資料軽視の」「土俗学、民俗学、民間伝承学」などで表される研究は「何とも言ひようもない雑駁で粗笨な内容をもつ」「さういう学が存在するかどうかについても一言したい」（有賀 一九三六）。しかし有賀が葬儀委員長まで務めた親友桜田勝徳は、有賀の民俗と生活組織の関係を重視した研究は民俗学「主流の中ではとりいれられなかった」といっている（桜田 一九五八）。

有賀は具体的には村の「生活組織」の中で「生活事象」を見るという方法を以て実証研究を続ける。その最初の集大成は「農村社会の研究」（一九三八年、著作集に入らない）である。

民族的性格論と農村研究

第二の時期は社会学の戸田貞三に接近、主著を表し民族的性格を論じ、農村研究の社会学的理論化をはかる時期である。

一九四三年有賀は主著「日本家族制度と小作制度」（著作集Ⅰ・Ⅱ）を刊行する。先の「農村社会の研究」の改定版と題字されている。だが、改定版と言うにはあまりにも大きな内容の変化がある。大きな変化は、農村の発展史研究が、「民族的性格論」を基礎に据えた農村社会論に変わったことである。

主著以前の「農村社会の研究」に至る研究は地主小作慣行の発生史・発展史研究であった。及川宏は有賀が「農村社会の研究」で「近世の農村史をば『親方・子方関係—子方百姓独立の過程』を中心に理解せんとする」「立場を高く掲げ」たこと、それが一九三九新刊の「大家族制度と小作制度」、全編を通ずる「Leitfaden」でもあると的確に述べている（及川 一九三九参照）。

この農村社会の発展史、発生史の研究は主著では、民族的性格論を基礎にした農村社会論、日本社会論に変わる。有賀は前著では大家族の分解から生じた家々を大家族形態としてくくっていたが、及川宏の批判を受けてこれを本家

―分家（別家）からなる同族団概念で説明する。その上で日本の村を特出する同族団体が勢力を持つ村落と、複数の同族団体の勢力が均衡する発生史をもつことに起因することが多い村落に二大別した。そのうち上下の結合こそが、緊密な共同関係を生み出すとして日本社会の縦社会性を論ずる（たとえば、主著七〇九頁）。勢力均衡の村落も上下関係主従関係が生ずれば、前者に転化する潜在的可能性がある。それは歴史を超えた特質であり、日本の社会関係の民族的性格（特質）であると論じた。同族結合はより上位との系譜関係の樹立を求めて上位者の氏神を勧請して同族的系譜を取り結ぶ。「同族結合の階統上向」の至上は伊勢神宮や、天皇にいたり「民族的統合」がもたらされる。日本においては上下の結合が横の結合より緊密な統合をもたらすともいう。前著と主著は全く同じ実証資料を用いている。同じ実証事実も立場をかえれば、異なって理解されるのである。

戦後も日本では上位者が公であり、下位者が私であったという公私論を論じた（有賀一九五五参照。有賀のたて社会論は中根千枝、水林彪、溝口雄三らの日本社会論にひきつがれる（文献参照）。有賀はよこの結合で生まれる村の自治の存在については主著では懐疑的であった。戸田や有賀の仕事は私たち戦後世代が克服しなければならない負の遺産をもつものであった。

有賀は主著執筆後、自らの見解の理論的整備に務める。村は聚落的家連合よりなると概念化され、「同族的村落」と「組的村落」、「同族的家連合」と「組的家連合」の二大別の類型化がおこなわれる。二つの型は条件によって「相互転換」し得るという民族的性格をもつ（相互転換については有賀一九四七で詳説）。

理論化を進めるにあたって、研究の初期に利用した重要な用語概念のいくつかを放棄した。詳説できないが、「民間伝承」「生活意識」「庶民の創造性」がそれである。過去の論文を戦後の著作に入れるときに削除している。前二つは柳田が使用する言葉ということが原因であると思う。

方法上の問題として注意すべきなのは「庶民の創造性」という言葉の取り扱いである。有賀は一九三八年信州教員集団の郷土生活研究誌「蕗原」掲載の「下伊那採訪記」を追補改編発行した「南伊那農村誌」(慶友社再刊一九七五)の序文と同年末刊の「農村社会の研究」で「庶民の創造性」の重要性を指摘していた。ところが、主著と同年に執筆した論文は(金田一京助還暦記念論文だが刊行は一〇年遅れる)柳田の非文字伝承重視の研究は研究の幅を狭める．記録伝承も重視すべきだ．全体把握のためには皇室権門寺社の資料も大事だ．庶民生活は「部分社会」である(「民俗資料の意味」Ⅷ巻、四五頁)と述べる。主著では「庶民」と「創造性」を結びつける言葉はでてこない。戦前の「若者仲間と婚姻」という論文にのせられた「庶民生活が持つ創造的行程」なる言葉は、一九四八年の「日本婚姻史論」に改訂所収される時に、長文の文章と共に、全面的にカットされている(著作集Ⅵ二四八―二四九頁)。削除は意図的である。

有賀の立場は変化した。そのことの背景には戸田貞三の影響を見ることが出来る。戸田は小集団論の立場で親族小家族論を論じた名著『家族構成』(一九三七年)を発表した。有賀はこの書を「農村社会の研究」の中で厳しく批判する。「血族以外の同居人を除外する方法をもってする」方法論という点「基本的な誤謬を包蔵している」、「それは部落の生活機構と家族制度とを全く切り離して、種族的な血縁家族を抽出したことに胚胎している」(有賀一九三八：一五八)。ところが、戸田は、有賀を呼んで面白いと話を聞いてくれたという(有賀二〇〇〇)。自らが会長の日仏社会学会、社会学会への有賀の入会を紹介し、後者の常務理事にする。戦後は信州に蟄居する有賀を訪ね、東大での講義を委嘱し、アカデミズムへの扉を開いた。

有賀の転換の背景には戸田貞三の影響があったと見ざるを得ない。戸田には家族・家(戸田は両用語を区別をしない)を血縁・小集団としての家族ともう一つ家制度の両面から研究した。前者に対しては戸田はリベラルだが、社会が作る家制度には社会は干渉しうるという立場を持っていた。

その立場から、戸田は国策に貢献する。一九三七年個人主義、民主主義を否定し、天皇主権、忠孝一体、家を基本とする家族国家論を日本国家の本質とする文部省編纂の「国体の本義」が出された。戸田も編纂委員の和辻哲郎を介して執筆に協力したという（故北川隆吉の話）。またこの立場からの女性教育のための「家の道」（一九四三年）を刊行、さらに大政翼賛会文化政策調査の委員として「家と家族制度」（一九四四年）を執筆している。家族国家論と有賀の家論は響きあうところがあったのであろう。「社会学の中で一番偉い先生」と有賀はいう（有賀 二〇〇〇参照）。戸田は柳田民俗学から離反し孤立した有賀を暖かく抱擁したのだった。「農村社会の研究」改訂版である主著では厳しい戸田への批判は削除される。並んで批判していた古島敏雄批判はそのままである。柳田国男は、民俗学を確立した頃、次のようにいう、「郷土で或るものを研究して居た」、それは「日本人の生活、殊にこの民族の一団としての過去の経歴であった」（柳田 一九三三）。有賀も柳田と同じ道を歩み、郷土研究から民族的性格論、日本文化論の究明に研究の焦点を移す。福田アジオは柳田のこの拡大で「民俗学の全体像は分解した」という。彼は伝承母体である地域を重視する「個別分析法」を提唱する（福田 一九八四：二二九頁）。宮田昇が提唱するのは地域民俗学である（宮田 一九八五）。

村のとらえ直し論、伝統の変化（第三、第四の時期）

有賀は初期には大家族制における労働組織の展開の中で形成される村を考え、主著では家と家によって構成される村が民族的性格を共通に持つと考えて、家と村の説明原理とした。しかし、戦後の激しい社会変動の影響を見たり、民族的性格論が批判を受けたりする中で、両者を結ぶ民族的性格は用いられなくなる。代わって説明原理として重視されるのは、家や村の存続に政治が強い力を持つことを強調することである。

鈴木の自然村概念も厳しく批判し、村が政治権力との結合によって統一性を保持してきたことを強調している（「村落の概念について」有賀 一九八五）。それとともに、自然村的ともいえる村を前提として作られた概念である聚落的家連合、同族的村落、組的村落という概念の使用は一九四九年までで終わる。こうした考え方を更に進めさせたのは、同郷の後輩社会経済史家の中村吉治の研究だった（中村 一九五六）。中村は近世に於いて完結した共同体は解体していると主張した。これを受けいれるならば、村のまとまりを前提した有賀の集落的家連合論はなりたたないのである。この概念は放棄される。

村のまとまりを否定した中村吉治の共同体論は有賀には深刻な影響をあたえたが、地理学の水津一朗は中村の調査地松の木は「基礎地域」(鈴木の自然村に該当する)ではないとして中村に疑問を出していた。集団の累積する自然村的な村、近世の藩政村としての村は煙山であり、松の木はその中の六戸よりなる小字にすぎないとしたのである(水津一九六五)。現在も自治組織や氏神をもち、字誌を作っているのは煙山であるという私が得た知見を含めて、私は水津に賛同したい。その視点にたてば、松の木のまとまりが弱いのは当然である。第二社会地区煙山は近世にも近代にもまとまりを以て存続していたのである。有賀は煙山ではなく内部の第一社会地区松の木だけを見て村の解体に同意しているのだから、事実誤認をしていたといえるだろう。しかし、村を否定してもなお、有賀の中には村の存在を否定できない生活感覚があったと思われる。後述のように最晩年に村は再び復活する。

有賀には同族団や家連合の中にある家の説明はあるが、家そのものの定義がないという批判があった。戦後早い時期からそれを受けて、「婚姻を基礎とする生活共同体」「社会の生活単位」としての「生活保障」、家の「存続要求」等の家の機能が語られる。家が家連合や村から説明されていたが、家の機能から村や家連合を説明するようになる。説明の仕方が逆転する(「家について」［一九四七］「家制度と社会福祉」［一九五五］参照)。有賀の関心は村落と家の関係ではなく、家そのものの研究に傾斜していく。家研究への収斂の背景には、有賀同族論への批判もあったと思われる。河村望、蓮見音彦は次のように批判した。親方経営労働組織の中に同族が機能する有賀の主張する歴史段階は近世初頭で終わっている。同族を基本に農村を見るのは誤りで、土地所有を基本にすべきだと(河村・蓮見一九五八)。同じ認識の下に労働組織としての同族の解体、生活組織としての存続を説き、有賀を同族偏重と批判したのは竹内利美であった(竹内一九六二)。

有名な喜多野・有賀論争に於ける戸田の弟子喜多野清一の批判は戸田の親族小集団家族論の立場から、有賀の家族概念の曖昧さをついたものであった。また、喜多野自らは同族の結合と本家の権威は本末の系譜関係の認知設定から発生するとしながら、有賀が主従関係が同族的系譜関係として現れると論じていることを批判したのであった。(喜多野 一九五一：一九六五)。

最晩年になると、有賀は、農民、住民、村を重視した初期の立場を再び確認、強調するようになる。①「人民の反抗は内訌した形で生じ」「そのひとつとして」、家は「自衛集団」とその成員の「生活保障を全面的に担う」ものとなった(「家の歴史」一九七一a：三九)。②「自立できない自衛集団」としての家は「互助組織」をもつことによって、「生活保障」を補完される。そうした補完組織として同族や家々の互助組織に、村「全体を包む互助組織」「自治組織」をあげている(同上)。有賀は古代史をかりながら政治が設定した制度をとらえ直し「自身を守ろうとする家の集合体ないしは村の形成」が行われたと考えるにいたった(同上一八七頁)。「私は村落が単に政治の規制によって成立したと見たのではなく、村落の生活を住民が創り出してきた事を書いているつもりだ」(「著作集Ⅹ」「同族と村落」、新規執筆の序 一九七〇)。本来、初期の有賀の基本的視点は次のような生活組織の捉え直しによる創造の論理だった。「農民がいかに愚昧に見えるとしても」、「何にでも彼らの創造した生活組織が顕れ、これによって運営されている姿を捉えることが非常に大切だと考えるに到った」(『村の生活組織』旧版の後記 一九四八、Ⅴ巻)。「私の研究の根底をなしたものは、やはり私の、ムラの生活だった。私がムラの生活に深い関心を持たなかった時代に、すでに私の心に無意識に食い込んでいた生活感覚があった」(著作集Ⅷ、序文、一九六九)と有賀は述懐する。ムラから日本へと飛躍することによって村からの乖離に悩んでいた有賀は、社会保障要求によるとらえ直しの論理を強調することによって、見失った原点としての村を取り戻したように見える。

歴史学においても、村を支配機構としてみる見方に代わって、農民が支配の村をとらえ直し、農民の村を創り出し、支配の村が後者に依拠するものになったと、農民の村の能動的形成、相対的な自立を説く見解が主流になってきた。支配の村と農民の村の統一的把握を主張しているのである（たとえば、水本邦彦 一九八七：二〇一五、渡部尚志 二〇〇七）。私は、日本社会が縦社会的な性格を持つことを否定する者ではないが、農村における自治の伝統や村の寄り合いでの合議に見る横社会の伝統を掘り起こすこともまた重要であると考えている。有賀の晩年の主張は、こうした歴史認識の転換の先駆であると再評価することも出来ると思う。若き日に「庶民の創造性」を語って、支配構造論的なマルクス主義の封建論争に挑戦した有賀の視点の生き返りともいえようか。

4　民族文化圏

有賀は民族の伝統に思いを寄せ続け、「公と私―義理と人情」（有賀 一九五五）を表した。日本では上位者が公で下位者が私となるという主著の縦社会論に連なる議論であった。主著で不変であるかのごとく語られた民族的性格は変化を支える伝統を強調することに変化していった。有賀は伝統に関する柳田との違いを次のように言う。「柳田先生が伝統ということをとりわけ深く追求していなかったというところに、柳田先生の学問の、なにか基本的な欠点がありはしないか」（「柳田国男と柳宗逸」一九七三『季刊柳田国男研究』三八頁）。

有賀は民族文化圏を考え、文化は交流、伝播によって変化するが、文化圏内の民族文化の伝統の上に変化するものととらえる。この点で有賀は柳田との違いを強調する。柳田は一国民俗学を説き「外国文明の重要さをもちろん認めていたが、日本の文化伝統を知るためにはこの影響によって変化を見せない日本的な現象を特に重視した」（有賀「柳田国男の一国民俗学」一九七五、著作集、『新版 Ⅻ巻』所収、一三九頁）。戦後の有賀の葛藤は若き日の固定的な民族的性格論に代わって、民族文化と伝統を基板とする新しい文化変動論への道筋を見出すための営為だったと思う。

有賀は初期の発展史研究という実証の世界から抽象化した理論化の世界に入ろうとする時、戦時の民族主義的な主張と結びつく民族的性格という、いわば外からの説明原理を家村論にとりいれた。そのことによって有賀は現実から離れる方向に飛躍していった。庶民の創造性という優れた視点もそれとともに消えてしまった。戦後、この説明原理としての民族的性格論への反省は、家村の統一的理解を困難にし、重視してきた家と村の連関構造は切断された。村論が消滅し有賀の研究は家論に収斂する。しかし、晩年家や村は上から与えられる政治枠をとらえ直しする中で形成される「生活保障」のための「自衛集団」だとする立場にゆきつく。そのことによって、庶民の立場から家や村を理解しようとする視点を取り戻した（初期は親方経営の発展過程の中で家は創出されると考えた）。主著では不変ととらえられていた民族的性格論は、家や村に代表される日本文化が同一民族圏の内部では伝統の上に変化するという変動論に形を変えることになる。

4　ジャワと沖縄の村

ジャワ農村の村と家族

①ジャワの村

私は、一九八四年古屋野正伍氏を代表とし、北川隆吉氏をマネージャーとする「東南アジア都市化の研究」の一員としてインドネシア国、ジャワ島の二つの農村集落の約二一〇戸の世帯の悉皆調査を基本にした研究を行った。五年後同じ方法で別途独自に追跡調査を行った。当時はインドネシア国の農村調査許可条件が厳しく、私たちが許可されたのは異例のことだった。そのためもあり、予備調査の機会もないままの未知の世界の調査だった（詳しくは高橋一九九五b：一九八七：一九九二、古屋野編一九八七）。

日本では社会化の単位である部落（自然村）と家を調査対象として選ぶというのが普通であった。ジャワ農村には地縁性を基礎にした集団的まとまりがなく、個人を中心としてネットワークがあるだけであるという見解が広く存在していた。もしそうなら、村と家族を社会化の単位として調査対象とする方法は適用できないことになる。

中根千根によると東南アジアは、個人と個人を結ぶネットワーク社会である。自己を中心として状況に応じて個人的に選択された人人の間に結ばれる複数あるいは多数の「一対一の二者関係」と、その連鎖を基本にして社会関係が形成されるのである。ここには日本のように、集団的なまとまりをもった固定した集団の枠はなく、親しい隣人、近親からなる個人的関係が中心で、農民の世界は可変的な広がりを持つ地域社会だというのである（中根一九八七参照）。

中根の見解には著名な人類学者C・ギアツが初期にジャワ村落の無定型性、諸個人の絆の弱さを説いていたことが影響しているかもしれない。しかし、ギアツは後にジャワの natural village を論じており、見解は全面転換しているのである。現地の学者との討論、研究報告の検討を重ねる中で、私たちは、ジャワにまとまりを持った村があることを確信するにいたった。それは、単なる行政的区域ではなく、自然村に近いものであることは想定できたし、私たちの調査が明らかににしたことであった。調査地として紹介されたのは中部ジョクジャカルタ市まで八kmのバンドウン（一二〇世帯）と二〇km離れたピリン（八〇世帯）の二集落である（以上高橋一九九二、一九九五b参照）。

バス、電車はなく、自転車バイクが普及し始め、不定期のコルトバスが走り始めた頃であった。農地の平均耕作面積は水田三〇―四〇a、それにココヤシ、ヤムイモ、果樹、野菜などの栽培も行われる生産地でもある屋敷地が平均五〇〇㎡所有されている。この零細土地を、生活の糧に、超過密な人口がギアツによって「貧困の共有」と表現された共同生活を営んでいる。定職は公務員以外なく、土建、農業労働も多くて年間就労五〇日にも及ばない。仕事もないのである。

行政村は ke (a) lurahan、むらは dukuh（法律上は dusun）であった。その後、前者は法律上 desa となったが、村人にとっては desa は dukuh のことで紛らわしい。明治市町村制下で行政村を村（そん）、自然村をむらと呼んで区別したことを想起した。

村の集団性を示す共同活動をあげてみよう。その多くを私たちは泊まり込み調査中に見聞した。

景観。高いココヤシの木に囲まれた集団的な屋敷地（プカランガン）と水田が交互に広がる。前者はむら（自然村）あるいは村内の小集落である。

内と外。ドウクーの入り口と出口には極彩色の立派な門があり、内と外をわけている。ジャワ島を訪問している中根は何をみていたのだろうか。

自治組織があり、区長、役員組織をもつ。区長は「住民の父」ともいわれ選挙で選ばれる（滞在中にむらの選挙があった）。むらはモスク共同体である。モスクから一日五回コーラン読経の声がマイクで流れ、敬虔な信者が集まり祈る。

共同活動の基礎にゴトンロヨンがある（助け合い一般、転じて労力奉仕）。

バンドウン区長宅の掲示板の記載によると、モスク、夜警小屋、クブラン（墓）、集会所の建設に労働力延べ一〇、五四六人日とあった。その他にも賦役が多いことは、推して知るべしである。区費は必要に応じて徴収される。

その他村の集団性を示す共同活動の一部をあげてみよう。その多くを私たちは泊まり込み調査中に見聞した。

全体的共同活動。区有運動場整備、区経営の小商店（バンドウンのみ）。夜警小屋（四―七カ所）での警備、三五日ごとの垣根や道路の整備（マラリヤ予防のため不可欠）、おおがかりな建物を建てての村祭り（私たちも参加）。毎夜スプーン一杯のコメを各戸から集めるジンピタン。

部分参加の集まり、無尽の一種であるアリサンは複数の組を作って、むら全体を覆う。大きな屋形を建てる割礼儀式で頂点に達する多くの通過儀礼にもゴトンロヨンが行われる。葬式には全部落的に参加する。男女別に頻繁に行われる定期的なスラマタン（祈りを伴う共食）。スラマタンはこのほかことあるごとに開催される。パグユバン、アクール等調和した共同を意味する倫理が重視される。

②ジャワの農村家族

ジャワなど東南アジアの家族について中根千枝や青井和夫の主張するところを重ねて説明すれば次のようなものだった。ここでの社会関係は自己を中心とした一対一のダイアド関係で結ばれる。あらかじめ集団や決められた枠があって関係は取り結ばれるのではない。親族関係も同じように自己を中心に男女の双方的に形成されるネットワークである。自己の核家族中心に血縁の近親の中から様々な条件で選択される一定範囲の人人が、われわれ、つまり家族を形成する。だから家族は輪郭のはっきりした集団ではなく、そこでは家族というよりも「家族圏」を考えることが重要だ（青井一九八〇）。

農村家族を考えるために、一番大切なことは男女均分相続だと私は考える。日本では、長男以外は相続せず、次三男や娘は外部に流出した。ジャワでは外部に就業機会が乏しく、農村にとどまってわずかながらも耕地、屋敷地を相続し、助け合いの中で生きてゆくことは農村住民の最も安定安全な生き方であった。超過密人口が農村に滞留する。

農村家族のライフヒストリーを追跡してみよう。子供は結婚すると最初は親と同居する。やがて、親と同じ屋敷地内の独立の住居に住むか（屋敷地共住集団）、近隣に屋敷地を求めて独立する。親が年を取ると再び同居する場合もみられる。屋敷地共住集団は、水野浩一がタイで発見したほどではないが、ジャワにも多く見られる（水野一九八一）。この子供独立の過程で財産分割がおこなわれる。

夫方居住が多いが、屋敷地は男、水田は女が相続する傾向が強いためかもしれない。しかし村の内婚の比率が高く、夫婦双方に親があり、双方の兄弟姉妹が村内にいることが多いため関係は輻輳する。親と子供の関係は密接であるため、子供たち全体を含んである程度家族圏概念が適用できるかもしれない。しかし、親子双方の夫婦は独立した世帯形成を目指すのが一般的である。ここに、親子以外の親族が入る場合は皆無に近かった。親子の夫婦家族はそれぞれに財産権をもつ独立した家族であり、村の権利義務負担も別々であり境界のない家族圏にいるのではない。ただ、村の人々はみな先祖を共通するとアンケートに答えたものが多く、仲間意識は強い。しかし、墓を祀るのは三代程度、特別の親族組織はなく、親族つき合いの範囲はせいぜい叔父叔母甥姪まで有り、従兄弟になると急速に関係は個々人にとって選択的なものになる。

③貧困と生活の共有

C・ギアツはジャワ農民の生活を「貧困の共有」という言葉で表現した。ギアツがとりあげたのはドウルップ（バウオン）制度であった。刈り取り期の水田には沢山の刈り取り女性が田んぼに入っていた（一九八四年当時）。不特定の人が木と竹に刃をつけた手のひらに収まる小さな刈り取りナイフであるアニアニで非能率な刈り取りをし、収穫物の一割程度を持ち帰ることができるのがこの制度である。ギアツはインボリューションという文化型も考えた。水田農耕の特殊性は労働集約によって多少とも収量を上げることが可能である。増加する人口を支えるために資本、技術の投下を排除し、増えた労働力を水田に際限なく多く投下し収量増を求める。それがまた人口増をもたらす。この内向きに閉ざされ、行き着く先は袋小路の文化のことを指す用語である。貧困の共有の結果として、ジャワ農村には、大地主も大経営も少なく、農村はおしなべて零細な自作農中心の小農民で構成されることになる（ギアツ、二〇〇一参照）。

しかし、私はドウルップ制度だけではなく、零細な土地の均分相続による分配のなかにこそ貧困の共有があると考えたいと思う。さらに、ゴトンロヨン全体を基礎にした生活の助け合いの中に、「生活の共有」をみたいと思う。その端的な表現が男女均分相続であり、住民は土地と屋敷地という希少資源を分かち合い、ゴトンロヨンというコモンズに依存して生活しているが、そこには経済外の理解しがたい生活倫理があると見た。

ジャワ農村には土地なし住民が三～四割を超えているといわれる。しかし、彼等の中には将来において親から農地と、それよりも重要な生活の基盤、野菜果物の生産基地である屋敷地の相続可能性を持つものがいる。私たちの調査では現在の農地無所有世帯は約半数だが、将来の相続可能性がないものは一五％にすぎず、屋敷地を含めれば、相続可能性のないものは調査地では皆無に近かった。

唯一の恒常的勤務者である公務員になれば、例外なく農業をやめて農地は小作に出す。金沢夏樹は家族労働力を十分持つ三〇―四〇ａの小経営、零細経営でも、採算性をこえて雇用労働に半ば以上依存する経営のあり方に経済外の理解し難い考えがあると見た（金沢一九八八）。私たちの調査でも同じことがはっきりと見られた。子守、垣根の修理など家事手伝いにも例外なく食事の提供が行われる。それに加えて、熱帯の生態系は豊かである。農村では飢死はないという。食べさせてもらえるだけではなく、何か食べるものはあるのだ。これらにも生活と貧困の共有をみることができよう。

しかし、経済面では、資本主義的合理主義によりジャワ農村の生活の分かち合いの世界にも亀裂が広がっていることが看取された。業者が効率的な鎌による刈り取りを始めた。アニアニ作業は駆逐されつつあった。わずか五年間の調査の経過の中でのことである。小作料は、収穫折半のマロ小作が一般的であったが、日本では聞いたこともない、小作料の金納前払い一年契約というセワ小作が増えていた。貧乏人は小作もできないのである。土地の貸借、農業労働力の雇用関係もジャワでよくいわれるpatron-client関係による固定した関係ではなく合理的、打算的合理的関係が普通になっている。

緑の革命は一日二食世帯を減らしたが、なお、調査地では二〇％は二食だった。「日本はアジアではない、ヨーロッパだ」。これは、この頃国際農村社会学会（貧困部会）で私に投げつけられたインドの学者の言葉である。日本軍は武器を取り自衛することを教えてくれたといっていた温厚な老区長は、日本の敗戦後日本軍キャンプに火を付け、独立戦争に参加したと話した。衝撃は大きかった。

以上はインドネシアの経済離陸直前、一九八〇年代の調査報告である。

沖縄の村

①むらとひと

一九九〇年前後から沖縄研究を繰り返した。当初は沖縄北部農村の研究を企圖したが、突如一九九五年少女暴行事件に端を発し、普天間基地返還、辺野古移設問題が発生し、以後約一〇年間北部の基地問題の研究に専心した。現在まで約二〇余年にわたって沖縄の新聞による基地問題年表を作り続けている。ここでは、初期の農村研究で発見したこれまであまり指摘されなかった沖縄本島中北部の家、村について、本土との比較で気がついたことを述べておきたい。

沖縄の村はしま、むら、字、部落、区などとよばれている。ここではしまを用いる。王朝時代行政末端(役人配置)には間切り(近代の行政村範域)があり、それぞれに土地を共同所有する村落共同体的なしまが複数あるいは多数統合されていた。しまは明確な領域をもち、島民の公平のために数年に一度男子に土地を均等配分する地割制度を保持していた。地割のためには土地の外部流出は避けられねばならない。そのため村内婚制がきびしく保持されてきた。むらは祭祀集団でもあり、先祖祭祀と様々な信仰を身近な自然の崇拝に求め多彩な祭祀を行う祭祀集団でもあった。地割制度は明治三〇年代の土地制度改革まで続く。変化はあるとしても、村の統合性は戦後に至るまで、本土よりもずっと厳しかった。戦前は、村八分や札制(規則破りに札をつるさせ制裁する)を伴うしま規則も広く見られた。

戦後も内地—やまとでは例の少ない専従区長、職員、事務所をもち、字誌(しま誌)をつくるしまが多い。沖縄のしまの凝集力は内地よりも強いのである。沖縄本島の伝統的な姿については、同族集団門中や祭祀組織を中心に研究は重ねられてきている。だが、むらの機能については研究が遅れていた。本土のむら研究と同じである。しかしここでは、これらの問題全体にふれるのではなく、むらの構成原理にかかわって、本土の村研究に長く関わってきたものとして気がついたことを指摘しておくことにとどめる。

戦争で壊滅的な打撃を受け、日本からも切り離された沖縄は、日本からの援助もないまま自力更生で立ち直らなければならなかった。もちろん、銃剣とブルドーザーで居住地を基地に奪われた多数の人人もいる。復興の中心になったのは、しま共同体であった。食糧生産、住宅建設、学校建設などしまびとの労役賦役を中心とした負担で行われた。その実例は北部大宜味村喜如嘉に残される文書（行政区としてのしまは字、幹部は字当局といわれる）でみることができた。戦前、戦中、戦後初頭の喜如嘉については福地「村と戦争」（一九七五）、喜如嘉誌に詳しい（他にも多くの史誌が残される）。村内で起こった深刻な対立に関してはしまの公式記録は殆ど触れない。たとえば、ここで始まって成功し、沖縄全体に拡がった女性による洗骨風習（死後死者の骨から肉を洗い落とす）廃止運動や、沖縄の民族政党沖縄大衆党の発祥の地であるこのしまでの日本復帰運動過程での対立などについては結果を数行で済ませている。公式文書だけでは村は研究できない。改めて、柳田の口承記録や、民間伝承の研究の重要性を考えた。

戦後復興期の字の記録を検討していて気づき衝撃を受けたのは米軍占領下でも、見事な楷書書きの日本語で記された部落文書と「ぶーとーなみ」（夫統並・賦統並）のことであった。後者は三ヶ月に一度行われる賦役への出役の過不足精算のことである。やまとでも行われるが、決定的に違うのはやまとでは家を単位にして賦課、精算が行われるのに対し、ここでは人口割賦課による精算がおこなわれていたということである。家を単位とするやまとでは理解できない。構成員が一人だろうと五人だろうとやまとでは、家の間の形式平等性を重視し、同人数の出役を基本にしている。ところがここでは個人の年齢別能力差だけを考慮して個人に直接賦課されるのである。古い時代の地割制といい、ブーの賦課方法といい、いずれも実質平等性の世界である。

ブーには二種類ある。総動員ブーは働ける者全てが動員される。小学校建設（一七、四四二人、これは島を越えた行政村全体)、精米所、芭蕉布工場、製筵工場、製茶工場、農協、灌慨用ダム、農地開発、火葬場建設(洗骨の沖縄では最初)、公園七滝の整備、河川堤防建設、猪垣の建設、公民館等各種施設建物建設に多くのブーが動員された。一九四九年一一月からと五〇年一一月からの各一年間でブー合計二、七二四日、二、〇八九日に及ぶ。そのほか、交互に出益する経常的ブーがあり、一九五〇年代前半は三か月ごとに一〇〇—四〇〇人が出役している。参考までに当時の世帯数は約四〇〇戸である(疎開で戸数増、九〇年代で二〇〇戸、人口七〇〇人弱)。

作業内容は、代議員会出席、河川砂利採取、用水路、共有林伐採、防風林植え付け、農道修理、種籾消毒、消防、塵焼き、豚舎消毒、清掃検査、調査測量、砂利敷き、川補修、幾種もの村祈願、協同組合役員としての出役、夜警、家屋台帳作成、駐在所・学校・幼稚園の雑務、メイ虫駆除、防潮林、時報、品評会、諮問委員会、PTA、猪駆除、ネズミ駆除などが議事録にあげられる。むらの戦後復興を支えたのはブーであった。この助け合いを沖縄ではユイマールという。ジャワのゴトンロヨンに近い。

字費の賦課方法も人口割が中心であり、一九五〇年では世帯割三・五銭、人口割り五〇銭で人口割りが殆どである。本土が家を単位とした見立て割、資産割、所有あるいは耕作反別割、所得割、戸数割等を基準にしているのに対し人口割賦課を基本とするのも実質平等性を示している。現代でも中部北部のいくつかのしまの賦課方法には、労働力割りという本土では見たこともない、個人を対象とした方法がしばしばみられるのは、原型の名残りのように思う。今日では村の凝集力はよほど緩和されているが本土よりも強いだろう。

沖縄は農村研究では同族集団門中が重視され、喜如嘉にみたようなむらのまとまりがもつ機能については報告は殆ど出されていなかった。これまでみた事は、しまが、家(ヤー)のエゴを廃し、成員個々を直接支配統合の対象としようとしていることの現れのように思う。

もともと地割制の下では家産という経済的基礎を持たないヤーは先祖崇拝のためのトートーメ(位牌)相続によって

継承されるシンボル性の強いものでであった。ヤーのエゴは弱かったのである。現在でもトートーメ相続には四つの厳しい禁忌がある。タチー・マジクイ（父系以外相続禁止）、チャッチ・ウシクミ（位牌相続からの長男の排除）、チョーデ・カサバイ（兄弟の位牌の同一祭壇祭祀禁止）、イナグ・ガンス（女性の相続、先祖ごとの禁止）がそれである。

北部のしま喜如嘉にはもっとも沖縄的な社会関係・集団と言われる集団、門中の組織は存在していないといってよかった。しまの土地を外部に流出させるわけにはいかない。そのことも一つの理由だろうが、しまは内婚制であった。そのためしま内に血縁関係が幾重にも重層している。男系出自のつながりは（門中の言葉も殆ど使われない）せいぜい三代で消滅、はろうじ（男女双系のいとこぐらいまで）、その外延にひろがるシンルイ（ヒキともいう）の交際があり、門中は重視されない。

大宜味村内の各しまの墓制は村墓である。調査時の喜如嘉区長からの聴取だと、明治のはじめまでの村墓修理のために中を見たら、現在のように個々人を壺に入れることなく、死者の骨は自他の区別もなしにうず高くつみかさねられていたという。死ねば村人はひとつになって村の人びとにまつられるのである。親族関係、墓制を見ても村人の一体感が強いといえる。

風葬の記憶や痕跡もあるが、村墓はそれにつぐ沖縄の最も古い制度であったのではないか。中南部へゆけば、門中墓、ヤー墓が多い。北部でも大宜味だけではなく、かっては村墓が多かったといわれる。名護東海岸のしまの古老が明治の末の子供の頃村墓に代わって、門中墓ができたことを記憶していた。大宜味や名護の約二〇の村と中部読谷村のいくつかのしまで聴取したが、士族が移り住んだ屋取とよばれるしまでは門中制度がしっかりしている。読谷では先祖が王家から与えられた身分称号を加えた門中もあった。門中は支配階級から広がっていった慣行ではないかと思う。

「基地問題と沖縄の公共性」

以上見たことは現代の基地問題を考える上での見逃すことのできない沖縄県民の感覚を生み出していると思う。村の人間は皆平等であり、お互いに親しい血のつながった仲間であるという感覚がそれである。

普天間基地の移設先辺野古は基地賛成のしまの雰囲気が強い。その中で、しまからはじき出されながら、孤軍奮闘し高齢の嘉陽のおじいとともに、三五人のおばあたちとともに命を守る会の旗を掲げて孤軍奮闘し逝ってしまった会長金城祐治氏は語っていた。辺野古出身、大坂育ちだが本土との差別が彼の運動の原点である、と。沖縄の基地はまさに差別の現れである。そして、オール沖縄で基地に反対する翁長知事を生み出したのも差別に対する憤りと、ウチナンチュウの仲間意識だったと私は考えている。また、沖縄が育んできた固有の文化が「うちなんちゅう」を一つの共同体にむすびつけていることを忘れてはならない。

基地問題に関して公共性とは何か。齋藤純一氏は、共同体やアイデンティティから解放されたところに公共性は生まれるとする（齋藤 二〇〇一）。私は沖縄などを念頭に、これに異議申し立てをしたい。差別と権力による抑圧のあるところでは共同体の共同性とアイデンティティがいきた公共性を生み出す根源的な力の源泉となる。私はあるべき公共性の議論をすることを否定する者ではない。しかしながら、実際は、共同性と公権力、生活上の共同性とシステム公共性がせめぎあって現実の公共性が生まれる。沖縄では抽象的な市民的公共性の主張だけでは無力である。現実には抑圧と差別を生み出す力は（権力と本土世論）はそれを吹き飛ばしてしまうのである。

地方住民運動のきっかけとなった沼津三島清水の運動も農村部落の反対運動から始まった。巻町の原発反対運動も、東北（福島）大震災からの立ち直りも共同体を欠いては考えられないと思う。名護の戦没者名簿を見た。スパイ容疑で日本軍銃殺の説明書き、話を聞いた読谷村の旧役場のあるしまでの集団自殺（チビチリガマの悲劇）など多くのショックを受けた。

5　中国の村落自治

中国農村と自然村

現在中国の農村を個人を中心として形成されるネットワーク社会としてとらえ、地域的な集団性を否定する見解が大きな影響力を持っている。たとえば、管豊は日本はコミュニティを基盤として形成される多機能的、恒常的な共の世界(コモンズ)を伝統型社会がもつのに対し、中国は地域的基盤ではなく、個人を中心とした関係、ネットワークを通じて特化した機能、必要に応じ形成消滅する流動的なコモンズの世界を持っていたと論ずる(管二〇〇九)。

このようなネットワーク社会論は東南アジア社会論にもあることは、ジャワで論じた。しかし、ジャワ村落は集団的なまとまりをもっており、個人の生活もこの集団を欠いてはなりたち得ないことを論じた。中国でも個人ネットワーク論の過度な強調は中国社会の理解を過たせるのではないかという疑問をもっている。

日本での中国に村があるかないかという論争は、戦時中の満鉄による「中国農村慣行調査」の結果をめぐって、平野義太郎と戒能通孝の間に生じた論争から始まる。

戒能は中国の家族については次のようにいう。均分相続で兄弟利害対立し、世帯分離の遠心力が働き、家族は「下宿屋的関係」「利益団体的支配関係」「ゲゼルシャフト」となっている。家族にも家族関係の延長としての父系親族宗族にも血縁共同体原理はない。世代ごとに分裂を繰り返し移動が激しい、村には境界もなく集団性・団体性がない。村長や有力者も支配者であり村人の「内面的支持」がない、と自然村、村落協同体の存在を否定する(戒能 一九四三)。戒能の議論は、中国には地域を基盤とした社会関係がないかのように語る、一部にある議論を生み出すことにも影響している。

平野は中国には、行政村である保甲とは別に有力者がつくる「会」が、「自然村」であるとして、戒能の主張を批判する。中国の村には公共事業が乏しく「結合力」は弱いが、「生活共同体」「村意識」はあるという。日本と「型を異にする」村があるとする(平野 一九四一)。

他方、直ちに団体性を否定することは出来ないとした調査の現地責任者の旗田巍の見解も見落とせない。旗田は、村には境界がなく、村への所属は日本とは違って属地的ではなく、属人的であり、団体性が乏しいとする。しかし、権利義務を持つ本村人とその他の人びととの区別があるとしている(旗田一九七三)。見落とせないのは、本村人の中にある「街坊の輩」の風習である。これは村人を、非血縁者を含め全て親族呼称で呼び合う風習である。村人は擬制的親族関係の中に位置づけられて本村人となっている。村落の全住民を包含する家族主義を地盤に形成される結社団体の環節構造を考えたり、結社連合を通して村落連合を考えたりしている。後には、「会」の中に「村の自治機関と密接な関連」を持つものがあると平野の認識に近づいている(旗田 一九八六)。

同じ頃、華中農村を調査研究した結果と、華北の満鉄調査結果の分析に基づいて『中国農村社会の構造』(一九四六)を表した福武直がいた。彼は、戒能議論は極論であるとした。華北以上に結合力の乏しい華中農村研究で展開している彼の議論が注目される。共有地を持つような村落共同体 village community の存在ははっきり否定する。直系主義的に相続される日本では、家は分裂することなく固定した本家—分家の家格差が生じ、本家を結合中枢とする同族と村が一つになって、世代を超えた持続的秩序を形成する。分割相続と世代主義(先祖に近い者が上位に立つ)の中国では、家は分裂し、身分的な結合中枢が形成されにくく実力主義的となる。ただ、福武は父系親族集団であり家庭や世帯と区別された家や父系親族集団宗族のまとまりの強さを軽視していたように思う。この点宗族の強い南方の村が視野にない満鉄調査関係者やそれに依拠して立論する人びとにも共通するところである。

福武は自然村の存在は認めるが、その「集団的統一性の微弱」「封鎖性、自給性の喪失」を指摘し、自然村が、田舎町に依存する程度を深めていると主張する。田舎町を中心とする「町村共同体」「城鎮共同体」の存在と形成の必要性を論ずる。自然村については受動的、封鎖的で、自治すら困難な「村落の封鎖的孤立性」をもたらすものであり、それが中国社会の停滞性の秘密だと考えていた。そこで、城鎮共同体の行政的育成を通じて、近代行政の浸透をはかり、国家と村落・農村社会の相即的発展をはかってゆく事を主張する(福武一九四六、一九四九)。

生成的自治を支える自然村

いわゆる「村落共同体」は、土地の共同所有を基礎にして西欧中世に現れたコミュニティの一つの型に過ぎない、と私は考える。同じものは中国にも、日本にも存在しない。しかし、共同体をより広く生活共同全体との関連でつかまえ、村を「生活協(共)同体」として理解しようとする見解は多く存在する。

その中で私は、平野とともに、社会学者清水盛光の議論に注目したい。清水は中国では伝統的に国家と社会が二元的に分離してきたという。この統治の二元的対立の様相を踏まえて、自然村の共同生活を研究しようとした(清水一九三九)。公共事業を実施する共同生活の体系を「村落自治」と定義するが、それには二種類あった。「連帯関係が村落民の協同自営の必要に基づき、彼らの生活より自然的に生起する」「自立的あるいは生成的自治」。「国家が自己の政治的目的を遂行するため」に設けた「他律的自治あるいは構成的自治」である。具体的には「自然村と行政村の差異である(同書二〇〇頁)。両者は乖離することが多かったが、自然村は行政村の背後に息づいていたと歴史の中で検証する。清水は、福武の著作について、自分の研究は歴史研究、福武の研究は現代の研究だが、歴史を知らずに現代が判るだろうかと批判している(清水一九五六)。例示しないが、歴史研究は一般に中国の共同体を強調する者が多い。

一九世紀の調査であるA・H・スミスの研究は村落が地域で行う公共事業を列挙しており、費孝通の有名な華中調査も家、宗族が、「地域的群」を形成すると地縁性の契機を重視している。地縁的な集団性を無視することは出来ない。

なお、最近は父系親族集団宗族を中心にする集団性の強い南部村落の調査報告も増えているが、ここではたちいらない。中国農村の持つ地域的集団性の欠如を簡単に結論することはできない（スミス一九四六、費一九三八）。

農村基層組織としての村民委員会と自然村

蘇州郊外の農村で自然村という表現を聞いてびっくりしたことがある。自然村は中国の専門家に聞いても用語使用の起源が判らない。だが自然村は戦前から行政用語としても使われていた。一九三〇年代、延安の共産党政権は、行政村内の「自然村」を明示してそこに戦略拠点を置いて土地改革を行ったという（佐藤一九八七：一三三頁）。蒋介石政権も地方行政組織の基本的編成単位として自然村をおいたという（張二〇〇五：五二頁）。

人民公社時代には、公社、生産大隊（範域はたとえば日本の行政村にあたる）、生産隊（たとえば日本の農村部落にあたる）の三級所有とされたが、所有、生産、経営採算の基礎単位は最下層の生産隊とされ、公社、大隊であろうと、土地を利用するときは生産隊に賃借料を払わねばならなかった。

一九七八年生産請負制が発足する。それとともに、基層組織が機能しなくなり麻痺状態になる。その再建のために地方で自生的に展開してきたのが生産大隊規模の村民委員会であった。中国農村の組織性が見られる。委員会は公認され、一九八二年村民委員会組織法が制定施行された。

制限された仕組みの中ではあるが、上級の郷・鎮が政府組織であるのに対し、幹部を住民が選ぶ「大衆的自治組織」とされた。村民委員会は「一般には自然村に設ける」とされ自然村は法律用語となる。人民公社は解体され、代わって委員会の上部に政社分離の国家の統治機関である郷・鎮が基層組織として新しく組織化されたのである。

一九九八年とついで二〇一〇年、村民委員会組織法は改定された。自然村の用語は消えたが村民小組と自然村の関係が注目される。村民委員会の合併が進んでおり、自然村との乖離が広がっている（田中二〇一一）。その中で、一〇年法は「村民の居住状況及び集団土地所有の関係に基づき」村民小組の設置を可能にしている。

近時の国土資源部報告では国土土地資源の九〇％が村民委員会の内部にある旧生産隊の後身村民小組所有であることを明らかにしている（阮 Ruan 蔚二〇一〇）。別の調査では九七％という数字があげられる（張二〇〇九参照）。以上のように三級所有時代も一級所有への変化後も中国農村の集団的所有主体は、生産小隊とその後身の農民小組にある。このことは、自然村的なまとまりがあることを認めざるを得なかった事と関係していると思う。

また、一〇年法は「奉仕性、公益性、互助性のある社会組織」いいかえれば、農村コミュニティ（社区）の建設を義務づけている。自発的なボランティアによる「生成的自治（清水）」の形成の必要性がこの条文となったと思われる。自然村的なまとまりが、革命前から、革命後、歴史を超えて生き続けたという事を示す記述や調査報告もある。自然村に焦点を合わせ、中国農村の調査研究を精力的に続けたのは石田浩である。彼は中国の東北、華北、華中、河南の多数の農村で、行政村と自然村の関係に焦点を合わせ調査研究している。革命前も革命後も、人民公社解体後も一貫して自然村が基礎的組織単位であったことを実証しようとしている（石田一九八六、一九九一参照）。

中国には「共同体的土地所有を媒介にした農業生産の保障は見られず、共同体を維持することが即共同体成員の生活を保障するという点では欠如していた」（石田一九八六：二四）。しかし「農業の再生産、農民生活の再生産の維持は人的結合によって」充足されてきた。共同体土地所有に代替えするのが人的結合であり、人的結合は同族（血縁結合）、同郷（地縁結合）に整理できるとする。絶対皇帝権力、封建領主制の不存在、科挙制によって封建的身分制度が育たなかった中国では、現実的功利的・打算的思考様式が普遍化した。しかし、内的には生産生活両面の不安定性によって自立できず、帰属集団を求めた。それが村である。それは現代中国農村にも根強く存在している。境界がないといえるが、「村人が所有する範囲」の観念は存在する。

石田が検討した農村の共同関係には次のようなものがあった。換工（結い）、灌漑、排水、看青（作物盗難の監視）、換工から発生した短工・長工（換工から発生の雇用被雇傭）、塔套（農具屋役畜の貸借）、農具の共同購入、土地売買小作契約の仲介者中人の存在、夥種（労働提供者と土地提供者の協同経営）、打更（夜回り）、結婚式・葬式費用の金繰り融通、借金、銭会（互助金融）、土地の貸借売買、村廟の運営、雨乞い、攤款（たんかん＝県からの臨時経費や各種公租公課負担）、自然災害などに当たっての対公権力団結、本村人と他村人の区別、土地移動の宗族や村内への制限など……その他伝統的な自治組織である村公会や実質的な公会である廟会。日本でも粗放な経営が行われ、集落活動の弱かった関東畑作地帯を想起してみれば一体どこが日本の村と違うかと考えてしまう。そういえば、満鉄調査も畑作地帯の調査である。それを踏まえているため、中国の村の非組織性が強調されすぎてもいると思う。

太平洋戦争終了五〇周年記念日の八月一五日、満鉄調査の行われた河北省の省都石家荘市で共産党書記長と会食していた。八路軍が忍び込んだというので二つの村の住民が日本軍に皆殺しにされたといわれた。国民軍、日本軍、八路軍などの物資軍事徴用も厳しい時代である。中国の村の共同活動は正常に行われていたとは思われない。戦後の農村は共産党の厳しい集団統制下におかれ、個人が抑圧されてきた。この現代史の経験を考慮することなく、中国社会の基層構造が論じられ、集団性の弱さがいわれる。上からの統制規制が厳しく、個人の意見が集団の中で通らなければ、個人主義に走るのは当然であろう。特殊経験をした社会の調査によって、中国社会の歴史を超えた基礎構造を論ずるのは、少し短絡的である。

私は中国の村民委員会レベル、あるいはその内部レベルにおける内発性を持つ自然村的な集団の存在を認め、それを掘り起こし中国の基層組織の民主化をささえる基盤にしなければならないことを、主張したいと思う。

生成的自治と構成的自治の相互作用

鈴木（有賀）が日本農村研究で見落しとしたのは、村の持つ集団的な自治的組織活動である。伝統中国が日本に比し自治活動が弱かった事は否定すべくもない。しかし、革命後中国は組織化を強力に進めてきた歴史を持っている。その中で生成的自治と構成的自治がどのようにせめぎあってきたかを追跡するという視点を持つことは重要な課題である。鈴木や有賀が見落としあるいは軽視したところ、鈴木が「精神」に飛躍して説明したところ、つまり農村自治の世界を上記視点から掘り起こすことの必要性を主張したいのである。

晩年の鈴木は行政枠の中から自然村が形成されると論じた。晩年の有賀は、農民が政治をとらえ直しすることによって生活防衛をはかったことを語った。中国にも内からの生成的自治の形成、行政のとらえ直しの動きはないわけがない、と私は考えている。

共産党幹部はある意味では党内昇進を目指す官僚であり、住民と乖離する場合もしばしばみられる。民主主義の未成熟もあり、上意下達的構成的自治が極端に優位することもある。中国社会を揺るがしている年間二〇万件にも及ぶ群体性事件（五〇人以上の集団抗議運動をさす）はまさに、こうした行政村と自然村の二元構造に由来するものと考えられる。群体性事件の多くは農村事件で、行政村総数六〇万に比してその多さが判る。そのうちの一つ烏坎（うかん）事件（二〇一一年）がある。ここでは村幹部の土地をめぐる汚職に抗議する事件があり、共産党主導での候補者推薦制を排し、村の直接選挙で幹部を選んだ。インターネットを通じ世界から注目されたが、政府の干渉で結局はつぶされてしまった。基層組織の民主化が大事である事と、その実現には困難があることを示すものである。

生産請負制を先駆的に実施、指導した中国農政改革の父といわれる杜潤生は（私は彼に個人的に話を聞いたことがある）、地方幹部の腐敗汚職を摘発した李昌平の著書『中国農村崩壊』（二〇〇四）の序文で次のように農民解放と民主化を訴えている。「農民に国民としての権利を与えよう。都市戸籍と農村戸籍を二分し、農民を土地に縛り付け、移動の自由を制限し、福祉、教育、住宅、経済で差別する社会の二元構造を打破すべきである。農民の権利を行使する組織を与えよ。そのためには村民自治、郷政権の選挙、県政権の民主化の再建が必要だ。」現代の中国には組織性がないのではなく、与えられていないのである、と私は思う。

伝統的に中国は国家と社会が二元的に分裂していた。国家は村にまで入ってこなかった(松本 一九七七、和田 一九三九、清水 一九三六、福武 一九四六参照)。しかし、近代以降は伝統的な農民世界の人間関係の世界を破壊し、国家が厳しく統制する。国家の規律組織秩序が厳しく組織が個人の主張は取り上げてくれなければ、個々人が自分を守るために勝手に動き出すのは当然であろう。集団性が乏しいといわれる中国農村には見かけの上の組織性にもかかわらず、内面的には自発的共同の支えを失った組織や集団が現れる。

しかし、人民公社解体後の組織的に麻痺状態になった農村の末端から村民委員会が自生してきたことを想起したい。生成的自治の力が中国農村の混乱を救うきっかけとなった。中国農村が下から自発的な組織力をもっていたことを見落とすことは出来ない。現代中国では上位の省から県(市)、郷・鎮が国家機関であり、幹部選出の権限は国側にある。村民委員会は「大衆的自治組織」とされ、幹部は住民選挙で選ばれる。しかし、一般に共産党主導で候補が選ばれ、党と村の幹部が一致するように「両推一選」として選ばれるように指導される。

現在、中国では効率化のために、村、郷・鎮の合併が進められ、住民税徴収も禁止で財政基盤を失い、国の出先機関化が進んできている(田中 二〇一一)。村民委員会やそれを支える自然村という場、そこでの人間関係のネットワークに息づくゲマインシャフトの世界に中国人の自発性を育む場として、私たちはもっと目をむけなければならないだろう。中国には日本が縦の関係(有賀)を重視するのに対し、水平的な「つながりの公」があるといわれる(溝口 二〇〇二)。かつてA・H・スミスは欧米に比し、中国人は「共同に対する中国人の異常な天分」(前掲一一〇頁)をもっているといった。そうした視点からの村の掘り起こしも大事だろう。

私は一九九〇年代かなりの数の中国の村を訪問した。モデル村が多かったこともあろうが、個別経営と、用水利用、機械化、土地利用計画など社会化の結合による農業発展「双層経営」と郷鎮企業の経営に成功している事例を多く見た。

日本の村と比べて遜色があるとはとても言えない組織性、集団性を見た。こうした村も中国には無数にあるだろう。

先述の一〇年改正の村民委員会組織法規定の村コミュニティ「社区」形成の動きや、機能主義的組織として全国に広がりながら、村落単位の組織化が多い農業専業合作社の動きにも注目したい（その実例として、社区は滝田 二〇〇九、現段階の村民自治は南 二〇〇九、農業専業合作社は宝剣 二〇〇九参照、共有土地の共同利用は山田 二〇一五参照）。

現実の中国農村では、個人がばらばらの「原子化」、個人的な「つながり」、集団的「まとまり」の三局面が流動的に現れるという、着実な実証が注目される田原史紀の指摘が妥当性を持つといえるだろう。極論は排したい。田原は村が共通資源をもち、その有効利用が図られる場合に、個人のネットワークは強化され、村の組織化は進んでいるという。この点では現代中国においては、農村における最大の資源である土地が村の集団所有、共同資源であるという点で日本と決定的に異なることを強調しておきたい（以上の論点に関して田原 二〇〇六、山田 二〇一二、二〇一五、特に生成的自治をめぐる問題提起は田原 二〇〇〇）。

私は、中国農民の自発性を引き出し、中国社会の安定、将来の発展をはかるためには、中国民衆の中にあるインフォーマルな共同活動、とくに自然村的なネットワークをもつ自然村や村民委員レベルでの地域共同世界の中に息づく生成的なエネルギーを掘り起こすことが大事だと考えている。

私は福建省で、南部に多い一村一姓地域の大規模な宗族単位で参加する祭りを見た。そのすさまじい爆発的エネルギーに山東出身の中国の友人も驚嘆していた。北部山東省でも外婚制など伝統を保持する全村将姓の将家村を見た。個人ネットワークも宗族規範を基礎にした人的結合であることも多い。それは容易に地縁関係に転化する（首藤 二〇一〇）。この宗族も肯定的特殊性としてありのままに認め、中国の基層における民主化を考える必要があると思った。

中国の自治を開かれたものにするためには、福武がいうように、そして杜潤生が指摘したように郷鎮レベルの生成的自治の発展もまた望まれる。二〇〇四年以降中国政府と共産党は年々の政策の基本をなす年頭の第一号文件に農村農業問題をかかげ、都市、工業中心政策からの転換姿勢を示し続けている。習近平政権は二〇一四年から、新型都市化計画をかかげ、都市戸籍住民と農村戸籍住民を差別するという二元社会構造の廃止を目指す世紀の大改革を打ち出した。こうした改革の成否は農村民主化、民衆の自発性の喚起に支えられるかどうかにかかっていると思う。

引用・参考文献（［　］内は初出年）

青井和夫、一九八〇、「家族研究の基本問題」、青井・庄司編『家族と地域の社会学』東京大学出版会。

有賀喜左衛門、一九二九、「方言」『著作XI』所収
有賀喜左衛門、一九三六、「新刊紹介、武藏保谷村郷土資料」『民族学研究』第二巻二号。

有賀喜左衛門、一九六九ａ［一九五五］、「公と私――義理と人情」『著作集Ⅳ』。

有賀喜左衛門、一九六九ｂ［一九四七］、「社会関係の基礎構造と類型の意味」『著作集Ⅲ』。

有賀喜左衛門、一九六九ｃ［一九四八］、「都市社会学の課題」『著作集Ⅷ』。

有賀喜左衛門、一九六九［一九五八］、「民俗資料の意味」『著作集Ⅷ』。

有賀喜左衛門、一九七〇ａ［一九五五］、「家制度と社会福祉『著作集Ⅸ』。

有賀喜左衛門、一九七〇ｂ、「序文」「同族と親族」「著作集Ｘ」

有賀喜左衛門、一九七〇ｃ［一九四七］、「家について」『著作集Ⅸ』。

有賀喜左衛門、一九七一ａ［一九五八］、「村落の概念について」『著作集Ｘ』。

有賀喜左衛門、一九七一ｂ［一九四六、執筆一九四四］、「同族と親族」（『日本民俗学のために』を改題）『著作集Ｘ』。

有賀喜左衛門、一九七二［一九六五］、「家の歴史」『著作集XI』（初出『日本の家族』を改題）。

有賀喜左衛門、一九八二［一九三八］、「農村社会の研究」農山漁村文化協会。

有賀喜左衛門、二〇〇〇、「有賀喜左衛門先生最後の講話」、北川隆吉編『有賀喜左衛門研究』東信堂。

有賀喜左衛門、二〇〇一［一九七五］、「柳田国男の一国民俗学」『著作集XII』。

石田浩、一九八六、『中国農村社会経済構造の研究』晃洋書房。

石田浩、一九九一、『中国農村の歴史と経済』関西大学出版部。

及川宏、一九三九、書評「農村社会の研究」『民族学研究』第六巻一号。

戒能通孝、一九四三a、「支那土地慣行序説」『支那農村慣行調査報告書 第一報』東亜研究所（『法律社会学の諸問題』岩波書店、一九四三bに再収）。

河村望・蓮見音彦、一九五八、「近代日本における村落構造の展開過程上・下」（『思想』一九五八年五月号・六月号）。

金沢夏樹、一九八八、「ジャワ稲作農民の生産ビヘービアー」、松田藤四郎、金沢夏樹編「ジャワ稲作の経済行動」、農林統計協会。

管豊、二〇〇九、「中国の伝統的コモンズの現代的含意」、室田武編著『グローバル時代のローカル・コモンズ』。

ギアツ、クリフォード、池本幸生訳、二〇〇一（原著［一九六三］）、『インボリューション』NTT出版株式会社。

喜多野精一「日本の家と家族」初出一九六五年、「同族組織と封建遺制」初出一九五一年、いずれも喜多野『家と同族の基礎理論』未来社、一九七六年に所収。

古屋野正伍編著、一九八七、『東南アジア都市化の研究』アカデミア出版会。

齋藤純一、二〇〇一、『公共性』岩波書店。

櫻田勝徳、一九五八、「村とは何か」『民俗学大系』三巻。

佐藤宏、一九八七、「農村変革と村落形成」、小林弘二編『中国農村変革再考』アジア経済研究所。

清水盛光、一九三九、『支那社会の研究』岩波書店。

清水盛光、一九五六、『中国郷村社会の研究』岩波書店。

首藤明和、二〇一〇、「中国の自然村――宗族規範による人的結合の地縁化に着目して」、社会科学研究会編『社会系諸科学の探究』法律文化社。

水津一朗、一九八〇［一九六五］、『新訂社会地理学軒本問題』大明堂。

鈴木榮太郎、一九二九、「農村社会学研究法」、「社会学雑誌、第五十八号」。

鈴木榮太郎、一九三一、「基本的地域社会の研究について」『郷土』第三巻第四号。

鈴木榮太郎、一九三六、「日本の村の分類について」、日本社会学会「年報社会学」第四輯『都市と農村』岩波書店。

鈴木榮太郎、一九三七・一九三八、「自然村の社会構造について」「農村社会事業」第二巻十二号・第三巻一号。

鈴木榮太郎、一九三八、「農村社会学研究法論」、村落社会学会編「村落社会の研究法」刀江書院。

鈴木榮太郎、一九七〇a［一九四〇］、「農村社会学原理」「著作集Ⅰ・Ⅱ」。

鈴木榮太郎、一九七〇b［一九四二］、「農村社会の国家的使命と農村工業」、「鈴木榮太著作集　Ⅳ巻」、未来社。

鈴木榮太郎、一九七〇c［一九三三］、「農村の社会学的見方」「著作集Ⅳ」。

鈴木榮太郎、一九七五、「国民社会学原理ノート」『鈴木榮太郎著作集Ⅶ』未来社。

鈴木榮太郎、一九七七［一九三二］、「農村社会学的部落調査法」『著作集Ⅶ』。

スミス、A・H、仙波泰雄・塩谷安夫訳、一九四六、『支那の村落生活』生活社（原本は一八九九）。

高橋明善編、一九九九、「沖縄・名護の字・行政区の特質と地域変動」「むらむらのルポルタージュ」＝「沖縄ヤンバル　地域の社会変動と海上ヘリ基地問題」所収、東京国際大学「科学研究費補助金報告書」。

高橋明善・築山秀夫・渥美剛、一九九五a、「過疎化・都市化による農村部落の解体と組織化」、東京農工大学『一般教育部紀要』第三一号、
高橋明善・池野雅文、一九九五b、「ジャワ農村における家族・村落と『貧困の共有』の現代的様相」、東京農工大学『人間と社会』第六号。

高橋明善、一九八七、「村落社会研究のための基礎考察」、北川・蓮見・山口編『現代世界の地域社会』有信堂高文社。

高橋明善、一九九二、「見過ごされる世界の変動――ジャワ農村の過剰人口・貧困・家族」、尾関周二他編『国際化時代に生きる日本人』青木書店。

高橋明善、一九九四、「中国における生産責任制・郷鎮企業の発展と農村社会の変貌」、東京農工大学『人間と社会』第五号。

高橋明善、一九九五c、「北部農村の過疎化と社会・生活動」、山本栄治・高橋明善・蓮見音彦編『沖縄の都市と農村』東京大学出版会。

高橋明善、二〇〇六、「村の協同性と『自然村』」『村落社会研究』第一三巻第一号。

高橋明善、二〇一二、「中国における農村自治と中間組織」『日中社会学研究』第二〇号。

高橋明善、二〇一四、村落の公共性と村落研究史　庄司俊作編「町村合併と村の再編」村落社会〇集。

滝田豪、二〇〇九、「『村民自治』の衰退と『住民組織』のゆくえ」、黒田由彦・南裕子編『中国における住民組織の再編と自治への模索』明石書店。

竹内利美、一九七二、『村落集団と家連合』（定年記念講演―非売品）。

竹内利美、一九六二、「同族団とその変化」『社会学評論』四六号。

竹内利美、一九六九、「原題 近隣関係と家」「家族関係と小農経営」と改題所収、同著「家族慣行と家制度」、原著は恒星社厚生閣（喜多野清一・岡田謙編、［一九五九］、「家―その構造分析」所収、創文社。

竹内利美・長田尚夫・井上正文、一九七五[一九三四]、『南伊那農村史』慶友社。

田中信行、二〇一一、「中国から消える農村」『社会科学研究』第六二巻五・六合併号、東京大学社会科学研究所。

田原史起、二〇〇〇、「村落統治と村民自治」、天児慧・菱田雅春『深層の中国社会』勁草書房。

田原史起、二〇〇六、「中国農村における革命と社会主義経験」『歴史学研究』№八二〇。

張安明、二〇〇九、「中国農業部統計」、二〇〇九年農村企画委員会主催日中交流シンポでの報告。

張文明、二〇〇五、「中国村落自治の実証研究」、御茶の水書房。

戸田貞三、一九九三[一九二四]、「家系尊重の傾向に就て」『戸田貞三著作集』第一巻所収、「家族の研究」一九二六にも所収。

戸田貞三、一九七〇[一九三七]、『家族構成』新泉社。

戸田貞三、一九三三、『社会調査』時潮社。

中根千枝、[一九六四]、「タテ社会の人間関係」講談社。

中根千枝、一九八七、『社会人類学』東京大学出版会。

中村吉治、一九五六、『村落構造の史的分析』日本評論社。

旗田巍、一九七三、『中国村落と共同体理論』岩波書店。

旗田巍、一九八六、「廟の祭礼を中心とする華北村落の会」、小林弘二編『旧中国農村再考』アジア経済研究所。

平野義太郎、一九四一、「会・会首・村落」『支那慣行調査彙報』東亜研究所（後に『大アジア主義の歴史的基礎』河出書房、一九四五に再収）。

費（Fei）孝通、一九四二[一九三八]、「支那の農民生活」生活社。

福田アジオ、一九八四、『日本民俗学方法序説』弘文堂：二二九頁。

福武直、一九五一、「家族における封建遺制」日本人文科学会『封建遺制』。

福武直、一九七六[一九四六]、「中国農村社会の構造」『著作集第九巻』東京大学出版会。

福武直、一九七六[一九四九]、「日本の村と中国の村」『著作集第四巻』

福地昿昭、一九七五、「村と戦争」、『村と戦争刊行会』（沖縄牧志町球陽堂内）。

宝劔久俊、二〇〇九、「農民専業合作組織の変遷とその経済的機能」、池上彰秀・宝劔編『中国農村改革と農業産業化』アジア経済研究所。

堀場清子、一九九〇、『イナグヤナナバチ――沖縄女性史を探る』ドメス出版。

松本善海、一九七七、『中国村落制度の史的研究』、岩波書店。

溝口雄三、二〇〇一、「中国思想史における公と私」、佐々木毅・金泰昌編『公と私の思想史』東京大学出版会。

水野浩一、一九八一、『タイ農村の社会組織』創文社。

水林彪、二〇〇二、「日本的公私観念と近代化」、佐々木毅・金泰昌編『日本における公と私』東京大学出版会。

水本邦彦、一九八七、『近世の村社会と国家』東京大学出版会。

水本邦彦、二〇一五、『村――百姓たちの近世』岩波新書。

南裕子、二〇〇九、「中国農村自治の存立構造と展開可能性」、黒田由彦・南裕子編『中国における住民組織の再編と自治への模索』明石書店。

宮田昇、一九八五、『日本の民俗学』講談社。

柳田国男、一九七二［一九三一］、「日本農民史」『定本柳田国男集第十六巻』。

柳田国男、一九七五［一九三三］、「郷土研究と郷土教育」『定本柳田国男集第二十四巻』。

柳田国男、一九七三、「柳田国男と柳宗逸」、『季刊柳田国男研究』第三号所収、白鯨社。

山田七絵、二〇一二、「中国農村における組織化メカニズム」、重富真一・岡本郁子編『アジア農村における地域社会の組織形成メカニズム』調査研究報告書（インターネット）。

山田七絵、二〇一五、「中国農村における集団所有型資源経営モデルの再検討」、『アジア経済』Ⅵ―一。

横井時敬、一九二五ａ［一九一〇］、「町村の合併を否とす」、『横井博士全集』横井時敬全集刊行委員会。

横井時敬、一九二五ｂ、「農村改造期論」、同全集四巻。

横井時敬、一九二七、『小農に関する研究』、丸善。

阮 Ruan 蔚、二〇一〇、「矛盾深まる中国の農地制度」『農林金融』。

李昌平・吉田富夫監訳、北村稔・周俊訳、二〇〇四、『中国農村崩壊』ＮＨＫ出版。

和田清編著、一九七五［一九三九］、『中国地方自治発達史』汲古書院。

渡辺尚志、二〇〇七、『近世の村落と地域社会』塙書房。

在中国日系企業の人材マネジメントの現実と課題

柴田　弘捷

1　はじめに

日中関係は、政治的関係（歴史認識問題や領土問題等）で鋭く対立しているにもかかわらず、経済的関係は深化しつつある。中国経済の規模が大きくなるにつれ（二〇一〇年にはGDP規模世界第二位、一四年は日本の倍となった）、日中間貿易も拡大し（一五年度の日本の対中国貿易シェアは、輸出一七・五％〈第二位〉、輸入は二四・八％〈第一位〉、貿易総額で二一・二％〈第一位〉〈財務省・貿易統計〉）、日中双方にとって最重要なパートナーとなっている。日系企業の進出も著しく、一三年度末時点で、海外進出している日系企業のうち中国進出企業は、企業数で二七・六％、常時従業者数で二九・七％も占めている〈経済産業省・海外事業活動実態調査〉。

また、香港を含む在中国の日本商会組織は四〇を超え、法人会員数八、八七四社（各地域商会の法人・団体数―上海二二七〇、大連七六四、北京六八五、香港六六一、広州六一三、蘇州五七九、深圳四六七、青島八〇等、ただし複数の商会に所属する法人がある）にも上っている〈中国日本商会「中国経済と日本企業　二〇一五年白書」〉。

日本経済も、中国経済もグローバルな動きのなかにある。もちろん中国に進出した日系企業もそうである。事実、後述するように、アジア経済危機やリーマンショック時には日本の対中国投資は停滞ないし減少している。

しかし、日中関係は、経済のグローバルな動きとは別に、特有の問題があり、それが日系企業の活動に深刻な影響をもたらしている。すなわち、歴史認識問題である。首相の靖国参拝は、中国政府の反発だけでなく、中国民衆の怒りを買い、日本製品の、在日系企業製品の不買運動が起こる。加えて、尖閣諸島「国有化」はさらに厳しい反発を招いた。日本製品の不買運動のみならず、商店への襲撃、さらには在中国日本人が身の危険を感じるほど厳しいものであった（柴田二〇一四付記1参照）。

中国での人件費の高騰や円安の加速に加え、このような経済外的要素も加わって、近年、「チャイナ・プラスワン」の掛け声のもとASEAN諸国やインドに投資の軸足を移す日本企業も多くなり、ここ二、三年は中国への直接投資額は減少し、また、新設企業数を上回る解散・撤退企業が出ているとはいえ、一三・六億人超の人口を有する中国が、巨大マーケットである現実から見ても、進出企業にとってはもちろん、日本経済にとっても、中国での企業活動の成否は死活問題なのである。その成否の鍵を握るのは、現地人材のマネジメントである。

以下で、日系企業の進出状況を素描し、雇用環境の変化、中国人の意識と行動、日系企業の人材マネジメントの実態を明らかにし、その問題点を指摘したい。

2　中国への日本企業の進出状況——量・質の変化

在中国の日系企業数は、中国側のデータによると、登記社数は、一九九四年時点で九、八四〇社であったが、二〇〇〇年には一四、二八二社に、〇八年に二五、七九六社と最高を記録した。リーマンショックの影響により、〇九年に二二、二六三社と二、五〇〇社強減少したが、その後再び増加し、一二年は二三、〇九四社で外資企業の七・九％を占めている〈中国貿易外経統計年鑑〉。日本側にはその正確なデータは存在しないが、その数の拡大は、いくつかの調査報告でも明らかである。

経済産業省のデータ〈海外事業活動実態調査〉によれば、八九年は、香港を含めてわずか一〇一社にすぎなかったが、一〇年後の九八年には一、四〇七社に、その後も増加を続け、表に見られるように、一三年には六、五九五社にもなっている（ただし、この調査は、海外に、資金現地人一〇％以上の現地法人を持つ日本企業が対象で〈金融、保険、不動産業を除く〉、有効回収率は七〇％前後〈一三年度は七一・三％〉であるため、実態よりは相当少ない数である。が、傾向を見るには十分である）。

また、外務省データによれば、中国本土の日系企業の進出拠点数（日本本社の支店・駐在員事務所、日系企業の独資法人企業本店・支店、合弁日系企業、日本人の現地起業企業等）は〇六年の一〇、七五八＋αから一一年には三三、四二〇＋αと最大になり、一二年は三一、〇六〇＋αに減少するが一四年には三二、六六七＋α拠点で、〇六年の三倍増となっている。

二一世紀中国総研によれば、日本の全上場会社三、五八六社（一三年）のうち、中国（香港、マカオを含む）現地法人の他に日本本社直属の駐在員事務所、支店、営業所を持っている会社は一、七一三社（四七・八％）、東証一部上場企業一、七五二社に限れば一、一四三社（六五・二％）で、これら企業の現地法人は七、三二三社になるという[1]。

国際協力銀行の調査によれば、海外邦人三社以上でかつ一社以上の生産法人を持つ製造業企業の内、中国に一か

表１　日系企業数・従業員数の推移（中国本土〈除く香港、マカオ〉）

年度	法人数（社）			常時従業者数（人）		
	全産業	製造業	製造業割合（%）	全産業	製造業	製造業割合（%）
1998	1,407	1,145	81.4	397,460	359,160	90.4
2000	1,712	1,263	73.8	549,412	508,153	92.5
2005	3,139	2,156	68.7	1,206,810	1,110,560	92.0
2010	4,619	2,846	61.6	1,482,900	1,315,916	88.7
2013	6,595	3,879	58.8	1,641,236	1,423,658	86.7

出所：経済産業省「海外事業活動基本調査」各年より作成。

所以上の生産法人を持つ企業は八割を超えている。そのうち中国に販売法人を持っているのは三四八社五八・三％である。[2]

つまり、日本の有力企業ほど中国進出率は高いのである。

そして、日系企業に関わる従業者は直接・間接合わせて一千万人を超えるとも言われている〈中国日本商会「中国経済と日本企業　二〇一五年白書」〉。

中国進出企業は、このような量の拡大とともに質にも変化が生じている。進出産業を見ると、当初は、安い労働力コストを求めて、労働集約型・輸出産業（繊維・衣服産業、組立製造業―機械、自動車産業）と進出企業支援産業（銀行、商社）が中心であった。次いで、装置型産業（化学産業、電子産業）、対事業サービス業（コンサルタント、人材紹介会社）が加わり、二〇〇〇年代に入ると、製造業も輸出だけではなく中国を市場とする生産（家電・電子機器、自動車、食品、衣服、化粧品等）も加わり、小売業の進出が増加した。とくに小売業ではスーパーマーケット（イトーヨーカ堂、イオン）、コンビニエンスストアの進出が著しい。[3]

また、研究・技術開発部門も進出している。日系企業の研究開発拠点は〇二年以降急増している。[4] 安田によると、日系企業のR&D関連活動を行っている日系企業は〇四年の一五九社から一三年には四一五社に増加した。その業種は、情報・システム・ソフトウエアが一七三社で最大の四一・七％を占め、次いで電気機器六〇社が（一四・五％）続いている。化学・医薬と機械がそれぞれ三〇社、輸送用機械が二四社であった。[5]

表2　現地法人企業数（日本側出資比率別）

年度	実数（社）					構成比（%）				
	合計	50%未満	50%	50%超100%未満	100%	合計	50%未満	50%	50%超100%未満	100%
1997	1,573	347	159	599	468	100	22.1	10.1	38.1	29.8
2000	1,712	367	147	648	550	100	21.4	8.6	37.9	32.1
2005	3,139	462	158	882	1,615	100	14.7	5	28.1	51.4
2010	4,619	480	140	999	2,980	100	10.4	3	21.6	64.5
2013	6,595	587	175	1,239	4,542	100	8.9	2.7	18.8	68.9

注：合計には出資率不明を含む。
出所：経済産業省「海外事業活動基本調査」（各年）より作成。

つまり、安価な労働力への魅力は変わらないが、労働力集約型の加工輸出型製造業中心から、中国を市場とする最終消費製品の生産を行う多種の製造業が増加し、中国市場に合わせた商品開発のための研究開発分野の進出も目立ってきたのである。

なお、近年は、高齢者層を対象にした日系の有料老人ホームも進出し始めている。[6]

進出形態では、当初の合作・合弁型、日本本社の駐在員事務所型から、中国政府の政策転換（外資の自由化）もあって、駐在員事務所から支店に、合弁から独資への移行、さらに中国本社・本店化と支店展開、グループ企業の地域統括会社の設立（商社、松下、トヨタ、日立、イオン、セブンイレブン等々）という変化を遂げてきた。ただし、進出産業の主要分野の一つである自動車組立（完成品）製造業は、中国政府の政策で、未だ、独資はもちろん五〇%を超える合弁企業も許されていない。

なお、近年中国企業の生産力、販売網（中国市場）、内国民待遇の享受等が見込めるとして、再度合併指向が見られるようになった。[7]

3　雇用環境の変化

中国に進出する日系企業の業種も多様化し、安価な労働力に依拠した労働力集約型・量産型の加工輸出型の製造業から、より高品位の製品生産、中国を市場とした生産、販売、サービス産業が増加してきた。そのことは、当然にも必要とする労働力の質にも変化が生じ、人材マネジメントのあり方も変わらざるを得ない。

他方、中国の雇用環境（労働力市場、労働法制、賃金上昇圧力、労働者意識等）も変わってきた。人材マネジメントを検討するうえで、見ておかなければならないのは、雇用環境の変化である。以下、雇用環境（労働市場、労働法制、賃金事情）の変化について素描しておこう。

中国の労働市場

建国後長く維持されている、農村戸籍と都市戸籍の区分（農村戸籍の者には移動制限があり、都市で就業できなかった）と学校卒業後の就職は、政府による「分配」という「統包統配」制度[8]の下では、就業単位は人民公社、国営で、終身雇用であるため、自由な労働市場は存在しなかった。八五年以降この制度の緩和があり、九三年に「自由職業選択制度」が全面的に認められ、労働市場が成立した。とは言え、当初は、外資企業への就職（採用）にはもろもろの規制があった。

中国の主要な労働市場は、新規学卒者市場（高卒、大卒）と転職市場、出稼ぎ者（農民工）市場である。

①新規学卒市場

新規学卒市場は、中等学校卒（高卒）・職業訓練校卒と大卒・大学院修了者市場に分けられる。

中等学校卒・職業訓練校卒の市場は、高い経済成長の中で、売手市場で大きな問題は生じていなかった。むしろ、労働力不足の中で転職が可能で、転職は賃金・職業的地位の上昇をもたらした。企業側から見ると、従業員の定着が問題であった。この市場の募集・採用ルートは、学校ルートが主要ルートで、近年は、三年時に一年間のフルタイムの実習（相応の手当て支給）、卒業後そのまま正式契約をする方式が増加している[9]。

大卒市場は、改革開放、市場経済の導入、外資導入規制の緩和の中で、高度能力の人材需要が見込まれることから、産業構造の高度化に対応するための「高級人材」育成のため、大学・大学院教育の拡充政策がとられ、既存大学の拡充、大学の新設が図られ、大学生・大学院生が急増した。政府は、九九年に大学生の募集人員を九八年の一〇八・四万人から一挙に五一万人強増加する決定をし、その後も年々増加させてきた[10]。大学（含・専科）進学率は、九一年にはわずか二・九六％でしかなかったが、二〇〇〇年七・七％、〇五年一九・三％、一〇年二三・九％と急上昇し、一三年三〇・二％に達し〈GLOBAL NOTE（原資料：ユネスコ）〉、大衆大学の水準となってきた。卒業生数も二〇〇〇年代半ばに三〇〇万人を超え、その後も増加を続け、一四年は七〇〇万人超となっている。

九〇年代は新規卒業生も少なく、新卒学生の就職問題はほとんど生じていなかった。しかし、大学・大学院の新規卒業生の急増により就職問題が発生してきた。つまり、増加する大学生が希望する職業とそれに見合う職業分野の未発達によるミスマッチで、「適職」を求めて大学生の熾烈な就職活動が展開されることとなった。希望の就職が出来なかった大学・大学院卒業者の「蟻族」や「啃老族」の出現[11]が見られるようになり、大学生の就職問題が社会問題となった。つまり、「大学は出たけれど……」状態が生まれてきたのである（柴田二〇〇九参照）。

②転職市場

中国は転職市場が大きいと言われる。その背景には、経済発展の中で、外資も含めて新規企業の設立・企業規模の拡大があり、「即戦力」の労働力需要の増大があった。その需要に応じて、より良い処遇を求めてジョブホッピングが起こるのは当然である。特に、新設企業・事業拡大企業は、即戦力のマネジメント層（中間・高級管理職）が必要となり、人材紹介業を通してのヘッドハンティングや転職者募集による中途採用が拡大してきた。

他方、「発展空間」を求めて転職を繰り返す人材も増大した。ワーカーも店員も営業マンもより良い処遇を求めて転職を繰り返してきた。特に高級人材と言われる高学歴者にとって転職行動は当たり前であった。また、後で述べるように、期間付雇用契約が普通である中国では、雇用期間満了時は、企業には契約更新をしない、いわば解雇のチャンスであり、従業員にとってはそこで身に付けた能力を他の企業に売る、つまり転職するチャンスであった。このことも、転職市場の拡大となっているのである。

中国人の転職意欲は高い。ホワイトカラーの多くは就業中であっても、幾つもの人材紹介会社に登録し、随時その内容を更新している（柴田二〇一二）。中国の求人サイト智聯招聘の「二〇一四年秋季白領跳槽数調査報告」（ホワイトカラー転職数調査）によると、漠然と転職を考えている者二四・六％、転職活動中の者二一・五％、転職手続中九・三％で、転職が頭に入っているものが五割以上いる（考えていない四四・五％）。特に若い層ほど転職を考えている者の割合は高く、九〇后世代（九〇年代生まれ）は六五％、八〇后は五七％、七〇年代は四七％、六〇年代三二％であった[12]。つまり、若い年代ほど転職を考えている者の割合が高いのであるが、四四～五四歳層でも転職を考えている者が三分の一もいるのである。四〇歳を過ぎても転職を考える・可能である、というところに、転職市場の広さ・深さが現れている。

この転職市場の広さ・深さは多くの人材紹介業を発展させてきた。日系の大手の人材紹介業の進出のみならず、中国で起業したと思われる紹介業も出ている（柴田二〇一五参照）。

ただし、中国の高学歴若者だけが、転職率が特に高いわけではないようである。三〇歳代の男性で、初職を継続しているものは日本と同じ四〇・七％、アメリカは四五・九％（マレーシアやインドネシアは三〇％前後）である。ただ、転職２回以上の経験者は日本が二八・〇％であるのに対して中国は四〇・七％とやや多い（アメリカ三七・八％）。つまり、日本に比べ転職を繰り返す者の割合が高いのである〈リクルート調査二〉。

③出稼ぎ者（農民工）市場

都市部の主要な労働力源の一つが、都市、工業地帯の旺盛な単純労働の需要に応じて生まれてきた農村からの出稼ぎ者（農村戸籍者いわゆる農民工）である。北京市、上海市に代表される大都市、珠江デルタ地域に代表される工業地帯に、九〇年代の農民工の数は明らかではないが、相当数いた。山本は、種々の統計を分析して、二〇〇一年の都市部に出てきている農民工（外出農民工）数を三、九〇〇万人と推計している[13]。

〇六年に行われた統計的調査によれば、〇五年の農民工総数二億人超、うち外出農民工数は一・二億人であった。〇八年以降毎年行われている「全国農民工情況観測調査」によれば、〇八年は二二、五四二万人、うち外出一四、〇四一万人、一四年は二七、三九五万人、外出一六、八二一万人、一五年は二七、七〇〇万人（前年比一・二％増）、外出一六、九五二万人（〇・八％増）と増加してきた。ただ、近年は、内陸部開発が進み、郷里近くの工場に就職する農民工が増え、外出農民工の増加率は減少してきている。かつ、第二世代農民工は教育水準も上昇し、３Ｋ労働を忌避する傾向も出てきて、工業地帯の労働者・農民工不足・農民慌をきたしているのである。

需要市場から見ると、農民工は都市の雑役、工場労働者、店員（共に多くは派遣労働者）の、中等学歴層は工場労働者・販売員の、高学歴層は高級人材（幹部候補の事務職員・技術者・幹部・グローバル人材）の給源となっている。

労働法制の変化

市場経済が進展する中で、ほぼ無規制状態であった労使関係を規制する「労働法」が初めて施行されたのは九五年であった(公布九四年)。

同法の労働契約に関する基本的規定は、契約期間の定めのあるものと期間に定めのないもの(定年まで雇用継続)に分けられ、一〇年以上連続勤務の期間契約者は、労働者が希望すれば「期間の定めのない契約」に移行しなければならない、とされていた。また、試用期間は雇用契約期間の長さに応じて決められており、最長六ヶ月で、その賃金は約定賃金八〇%以上で最低賃金を下回ってはならないとされていた。

しかし、この規定は、契約期間内の解雇には規制があったが、短期契約を繰り返すことによって、ある意味で自由に契約解除(解雇)ができた。

〇八年に新たに「労働契約法」が制定され(〇九年施行)、期間のある契約を連続二回更新後、三回目の更新は期間のない契約に移行するとされ、雇用契約解除の場合は「経済保証金」(一種の退職金)の支払い義務も定められた。また労使双方負担・強制加入の社会保険(養老年金保険、医療保険、労災保険〈労働者負担なし〉、失業保険、出産保険〈労働者負担なし〉)と住宅積立制度の導入が規定された(負担金率は都市によって異なる)。

これによって、無際限の短期間の契約繰り返しは不可能となり、また契約解除には一定の補償金の支払いが必要となり、契約解除(解雇)への一定の歯止めとなった。同時に、企業側に相当の社会保険料の負担が生じた(上海市の場合、使用者負担は住宅積立まで含めると賃金の四二%となる。労働者負担は一八%)。

一三年に労働契約法の改正があり、派遣労働への規制が入った(一四年三月施行)。派遣労働者数は雇用者総数の一〇%以内、派遣業務は「臨時性・補助性、代替性の業務」に限定され、また、「同工同酬」(正規労働者と均等待遇)が求められた(日本の派遣労働法制より数段進んでいる)。

中国の派遣労働者の数は相当多いとされている。中国総工会の調査(一一年)では、六、〇〇〇万人超、国有企業で一六%、外資系企業で一四%いた。日系企業の派遣利用も広がっている。派遣労働者が五〇%以上占める工場がいくつもあると言われている（柴田二〇一五）。

賃金上昇圧力

二〇〇〇年代中ごろから急激に賃金・人件費が上昇してきた。

賃金上昇の最大の要因は最低賃金の上昇である。中国の最低賃金は都市によって異なるが、〇五年、一〇年、一五年の金額を見ると、最も高い深圳市は六九〇↓一、一〇〇↓二、〇三〇元（二・九四倍）に、上海市は六九〇↓一、一二〇↓二、〇二〇元（二・九三倍）に、天津市は五九〇↓九二〇↓一、八五〇元（三・一四倍）、北京市は五八〇↓九六〇↓一、七二〇元（二・九七倍）となっている。〇五年から一〇年にほぼ一・六倍に、一〇↓一四年は一・八倍（天津市は二・〇一倍）、金額では九〇〇元強（北京市はやや少なく七六〇元）の上昇である。〇五年↓一五年の上昇率は各市とも3倍前後に上昇した。

このような最低賃金の上昇の背景には、GNPの増大とCPI（消費物価指数）の上昇とともに、労働者の強い要求もあるが（〇八年以降、ストライキが頻発した）、政府の所得水準向上による「中産階層」を増加させ、国内消費の拡大、第三次産業を増大させようとする、政策もあった。

最低賃金の上昇とともに、都市の平均賃金も大幅に上昇した。二〇〇五年、一〇年、一四年の都市部の平均賃金を見ると、全企業類型平均で、一八、二〇〇元↓三六、五三九↓五六、三六〇元と三・一〇倍に、国有企業一八、九七八↓三八、三五九↓五七、二九六六元（三・〇二倍）、民営有限公司（株式会社）は二〇、二七二↓四四、一一八↓六七、四二一元（三・〇二倍）、外資企業は二三、六二五↓四一、七三九↓六九、八二六元（二・九六倍）と一〇年間で三倍強になった〈中国統計年鑑〉。

4　ホワイトカラー人材の就業意識・行動

現地人の人事・労務管理問題を考える場合、中国人人材の意識・行動を前提にせざるを得ない。と言っても、中国人人材に共通する意識・行動もあるが、学歴や職種（スタッフとワーカー）によっても異なる面も大きい（ただし、日本と異なって、中国では性による差は小さい）。

以下、ホワイトカラーに限定して、中国人の就業に関する意識と行動を見てみよう。

中国の統計には、日本の職業分類に相当する統計は存在しない。それゆえ、ホワイトカラー層を量的に把握することは困難であるが、二〇〇一年社会学者・陸学芸が中心となって大規模な調査に基づく職業的地位を組み込んだ社会階層報告が発表され[14]、それ以来、階層研究からある程度職業構成がわかるようになった（とは言え、未だ中国の国勢調査には職業分類はない）。同時に中産階層研究が盛んになり、「白領（ホワイトカラー）」という言葉もマスメディアでも盛んに使われるようになった。そこでは、ホワイトカラーは、おおむね専門職、事務職、技術職、管理職層を指し、その大半は大卒以上の高学歴者である。通常「高級人材」ともいわれる層である。そして、大学生・大学院生は高級人材予備軍となる。そのホワイトカラー層が増大してきたのである。

中国の高学歴ホワイトカラーは強烈な自信の持ち主である。彼らの自己評価では、彼らは他者との関係でも、仕事能力においても強い自信を持っている。その一端を示せば以下のとおりである。

国公営企業、民営企業（外資系も含む）の課長〜部長クラス（ほとんどが大卒以上、しかもその多く〈八八・七％〉は二五〜四四歳層。日本は四五歳以上が七七・五％）の意識を見ると、「一緒に働く人とうまくいっている」八五・二％（日本七一・八％）、職場での信頼関係は高いレベルでできている七四・八％（三五・五％）、「私は社内で評価されている」

八五・二%（四五・〇%）、「職務にふさわしい技能（スキル）や能力を持っている」八五・八%（日本六四・八%）、「職務遂行は高いレベルでできている」八三・〇%（三四・三%）、等々である〈リクルート調査5〉[15]。日本の部課長に比べるとその自己評価の高さは一目瞭然である。

また、彼らの多くは転職経験者である。転職経験のない者は二〇・八%（日本七二・三%、米二三・八%）、平均転職回数一・三回（日本〇・五回、米一・八回）、日本の部課長は年齢層が高いにも関わらず転職経験者が極端に少ない。なお、転職経験者の前職の退職理由は多々あるが、多かったのは「賃金への不満」四〇・一%（日本一六・〇%）、「会社の将来性や雇用の安定性への不安」三三・三%（二四・四%）があるが、特徴的なのは「契約期間の終了」が四四・〇%あることである。契約期間付の労働契約が一般的であることの反映であると同時に契約期間満了が転職のチャンスであることの証在である。

なお、日本では転職が必ずしも地位や所得の上昇につながらない（中途入社は昇進に不利で、所得も減少する場合が多いのに一〇%以上上昇四〇・六%、一〇%以上減少二五・〇%、二回目は上昇二六・九%、減少三〇・七%）のに対して中国は、転職未経験者より二回、三回転職者の方が管理職である確率が高く、所得も上昇八二・三%、減少三・一%という割合で[16]、転職は地位と所得の上昇のチャンスとなっている。

幹部候補生・高級人材の予備軍である大学生の就職意識についても見ておこう。

最近のトップ大学の学生が理想としている就職先は、しっかりした平台[17]で、昇進と昇給のできる発展空間があって、仕事は楽しくて、ほどほどのゆとりのある企業、より具体的に言えば、体制内組織・企業（共産党、軍関係、政府関連企業、国有企業）か、体制外であっても大手の民営・外資系企業である[18]。

つまり、大学生が就職先選定で重視するのは、給与水準、福利厚生、仕事内容、成長機会と昇進の見通し（発展空間）、企業のレベル（社会的評判）・成長性である。

5　日系企業の人材マネジメント

日系企業は、欧米系企業に比べて評価が概して低い。特に高級人材（高学歴者）にそうである。中国英才網が毎年行っている「中国大学生最佳雇主調査」の人気ランキング五〇を見ると、〇三〜〇九年までは毎年二、三社（ソニー、松下〈現・パナソニック〉、ホンダ、トヨタ）が入っていたが、一〇年以降は一社も入っていない。

一二年に行われた調査〈リクルート調査4〉を見ると、欧米系企業には七割近くが「進んで働きたい」と答えているが、日系企業には、韓国系（六・九％）より少ない三・七％（男四・〇％、女三・〇％）しかなく、反対に「働きたくない」は六割（男五九・五％、女六二・四％）もいた（欧米系は一・五％程度）。

このように日系企業が嫌われる要因は、日系企業のブランド力（知名度）の弱さもあるが、基本的には日系企業の人材マネジメントにある。ジェトロの調査2によれば、日系企業の離職理由は「給与競争力に欠ける」（六二・一％）、「昇進の機会が少ない（五六・七％）、「社員評価制度の問題」（五二・二％）、「給与配分が不公平」（四六・九％）等々、人材マネジメントに関する事項が主要なものであった。

多くの、特に高学歴の中国人従業者は、実務経験によって専門的能力を高め、顕在能力（実績）による評価で、高い賃金と早い昇進を望み、経営のトップになろうとする。そしてそれが叶わなければ転職をするのである。

日系企業の大半は、社員雇用については「長期雇用・内部育成」が望ましいとしており（九〇・七％）、また、比較的多くの企業が職能資格制度を導入している（六八・五％）〈リクルート調査2〉。つまり長期間かけて段階的に昇進していくのである。加えて、次節で見るように昇進に「ガラスの天井」がある。

このような中国人従業員の意識と行動が日系企業の人事管理上の課題を突き付けるのである。日系企業の人材マネジメントと中国人の意識・思いとのズレがあるのである。

もう一点、日系企業特有の問題がある。多くの企業で、特に高級人材には、日本語能力を要求することである。事実、日系企業の人材募集要項には、一定の日本語能力を要求する場合が多い。また拠点での公用語を見ると日系企業は、中国語九五・一％（欧系八六・二％、米系九二・七％）、日本語二五・七％、英語一二・四％（欧系四四・四％、米系四一・三％）である。ドイツに本社を置く企業で独語を公用語にしているのは五七社中三社、フランスに本社を置く企業で仏語にしているのは一七社中二社である〈リクルート調査6〉。明らかに日系企業は自国語（日本語）を公用語にしている割合が高く、また英語を公用語にしている割合が低い。

日系企業が、日本語能力を要求するのは、日本本社との結びつきが強く、かつ企業活動が、中国の日系企業との関わりが大きいことによる。また、日本人出向者の多くが中国語能力の低いことにも関係している。

中国では義務教育段階から英語を学んでおり、大学を出た者の大半は英語能力があるが、日本語は日本語学科のある大学出身者か、日本留学の経験者しか使えない。いわば他の外資系企業に比べ、もう一つの言語能力（日本語）を要求することになる。このことが、高級人材・その予備軍に日系企業が忌避される要因にもなっている。

以下で、日系企業が抱える人材マネジメント面の問題点を整理してみよう。

人材の現地化の問題

日系企業は現地化が遅れている。昇進が遅いだけでなく、重要なポストは日本からの出向者によって占められ、中国人はそのポストに就けないとよく言われる。つまり、キャリアパスが見えないだけでなく、「ガラスの天井」がある、ということである。

確かに、いくつかの調査を見ても、日系の人材の現地化率は低い。一般工、スタッフクラスはほぼ一〇〇％中国人

表3　日本人取締役割合（%）

年度	産業計			製造業			非製造業		
	対象企業数	日本人役員数	日本人率（%）	対象企業数	日本人役員数	日本人率（%）	対象企業数	日本人役員数	日本人率（%）
2004年	2,216	3,781	71.1	1,611	2,868	69.1	605	901	77.1
2007年	1,937	3,392	54.0	1,297	2,338	55.0	640	1,054	52.0
2010年	1,877	2,928	50.0	1,215	1,995	42.7	662	933	78.4

出所：経済産業省「海外事業活動基本調査結果報告」（各年）より作成。

になっており、課長クラスでは相当現地化が進んでいるとはいえ、重要ポストの部長クラスの大半は日本本社からの派遣者が占めている。データはやや古いが、取締役になると、日本人派遣者の割合は、〇四年の七一％から低下しつつあるとはいえ、一〇年時点で五割もある（**表3**）。

製造業こそ四二・七％まで減少しているが、非製造業は、〇七年に五二％まで下がったが一〇年には七八％に上昇している。これは、日本人役員数が増えたのではなく、リーマンショック後に中国人役員数が大きく減少したためである（非製造業の役員数〇七年二、四二〇人→一〇年一、五五〇人、三六・〇％減、特に卸売業一、四八一人→八〇六人四五・六％減、日本人役員の減少率一一・五％、卸売業一一・七％と少なかった〈総役員数を回答した企業数は、日本人役員数の回答企業数より多い〉）。

特にトップの現地人就任率は低く、最近の調査〈リクルート調査6〉でも、現地拠点のトップの経歴は、日系は本社からの出向者が八六・七％（欧系五一・九％、米系五四・一％）で、現地ローカル企業からの採用は九・五％（欧系一七・六％、米系二四・八％）しかなく、明らかに欧米系に比べ、中国人採用の割合は低い。しかも、九・五％という数字は、筆者が調査してきた企業やいくつかの事例調査の報告から見ると、やや多いという感じすらする。やはり「ガラスの天井」はまだ存在し続けている。

日系企業が人材の現地化を進めようと考えていないわけではない。ジェトロの調査によると、「現地化の取り組みをしていない」企業割合は、〇九年時点でも一六・六％にすぎなかったが、一五年調査では七・〇％しかない〈JETRO調査1〉。

なかなか人材の現地化が進まないのは、日本本社・現地日本人幹部の中国人人材への認識（評価）にあると思われる。

現地化の問題点は多々あるが、ほとんどが人材に関するものである（**表4**）。それぞれの項目の変化をざっと見ておこう。

〇九年時点で五割を超えていた「幹部候補人材の採用難」は三〇％台半ばまで減少してきた。とは言え、四割近くの企業が幹部候補人材の採用に困難を感じている。また、「現地人材の育成が進まない」は一〇～一三年は四割を超えていたが、一五年は二七％に低下した。これは多くの企業（〇九年六六・三％、一五年七二・四％）が「現地化の取り組み」として、「人材の育成・研修の強化」に取り組んできた成果の表れかもしれない。「語学力（英語・日本語）」を問題とする割合は一五年は二割弱であるが増加傾向にある。幹部候補人材の高離職率を問題とする企業は、言われているほど高くなく、一二～一六％の範囲で推移している。事実、後述するように、欧米系に比べても日系企業の離職率は

表4　現地化の問題点（M．A）

項目＼調査年	2009	2010	2011	2013	2014	2015
幹部候補人材の採用難	52.9	42.0	41.9	37.7	38.2	36.1
幹部候補人材の高離職率	13.5	12.3	13.0	15.8	14.5	12.4
現地人材の語学力（日本語、英語）	11.8	12.3	17.1	18.1	19.7	18.7
現地人材の能力・意識	−	39.6	53.5	60.6	58.9	67.6
現地人材の育成が進まない	21.2	44.0	40.9	40.1	−	26.5
日本人駐在員削減の難しさ	27.7	17.4	18.4	18.4	32.9	34.6
人材登用の本社方針との不一致	7.1	7.2	6.3	5.2	8.8	9.6
現地への権限移譲が進まない	23.5	19.0	20.3	13.4	19.0	20.3
現地の製品・サービスの開発力の弱さ	18.8	18.1	17.7	17.3	23.1	21.2
現地の製品企画・マーケッティングの弱さ	22.4	25.7	23.1	21.3	28.5	26.5
特に問題ない	−	9.9	10.5	7.7	6.7	7.0

注：12年はデータが得られないのでカットした。
出所：ジェトロ「アジア・オセアニア日系企業実態調査」（各年）より作成。

低い。

「製品・サービスの開発力の弱さ」や「製品企画・マーケッティングの弱さ」を問題とする企業割合は増加傾向である。これは、日系企業の業態が、高品位製品生産への転換や中国市場をターゲットとする製品の製造、販売のためであろう。この「弱さ」も人材の問題である。

なんといっても、最大の問題は、「現地人材の能力・意識」で三分の二の日系企業が問題としている。しかもこの認識は年々増大してきている。すでに見たように、中国人高級人材・候補者の自己評価の高さに比べ、日本本社・現地日本人幹部の中国人人材への評価は低いのである。このズレは、後に触れるように、日系企業が要求する仕事への姿勢・仕事能力と中国人人材の意識・行動様式との相違にあると思われる。幹部候補人材の採用難もこのことと無縁ではないであろう。

雇用・労働面での問題点

現地化の問題点以外にも日系企業は中国での企業活動で、雇用・労働面で問題点を多く抱えている。

ジェトロの調査1（一五年）によると、日系企業が認識している、経営上の問題点のうち「雇用・労働面での問題点」（M・A）は、賃金の上昇（八四・三％）、従業員の質（五五・五％）が一位、二位で、解雇・人員削減の規制（三一・八％）が続き、採用難（ワーカー、スタッフ、中間管理職、技術者）はそれぞれ二〇％台である。

①人件費問題――日系企業の賃金はまだ低い

賃金の上昇問題が日系企業で最大の問題となっている。以前から賃金上昇は企業経営の懸念の一つであったが、特に近年それが大きく意識されるようになった。賃金上昇が問題とする企業は、〇九年調査では六三％であったが、

表5　賃金・年間実質負担額の推移

月額賃金（単位：元）

産業	職種	2009	11	13	14	15	2015	09	11	13	14	15
		実数	増加指数（09年＝1.00）				実数	格差（作業員＝1.00）				
製造業	作業員	1,482	1.40	1.55	1.67	1.82	2,691	1.00	1.00	1.00	1.00	1.00
	エンジニア	3,060	1.22	1.26	1.35	1.45	4,430	2.06	1.80	1.67	1.67	1.65
	マネージャー	5,718	1.20	1.24	1.33	1.40	8,023	3.86	3.33	3.08	3.06	2.98
非製製造	スタッフ	3,901	1.20	1.27	1.36	1.38	5,365	2.63	2.27	2.16	2.15	1.99
	マネージャー	9,728	1.12	1.20	1.26	1.23	11,950	6.56	5.26	5.06	4.94	4.44
年間実質負担額（元）												
製造業	作業員	28,057	1.39	1.64	1.80	1.97	55,264	1.00	1.00	1.00	1.00	1.00
	エンジニア	56,441	1.19	1.33	1.42	1.54	87,058	2.01	1.72	1.63	1.59	1.58
	マネージャー	100,381	1.20	1.27	1.40	1.54	154,892	3.58	3.09	2.76	2.79	2.80
非製製造	スタッフ	69,373	1.20	1.32	1.37	1.44	100,058	2.47	2.14	1.99	1.88	1.81
	マネージャー	16,806	1.11	1.26	1.31	1.32	221,128	5.99	4.79	4.06	4.36	4.00

注：09、11年の単位は米ドル表示であったが、各年の為替レートで元に変換した。
作業員＝正規雇用の一般工で実務経験3年程度、製造業エンジニア＝正規雇用の中堅技術者、専門学校ないし大卒で実務経験5年程度、製造業マネージャー＝正規雇用の営業担当課長クラスで大卒以上で実務経験10年程度
スタッフ＝正規雇用の一般工職、実務経験3年程度、非製造業マネージャー＝正規雇用で営業担当課長クラスで大卒以上で実務経験10年程度
出所：ジェトロ「アジア・オセアニア日系企業活動実態調査」（各年）より作成

一五年には八四%にもなっている。

確かに、日系企業の賃金・人件費コストの上昇は著しい。華東・西部地域の日系企業の〇五年以降一二年までの賃金上昇率は、毎年一〇%超で（一三年は九・六%）、〇五―一五年の平均上昇率は一〇・九%で、欧米系（八・五%）、台湾系（八・五%）、中国系（八・九%）よりも高かった〈ＪＥＴＲＯ調査2〉。

より具体的に見てみよう。**表5**に見られるように九年比で一五年は作業員クラスで一・八倍強になった。製造業ワーカー（作業員）や販売員クラスの初任給は最低賃金＋α程度であり、彼ら／彼女らの賃金水準・賃金上昇は、最低賃金の上昇に大きく影響を受ける。先述した中国の最低賃金の上昇がこのクラスの賃金上昇に大きく影響している。賃金上昇・人件費が問題になるのは、数も多いこのクラスの賃金だと思われる。

当然にも、他の職位の賃金も上昇する。最も賃金水準の高い非製造業のマネージャークラスでも

表6　給与の調整要素

	会社業績	個人業績	市場給与	部門業績	勤続年数	CPI	GDP
日系	67.8	38.4	50.6	30.6	44.9	68.5	39.4
欧米系	70.0	68.3	63.7	42.0	19.1	16.3	10.5
中国系	68.6	64.4	37.2	51.5	25.1	35.4	11.5

出所：ジェトロ上海事務所「2013年中国華東・西部地区における企業給与動向調査報告」より作成

一・二三倍となった。社会保険料等を含む企業の従業員年間実質負担額では作業員クラスで二倍に近い一・九七倍となり、製造業のエンジニア、マネージャークラスも一・五倍強となった。ただし、ステイタスによる格差は若干縮小しつつある。

日系企業の賃金の構成要素は、欧米系に比べて基本給部分の占める割合が高く（日系はどのステイタスでも七〇％前後し、業績考課（査定）によって変動する賞与等の変動給割合は二〇％前後である。欧米系は、ステイタスが高いほど基本給割合が少なく、変動給割合が高くなっている。課長級では以上は三〇〜四〇％前後を占めている〈ＪＥＴＲＯ調査2〉。

また、スタッフやエンジニア、マネジャークラスの賃金は、欧米系の企業の賃金はあまり考慮されず、日系の同業他社の賃金を考慮して決定されている。

欧米系は職務等級制で、職務レベルによって大きな格差があり、上位職務の賃金は高い。必要な人材には、企業内同僚の賃金水準とは無関係に、破格の昇給もさせるし、高額でヘッドハンティングをする。

しかも基本給自体が、欧米系は業績によって調整される割合が高く、業績主義・成果主義的であるが、日系の場合は、業績よりも、ＣＰＩや市場給与（と言っても日系の同業他社の賃金）を考慮に決定されることが多く、かつ勤続年数が重視されている（**表6**）。

平均すると日系企業の賃金上昇率は欧米系を上回っていたが、まだ、特に上級職位の賃金は欧米系の方が高いと言われる。

やや古いが、比較的多数を対象者にしたデータでは、〇八年の出資国別の平均月額給与（個人所得税、個人社会保険料を含む）は、日系五、二六三元で、中国系七、〇一八元、欧州系七、〇一〇元、北米系九、一五五元で、日系が最も低く、低賃金層（二五％タイル）でも、高賃金層（七五％タイル）でも最も低かった[19]。

②人材確保（採用・定着）の問題

採用と離職の動向は、個々の企業の、そして日系企業の処遇・人材マネジメントへの評価を意味している。つまり、日系企業への評価のバロメーターである。

一三年まで製造業でワーカー、定着率、採用難を問題点として挙げる企業の割合は減少傾向にある。いくらか落ち着いてきたように見える。しかし、幹部候補人材の採用難を訴える企業は減少してきたとはいえ、まだ三六％もあり深刻である。

採用は、進出当初は、管理職からスタッフ職、熟練ワーカー、単純ワーカー、店員等に至るまで、進出企業が必要とする即戦力となる労働者を採用しなければならない。当然、ヘッドハンティングを含む他企業の在職者や離職者からの採用が中心となる。

一九九五年頃の上海では「相対的に外資系企業で勤まる人材は払底していたのである。そこで、有能な人間の引き抜きの風潮が出た。外資系の社員は中国の国営の派遣会社の社員が多く、少しでも待遇のいい派遣先に移っていく。待遇だけでなく、その企業で新しいことを身に付けられるかどうかという点も転職の選択肢になった。」（辻二〇〇三：二一〇）という状況であった。

しかし、設立後一定の期間を経過すると、ワーカーは高卒や職業訓練学校の、幹部候補生的スタッフ（特に銀行、商社、持株会社などの）は大学・大学院の新規学卒者を採用し、計画的に育成する方向が出てくる。現在は大企業で新規学卒採用も増加しつつある。もちろん、離職による欠員や規模拡大で即戦力を必要とする場合はあり、一定の経験を持った労働者の中途採用も行っている（柴田二〇一二）。単純労働力の場合は出稼ぎ型の農民工も重要な給源である。小規模企業では、新規学卒を採用して、時間をかけて育成する余裕がないため、やはり中途採用が中心である。従業員の定着率が問題とする企業も減少してきたとはいえ、三割近くある。

資本系列別の離職率について、近年（一三年）の比較的大量の企業を対象とした調査で見てみよう（**表7**）。当然のことながら、離職率は、職種によって異なっている。

離職率は一般作業員がどの資本系列でも最も高く（中国系は、五一％もある）、台湾系を除いてステイタスが上がるほど離職率は低下する傾向にある（ただし、中国系は課長級の離職率は高い）。日系を除いて課長級の離職率が比較的高い。日系はどのステイタスを見ても最も低い率である。なお、同調査による日系企業の産業別離職率は、販売・貿易一五・七％、運輸・物流一四・二％、技術・開発九・三％、保険・金融一〇・一％、建築・設計一五・八％、製造業二〇・八％で、どの産業も四資本系列のなかで最も低かった。つまり、日系企業は職位別、産業別にみても最も離職率が低い。

日系企業の離職理由は、給与競争力（六二・一％）、昇進機会（五六・七％）、社員評価制度（五二・二％）、給与配分（四六・九％）、企業文化（三四・六％）が主要なものである。

欧米系では「昇進がむずかしい」（六九・五％）が、台湾系は給与競争力（七〇・二五）

表7　職位別離職率（%）

	部長級	課長級	係長級	一般社員	アシスタント	作業員	平均	n 数
日系企業	10.2	10.2	14.1	15.7	15.5	31.1	14.2	1,182
欧米系	15.6	19.6	15.8	23.6	22.1	30.5	18.5	1,503
台湾系	15.8	22.2	10.5	24.5	28.1	40.7	23.6	791
中国系	13.9	32.6	24.1	18.9	38.3	51.2	30.6	2,416

注：調査対象地域－華東地域（上海市他 11 都市）5,657 社、西武地域（重慶市・成都市）691 社
離職率は、離職者数／（期初人数＋期末人数）／2 で算出
出所：ジェトロ上海事務所「2013 年中国華東・西部地区における企業給与動向調査報告」より作成

が、中国系は仕事のプレッシャー(六九・一%)がそれぞれトップの理由であった。

別の調査結果[20]でステイタスによる離職理由の違いを見てみよう(ただし、ステイタス区分は三つしかない)。

離職理由は、①発展空間、キャリア開発機会の提供が不十分が、スタッフ六六・〇%、正社員ワーカー三〇・五%、派遣ワーカー一二・一%②報酬・福利厚生(手当、住環境等)などの待遇面で不満はスタッフ六五・七%、ワーカー七〇・四%、派遣六六・二%③地元で就職(帰郷したまま戻らない)はスタッフ一四・〇%、ワーカー三四・三%、派遣四三・九%であった。なお、業務内容の変化希望はスタッフに二〇%強、ワーカーに二〇%弱、労働環境(衛生面等)はワーカーに二五%程度、派遣に二〇%程度、評価や考課面がスタッフに二〇%弱あった(グラフでの表示のため正確な数値は示せない)。

つまり、スタッフは、発展空間、報酬・福利厚生、業務内容、評価・考課の問題で、正社員ワーカーは報酬・福利厚生、労働環境、業務内容に加えて郷里での就職を理由に、派遣は報酬・福利厚生と郷里での就職が理由で離職・転職しているのである。

なお、日系企業の離職理由の上位3項目に対して、ジェトロ調査の報告者は次のように述べている〈JETRO調査2〉。

給与競争力が弱いことについては、「日系企業や欧米企業の給与水準はかつてほどの優位性はなくなって、中国系企業の猛追を受けている。中国系企業の中には中・高級管理クラスの税込み年収がすでに同職位日系企業社員の収入より一五~二〇%多いところも見られる。」つまり、日系企業の賃金水準が、中国系の賃金水準の上昇で、相対的に低下してきたということである。昇進機会が少ないのは、「多くの日系企業の現地化が十分進んでいないため、中国人社員の昇進機会が限られる。管理職の多くは依然として日本人社員で占められており、このことが中国人社員の不満を引き起こし、昇進の機会が少ないと感じて離職していく」つまり現地化の不徹底・ガラスの天井の存在である。

社員評価制度の問題については、「社員評価制度の実施が十分効果を発揮していないため、内容、結果両面において優秀な社員とそうでない社員の区別がしにくく、社員が公平性に欠けると感じて離職してしまう」、つまり社員評価制度の内容と運用に問題があるというのである〈ＪＥＴＲＯ調査２：二六〉。

結局、離職・転職の最大要因は、ある意味で当たり前であるが、どの職種でも、報酬・福利厚生という経済的要因であり、これに加えてスタッフ職系列は発展空間・キャリア開発機会が大きな要素となっている。ブルーカラーは発展空間、労働環境の良し悪しも一定の離職要因となっている。

つまり、経済的な処遇と発展空間・キャリア開発機会の提供という、人材マネジメントが決め手なのである。ただ、近年は、中国の経済発展の鈍化で、転職動向は「やや沈静化しつつある」と言われる（ＪＩＬＰＴ二〇一三：一一）。

③教育・訓練

人材の定着、キャリア開発に関連して重要なマネジメントは教育・訓練である。

その教育・訓練には、大きく分けて、モラル教育と能力向上策としての教育・訓練に分けられる。

前者は、５Ｓに代表される躾教育と企業・経営理念教育・注入である。

中国で工場や商店を開設した多くの日系企業の経営者たちが開設当初、工場、店舗、オフィスで目にするのは、ゴミの散乱、埃を被った機械・商品、乱雑な書類、吸い殻のポイ捨て、唾・痰の吐出し、「おはよう」の挨拶もしない、「ありがとうございます」も言えない／言わない、等々という状況であった。中には、備品、材料・商品等の持ち帰りが頻発する。このような状況の背景には、中国人の衛生観念、役割意識（掃除は掃除担当者の仕事であって、自分の仕事ではない）、「ありがとうございます」が言えないのは国営企業時代の意識（「買っていただく」のではなく、「売ってやる」）などがあったであろう（湯谷二〇一三、柴田二〇一四）。

そこで、最初に行う教育は5S（整理、整頓、清掃、清潔、躾）教育である。しかし口で言ってもなかなか実行されない。多くの日系企業では日本人総経理が、ゴミ・吸い殻拾い、書類の片づけ、等を毎朝行って見せる。率先垂範である。同時に罰金制度の導入である。ただ罰金よりも経営者の率先垂範の方が効果があると言う。中には、グンゼのように一般的な5Sではなく、独自の日本本社設立時からの行われている「三つのしつけ」教育（「あいさつをする」「はきものをそろえる」「そうじをする」）がそのまま持ち込まれ、実践している企業もある（グンゼHP）。

それと百貨店、スーパーでは、接客教育がある。日本の百貨店、スーパーと全く同じように、勤務に入る前に、「朝礼」を行い、必ず、接客5大ないし6大用語ともいわれる「いらっしゃいませ」「ありがとうございいます」等の唱和が行われ、開店時間に入口に整列して「いらっしゃいませ」を唱和し、お辞儀をして客を迎え入れる「行事」がされる。近年は、開設後一定期間たった日系企業の工場、スーパー、オフィスは、清掃され、整理整頓も行き届き、挨拶もされるようになった。筆者が訪れた日系企業の工場、店舗、オフィスでは必ず言ってよいほど、「こんにちは」「いらっしゃいませ」と挨拶された。しかもその大半は日本語で。

もう一つは、企業理念・精神と会社意識の注入である。日系企業の大半は、「儲ければ・儲かれば良い」という観念を表向きは持っていない。伝統ある大企業はそれぞれの企業が「社会貢献」をうたう独自の企業理念・精神（社是、社訓）を持っている。その理念と精神を共有し、一体感を醸成しようとしている。それが中国にもそのまま持ち込まれ、新入社員から経営トップに至るまで、企業理念・企業精神の教育を行っている。そして、グローバルに共通の社員像〈例えば、（三菱）商事マン、トヨタマン、イオンピープル、等〉を形成しようとしている。

能力向上・スキル養成教育は、現場の技能者養成とスタッフの幹部人材養成である。

労働力集約型単純労働中心の低品位製品の生産から、より高位品製品の生産に移行しつつある中国の工場では、技能者の養成が課題となってきた。技能者の養成は、現場のOJTだけでなく、多くの企業は日本の工場での研修を行っている。また、技能を競わせ、優秀者を、全社的な技能大会、中国の技能オリンピック等に出場させ、さらなる技能向上を図っている。

また、現地の職業訓練校と提携して技能工養成学校を設置し、入社前から即戦力となる技能工を育てる企業が見られる（トヨタ金杯技師学院、日立技術養成校、寄付講座オムロンクラス、等）。

他方、事業所の拡大、地域統括会社の進出は、製品・商品管理と計画、経理、折衝、人事管理、コンプライアンス、企業経営等に関する知識とノウハウが重要となってきた。そこでこれらを担う管理職層・経営人材が、人の現地化の課題もあって、ますます重要となってき、現地人材の管理職層、経営職層の育成が大きな課題となってきた。

大手の日系企業は人材育成に努力してきた。その手法は本国の手法とほぼ同じである。長期雇用を前提に、日本本社主導の日本とほぼ同じカリキュラムで階層別の教育・訓練を導入している。提案制度やQCサークルを導入しているところもある。

優秀者を選別して、日本の本社・工場に研修に送り出している。これは、技能・スキルの向上だけでなく、本社・工場の作業手法・経営手法を身に付けさせるとともに、本社社員との人的関係の醸成も狙いとしている。また、優秀者への褒美・離職防止策の側面もある。

さらに大手の日系企業では、高級人材には、中国の大学・大学院と提携し、管理・経営の理論と技術を学ばせたり、国内外の大学に留学させ、ＭＢＡ資格を取らせたりもしている。

近年は、地域統括会社を設置する企業は、日本本社とだけでなく、他のアジア、欧米等のグループ企業との人事交流をし、グローバル人材の育成を図る企業が増加してきた。グローバル経営の一角を担うようになった在中国法人は、そのためのグローバル人材の育成も必要となってきた。しかし、中国日系企業の人材の参加はまだわずかなようである（教育・研修の事例は柴田二〇一二、二〇一三、二〇一四参照）。

6　中国人材の「質・能力・意識」の評価のギャップ

ＪＥＴＲＯ調査１において、雇用・労働面の問題点で「従業員の質」、また現地化を進めるに当たっての問題点とし「現地人材の能力・意識」答える割合が高く、かつ年々その割合が増大してきた。一五年調査では、「質」は半数以上（五五・五％）、「能力・意識」とは三分の二強（六七・六％）の企業が問題点の一つとして選択している。しかし、調査では、問題点の選択肢（前者は一四項目、後者は六項目）の一つと挙げられているだけで、どのような内容の「質」、「能力・意識」が問題なのかは具体的には不明である。それゆえ回答は、回答者の、これまでの見聞をもとにした、主観的な認識であると思われる。

ただ、「質」は中国人従業員一般の、「能力・意識」は高級人材（幹部・幹部候補生）についての認識と思われる。「質」の問題では、企業運営の障害となる、教育・訓練の項で取り上げた５Ｓ事項の欠如、接客精神の欠如、等々に見られる、これまでの生活の中で形成されてきた生活態度や国営企業時代の意識の残滓のようなもの、さらには中国人の「特性」としてよく指摘される自己中心的・利己的、面子へのこだわり、コンプライアンス精神の欠如・法治でなく人治（権力の私的利用、人的関係の重視）などが問題点と想定されているのではないかと思われる。「能力・意識」は当然、企業運営の観点から見た、仕事上の能力、仕事に対する意識であろう。具体的にはどのような能力、意識が想定されているのであろうか。

「能力に関する自己評価」を見た調査〈リクルート調査３〉では、以下のような「能力」を対象としていた。「円満な人間関係を築く力」「人と協力しながら物事に取り組む力」「目標に向かって集団を引っ張る力」「自分の感情をコントロールする力」「やる気を維持する力」「良い行動を習慣として続けられる力」「情報を収集・分析して、課題を発見する力」「課題解決のための計画を立案する力」「行動を起こし、最後までやりきる力」「現在の仕事に関する体系的な知識」「現在の仕事の遂行や問題解決に必要な技術やノウハウ」の一一項目と「上記を含む、現在の仕事に必要な能力のすべて」が付け加えられている。

また、日本人と同クラスの管理職と比べた場合の「中国人従業員の長所・短所」を聞いている調査[21]では、向上心、前向き、勉強好き、責任感、協調性、柔軟性、頭の回転、記憶力、発想力、専門知識、仕事処理能力、予知・改善能力、問題解決能力、情報・技術の共有力、指導力、マネジメント力、全体を見る能力、品質意識、コミュニケーション力、広い視野の二〇項目を挙げている。加えて、調査者が「長所」として想定している項目に、「企業理念の理解」や「自社経験」があり、短所として想定している項目に「自分本位」「面子にこだわる」「権力を私用にまわす」が入れられている。

当然のことながら、両調査に共通する項目も多々あるが、このような項目が、日系企業が中国人高級人材に求める「能力・意識」なのであろう。

「長所・短所」調査で、日本人役員クラスの回答で多いのは、長所では、向上心、仕事処理能力、頭の回転が速い等が上位で、発想力、責任感、柔軟性、記憶力等が低位であった。短所では、全体を見る能力、部門間の協調、企業理念への理解、自社経験、指導力の欠如が上位で、自分本位、面子にこだわる、権力を私用にまわす、マネジメント力、専門知識、情報・技術の共有力、品質意識、予知・改善能力は低位であった。

つまり、中国人高級人材の問題点は、企業理念への理解、自社経験、全体を見る能力、部門間の協調、指導力等にあるように思われる。マネジメント力、専門知識、情報・技術の共有力、品質意識、予知・改善能力等はあまり問題がないようである。また、中国人の短所と想定されていた、自分本位、面子にこだわる、権力を私用にまわす、はあまり問題ではないようである。他方、日本人経営者は、企業理念への理解への要求や自社経験(勤続の重視)と言った「日本的企業文化」ともいうべき、企業への一体感・企業忠誠心を重視しているにも関わらず、中国人高級人材にはそれがないと思っているのである。

なお、中国人高級人材の自己の能力評価は、非常に高く、上記の「自己評価調査」の一二項目の全てに、六五％以上が「能力を持っている」と自己評価している。日本の大卒ホワイトカラーの自己評価よりもすべての項目で一五〜二〇％多い（詳細は柴田二〇一一b参照）。また、既に述べたように転職に抵抗がなく、勤続をそれほど重視していない。

つまり、質・能力・意識の問題には、日系企業が要求するものと中国人の意識・行動のズレがある。背景には、「日本（日系企業）の経営文化」と「中国人の文化」の相違・ズレがあると言ってもよいであろう。

なお、近年あらわれてきた問題に「転勤」に対する意識がある。

地域統括会社や銀行など各地にグループ会社や支店が設立されると、社員の移動・転勤問題が出てきた。日本企業にとっては、転勤は常態であり、それによって必要人材を確保するだけでなく、勤務事業所を移動させることによって能力向上を図る方法でもあった。

しかし、中国人材は、基本的に、転居を伴う移動を嫌がる。たとえ移動先が重要なポストでキャリアアップにつながるとしても、転勤を提案すると辞めてしまうこともある。その背景には、中国では共にフルタイム勤務の共働きで、子供の学校のこともあり、家族で転勤することが難しいという事情もあるが、北京や上海のなどの大都市の外資系に就職したエリートには、地方での勤務など想定されていない。だから地方都市への転勤には拒否感が強い。ただ、海外勤務だと比較的受け入れられる、という[22]。

7　むすびに代えて——低廉労働力依拠思想からの脱却、真の現地化を

日本を含む多くの外資系製造業は、当初、外資は、低廉で単純繰返し労働に耐える中国の豊富な労働力を目当てに、つまりコスト・パフォーマンスで、輸出製品の生産のために進出してきた。

その豊富で低廉な労働力の供給源の中核は、中国農村から出てくる若い出稼ぎ労働者＝農民工であった。そこで展開された労務管理――すべての企業とは言わないが――は凄まじいほどの搾取の構造であった。その実態はレスリー・T・チャン（二〇〇八）[23]やアレクサンドラ・ハーニー（二〇〇八）[24]の著書等で赤裸々に描写されている。地方からの出稼ぎ農民工を、衣食住を提供＝工場と寮内に囲い込み、低賃金で、高い労働稼働率＝長時間・過密労働をさせ、低コスト＝チャイナ・コストを実現してきた。

そこでの労資関係は、経営側が圧倒的強い「原生的労資関係」ともいうべきものであった。

現在でもこのような世界がなくなったわけではない。二〇一五年初めにも二つの日系企業で問題が発生している。一つは、シチズンの中国子会社・西鉄城精密有限公司（広東省広州市）の突然の閉鎖・従業員の「一斉解雇事件」であり（日本経済新聞電子版二〇一五／二／二三）、もう一つは、NGOによるユニクロの子会社の「過酷な労働実態」の告発である[25]。

問題点の一つに「解雇・人員削減の規制」が挙げられている。これの割合は、〇九年に三三・九％あり、一〇、一一年は二〇％弱に減少したが、一三年から再び上昇し、一五年には再び三割を超えた（三一・八％）。この変化の背景には、既に述べた、〇八年の労働契約法の発効、一三年の労働契約法の改正があった。解雇規制の強化と派遣労働者の雇用制限である。つまり、雇用の「自由」への規制である。

確かに、経営の側から言えば「問題」であろう。しかし、企業の都合で、「必要な時に、必要な労働力を、必要な量だけ」安価に使う（雇う）という、労働者の部品扱い・「人のＪＩＴ（Just In Time）方式」は、もはや中国では通用しない。

中国の賃金上昇圧力を問題にする企業は多いが、賃金上昇は、国民の所得を上昇させ「中産階層」を生み出し（中国の「中産階層」については柴田二〇一一ａ参照）、消費の向上につながり中国を「世界の工場」から一三億人を超える巨大市場、「世界の市場」に変えた。まさに「中国人に売る時代」になったのである(徐向東二〇〇九)。この面では賃金上昇はむしろ歓迎されるべきである。

低賃金労働力給源の縮小、労働法制による規制、労働者の権利意識の向上がある中では、それらを「足かせ」と受け取るような[26]、無権利・低賃金労働力に依拠する経営は成り立たない。「低廉労働力依拠」主義からの脱却が必要である。

市場としての中国の成立は、中国政府の外資規制の緩和もあって、進出企業の量も質も変えた。安価な労働力を利用した「輸出製品の生産工場」、それを支援するための商社、銀行、コンサルタント会社に加えて、中国人に売るための商品を生産する多種の製造業、その製品開発のための研究・開発産業、小売業等の進出が加わった。さらに、進出したグループ企業を統括するための持ち株会社も設立した。また、グローバル企業は、グローバル活動の重要な拠点として中国を位置づけ、地域本社機能も加える方向も生まれてきた。

このような進出産業・企業の変化は、経営の現地化も必要になり、当然にも必要とする人材も変化した。輸出用製品の大量生産を担う単純労働者から、より高度な能力を持つ人材、中国流にいえば「高級人材」、それは同時に経営の現地化を担う人々である。その確保・育成が重要になってきた。実はこの「人材の現地化」が遅れているのである。

日系大企業の多くは人材の処遇(賃金と昇進)面で、職能等級制をとっている。総経理等にインタビューすると、「能力主義を導入し、抜擢人事もある」という返事がくるが、賃金の項で見たように、実際の運用には勤続年数(年功)が考慮され、優秀と評価された者であっても、細かく区分された職能等級の一段ないし二段の飛び級がある程度で、いわゆる「遅い昇進」あり、しかも現地法人トップにはほとんどなれない「ガラスの天井」の存在がある。現地化戦略として「研修育成の強化」(七二・四％)と「(部長、課長、店長級の)現地人材の登用」(五三・三％)は目指されているが、役員等の現地人材の登用は一八・二％の企業で指向されているだけである(ＪＥＴＲＯ調査1〈一五年〉)。

総じて、日系企業の人材マネジメントは、長期勤続を求め、勤続(年功)と企業忠誠心を重視し、企業理念・精神体得によるトヨタマン、（三菱）商事マン、イオンピープルという言葉に表れるように企業人間の育成を目指す、いわゆる「日本型経営」を導入しているのである。

このような日系企業の「企業文化」と、高い自己の能力を信じ（自信過剰？）、高い賃金と早い昇進を求め、それが実現しなければ転職をする、という中国人高級人材の意識と行動（文化）とのギャップが見られる。真の人材の現地化、「現地の優秀な人材を確保し、幹部として育成・登用、『現地のことは現地スタッフが管理する』体制」[27]を築くためには、このギャップをどのように埋めるかが課題であろう。少なくとも、多くの在中国日系人材コンサルタント会社のコンサルタントが説くような「成果主義・業績主義」的な人材マネジメントを導入すれば良い、ということではないであろう。

注

1　二一世紀中国総研「KEY NUMBER」第六八号二〇一三・一二・三一）。

2　現地法人三社以上（うち生産拠点一社以上）持っている企業一、〇二一社へのアンケート（二〇一五年七―九月実施）、回答社数五九七社中四八五社八一・二％。一四年調査では六一七社の内、中国に生産法人を一社以上持っている企業は五〇八社（八二・三％）であった。（国際協力銀行「我が国製造業企業の海外事業展開に関するアンケート調査報告」二〇一四年一一月）。

3　一五年九月末時点で、セブンイレブン二、一二八、ファミリーマート一、四二五、ローソン五八六店舗が出ている（朝日新聞一五・一二・一九）。

4　上野泉・近藤正幸・永田晃也「日本企業における研究開発の国際化の現状と変遷」文部科学省科学技術政策研究所　第2研究グループ　〇八年一月。

5　安田英士「日本企業が中国に設置した研究開発子会社の運営管理に関する検討」（『江戸川大学紀要』二〇一四・三）

6　みずほ「中国リスクに対する日系企業の認識と対応」二〇一三・一〇。

7　みずほ、同上。

8　学生は政府が包括的に募集し、学費・生活費を提供し、卒業後の就職先を政府が配分する、というシステムで、学校卒業後の就職は、政府による「分配」の下に置かれていて、配分された「単位」（就業先）は終身雇用で、失業もない代わりに、転職の自由もなかった。その後若干の緩和はあったが、八五年の「教育体制改革に対する決定」で、大学授業料を自己負担する学生には、「就職活動による就職」が認められ、九三年から「自主的職業選択」が全面的に認められ、「自由労働市場」が成立した。

9　リクルートワークス研究所「アジア９カ国の人材マーケット」中国コラム⑦「中国におけるワーカーの採用」（二〇一三／〇五／二一）。

10　一九七八年の普通高等学校（大学本科＋専科）の数は、五九八校、入学者四〇・二万人、卒業者一六・五万人でしかなかったものが、二〇〇〇年には、一、〇四一校、入学者二二〇万人、卒業者九五万人、二〇一四年は、二五二九校、入学者七八四万人、卒業生七一三万人（大学院＋本科＋専科）。

11　蟻族―高等教育課程を卒業するも望む職業に付けず、日々不安定な仕事をしながら、大都市近郊で、蟻のように群れて生活している若者たち。廉思が名付けた（廉思『蟻族』二〇〇九年広西師範大学出版社〈邦訳　関根謙監訳『蟻族―高学歴ワーキングプアたちの群れ』二〇一〇、勉誠出版〉。）啃老族―親の脛齧《スネかじ》り。気に入らない仕事につくくらいなら親のスネをかじって生活することを選ぶ若者たち（一種のニート）。

12　山谷剛史「中国ビジネス四方山話　転職癖の抜けない中国のホワイトカラー」（原資料：智聯招聘「二〇一四年秋季白領跳槽数調査報告」）http://www.japaj.znet.com/article/335055716 より。

13　山本恒人「中国における農民工の規模とその存在形態」（『大阪経大論集』第五四巻第二号二〇〇三年七月。

14　陸学芸主篇『当代中国社会階層研究報告』（二〇〇一年）。中国の階層研究（特に中産階層）及びホワイトカラーの動向については柴田（二〇〇一一）を参照。

15　なお、中国の高学歴ホワイトカラーの意識と行動・生活については柴田二〇一一a・bを参照）。

16　荻原牧子「彼らは本当に転職を繰り返すのか――アジアの転職実態、転職要因・効果の実証分析―」リクルートワークス研究所『Works Review』Vol. 8（二〇一三年）。

17　企業や組織が提供する環境や場を意味し、学生たちは業界内のランク、配属先の部署のランクの意味で使っている。

18　東洋経済 ONLINE「中国エリート学生座談会」（その２）〈一三・一一・一四〉、「中国エリート学生座談会」（上）〈一三・一〇・三〉、（下）〈一三・一一・五〉、「中国理系エリート学生座談会」（上）〈一三・一〇・三〉、（下）〈一三・一二・五〉、「精華大・理系エリートの超堅実な就職観」〈一四・七・一七〉等参照。

19　畑伴子「金融危機下の中国労働市場と日系企業の施策」白木三秀編著『チェンジング・チャイナの人的資源管理』二〇一一白桃書房。

20　日本生命・長生人寿保険有限公司（日本生命の中国法人）・ニッセイ基礎研究所「中国における日系企業の人的資源管理の実態調査」（二〇一一年実施）。片山ゆき「中国における日系企業の福利厚生・人的資源管理」（ニッセイ基礎研究所「基礎研レポート」二〇一三・〇三・二九、四頁、図表―九、一〇より作成、（調査時点は一二年六、七月）。

21　韓敏恒「在中国日系製造業における現地管理職人材の育成に関する研究」図表一二、一三、八二頁（早稲田大学産業経営研究所『産業経営』第四六・四七合併号、二〇一〇年一二月）。

22　「座談会 これからの中国ビジネスと商社―日中国交正常化四〇周年を迎えて」（『日本貿易会 月報』二〇一二年七・八月号N. 七〇五）参照。

23　本書の翻訳のタイトルは『現代中国女工哀史』となっているが原題は、"FACTORY GIRLS : From Village to City in a Changing China" で二〇〇三年に一六歳で貧しい農村から都市の工場に働きに出てきた一人の女性の成長（＝「個人」としての自立、「成功」）を扱ったものである。その意味では邦題は適当ではないと思われる。がしかし、そこに描かれた彼女および彼女と同様に農村から働きに来た工場労働者の労働生活・宿舎（寮）、賃金の実態は、まさに「女工哀史」の世界である。

24　本書では、"China Price" と名付けられた中国製品の廉価の秘密を、明らかにしようとしたものである。二〇〇〇年代半ばの中国の工場を取材し、その秘密の一つは、劣悪な労働条件で働かせる工場経営―象徴的には「黒い工場」「陰の工場」と呼ばれる未登録の工場の存在とそこで働く農村からの出稼ぎ労働者の存在である、としている。その彼らが働く工場での労働実態が具体的に示されている。

25　NGO・SACOM「中国国内ユニクロ下請け工場における労働環境調査報告書」二〇一五年一月。

26　湯浅亮子「（派遣労働の規制強化は）賃金の高騰、慢性的な労働力不足、労働争議の頻発―。ただでさえ、労務リスクが高まっていたところに、中国生産を維持する〝足かせ〟がまた一つ加わった」（『週刊ダイヤモンド』一四・九・九号）。

27　「座談会 これからの中国ビジネスと商社――日中国交正常化四〇周年を迎えて」（『日本貿易会 月報』二〇一二年七・八月号№. 七〇五）での三菱商事副社長・東アジア統括 矢野雅英の発言。

参考文献

梶谷懐、二〇一一、『「壁と卵」の現代中国論』人文書院。

柴田弘捷、二〇〇九、「中国の労働市場と大学生の就職事情」（専修大学社会科学研究所編『中国社会の現状Ⅱ』）。

二〇一一a、「中国の社会移送変動と『白領』の台頭」（柴田・大矢根編『中国社会の現状Ⅲ』専修大学社会科学研究所）

二〇一一b、「在中国日系企業の人事管理（一）―中国人の就業意識・行動と『現地化』の問題―」（『専修人間科学論集』一-二・社会学篇一）。

二〇一二、「在中国日系企業の人事管理（二）―採用・研修・昇進について―」（『専修人間科学論集』二-二・社会学篇二）。

二〇一三、「在中国日系企業の人事管理（三）―労働市場の構造変動と工事用労働者の人事管理―」（『専修人間科学論集』三-二・社会学篇三）。

二〇一四、「在中国日系企業の人事管理（四）―小売業の人事管理―イトーヨーカ堂、イオンを事例に―」（『専修人間科学論集』四-二・社会学篇四）。

二〇一五、「在中国日系企業の人事管理（五）―現段階の人事管理問題―」（『専修人間科学論集』五-二・社会学篇五）。

厳善平、二〇一〇、『中国農民工の調査研究』晃洋書房。

徐向東（Xu Xiangdong）、二〇〇九、『中国人に売る時代！――巨大市場の成功法則』日本経済新聞社。

白木三秀編著、二〇一一、『チェンジング・チャイナの人的資源管理』白桃書房。

薛軍（Setu Gun）、二〇一〇、『在中国の経営現地化問題――多国籍企業現地化論の再検討』創成社。

辻誠、二〇〇三、『増補版　上海の職場人間学――ある日系企業の経営ファイル』蒼蒼社。

日本能率協会コンサルティング中国グループ、二〇〇九、『中国の工場事情』PHP研究所。

日本貿易会、二〇一二、「座談会 これからの中国ビジネスと商社 ―― 日中国交正常化四〇周年を迎えて」『日本貿易会 月報』二〇一二年七・八月号 No.七〇五。

JILPT、二〇一三、「中国進出日系企業の基礎的研究」、日本労働政策研究・研修機構。

JILPT、二〇一五、「中国進出日系企業の基礎的研究Ⅱ」、日本労働政策研究・研修機構。

橋爪・大澤・宮台、二〇一三、『おどろきの中国』講談社現代新書。

丸川知雄、二〇〇二、『現代中国経済三　労働市場の地殻変動』名古屋大学出版会。

三井物産戦略研究所、二〇〇九、「建国六〇周年を迎えた中国――回顧と展望」。

湯谷昇羊、二〇一三、『「いらっしゃいませ」と言えない国――中国で最も成功した外資・イトーヨーカ堂』新潮文庫（『巨龍に挑む』二〇一〇年ダイヤモンド社刊を改稿・改題）。

陳桂棣（Chen Guidi）・春桃（Chun Tao）、二〇〇四、『中国農民調査』人民文学出版社（納村公子・椙田雅美訳『中国農民調査』

二〇〇五、文藝春秋社)。

陸学芸主編、二〇〇一、『当代中国社会階層研究報告』社会科学文献出版社。

二〇〇四、『中国当代社会流動』社会科学文献出版社。

二〇一〇、『中国当代社会結構』社会科学文献出版社。

廉思 (Lian Si) 編、二〇〇九、『蚁族—大学卆業生聚居村実録』広西師範大学出版社刊（関根謙監訳『蟻族—高学歴ワーキングプアたちの群れ—』二〇一〇勉誠出版）。

Chang, Leslie T. 2008 FACTORY GIRLS : From Village to City in a Changing China, New York : Spiegel & Grau.（栗原泉訳、二〇一〇、『現代中国女工哀史』白水社。）

Harney, Alexandra, 2008, *The China Price :The True Cost of Chinese Competitive Advantage*, New York : Penguin.（漆嶋稔訳、二〇〇八、『中国貧困絶望工場——「世界の工場」のからくり』日経ＢＰ社）

資料・調査報告・統計データ

日本労働研究機構（現・日本労働政策研究・研修機構）「日系グローバル企業の人材マネジメント調査」（二〇〇三年）
ＪＥＴＲＯ調査１　日本貿易振興機構「アジア・オセアニア日系企業活動実態」各年
ＪＥＴＲＯ調査２　日本貿易振興機構上海事務所「二〇一三年中国華東・西部地区における企業給与調査動向報告」
ＪＥＴＲＯ海外ビジネス情報（中国）
リクルート調査１リクルートワークス研究所「Global Career Survey」二〇〇八年
リクルート調査２リクルートワークス研究所「中国・人と組織の実態調査 日本企業の人材活用」〇八年調査
リクルート調査３リクルートワークス研究所「上海ホワイトカラーの就業行動と意識」二〇〇八年
リクルート調査４リクルートワークス研究所「Global Career Survey(「世界一三ヵ国二〇代三〇代大卒者の入・転職実態調査」二〇一三年
リクルート調査５リクルートワークス研究所「五カ国マネージャー調査」二〇一四年
リクルート調査６リクルートマネジメントソリューションズ）「「中国における多国籍企業の人材マネジメント調査二〇一三」（二〇一五年）
外務省「海外在留邦人数調査統計」各年

経済産業省調査「海外事業活動基本調査」各年
財務省「貿易統計」（各年）「海外直接投資の推移」
その他ＷＥＢ情報―人民網、日本企業本社・在中国法人各社のＨＰ、在中国日系人材コンサルタント各社報告等々

付記

本来ならば統計的データを補完し、より日系企業の人材マネジメントの具体的な事例を加えて、実態を明らかにすべきであったが、紙幅の関係で、事例を挿入することができなかった。事例については、参考文献に掲載した拙稿を参照されたい。

第Ⅳ部　日本から世界へ：何ができるのか？

戦後日本の社会学と国際意識

宮島　喬

1　はじめに

国際社会学的関心に照らし、戦後期の社会学の視座を振り返ってみると、いくつかの反省と批判的に検討すべき問題に思いいたる。と同時に、当時の社会学が真摯に取り組んだ、今日からみて国際社会学的主題に通じるものもあることに気づく。戦後とは、明確な日付で区切られず、敗戦から対日平和条約（講和条約）締結までの占領期を越え、沖縄返還、日中国交回復などを経、変動為替相場制に移行し円安是正が進む時期までと考え、七〇年代までと広くとりたい。国際社会学とは、国境あるいは人々の国籍を超えて（その意味でトランスナショナルに）展開される社会現象や社会問題を解明することを目指すもので、対外的には諸外国、さらに世界というフィールドを視野におき、対内的には内なる多文化・多民族性に目を向け、しばしばエスニシティ概念や、マイノリティ概念に依拠することになる。

本稿では「国際意識」というタームを用いる。もちろん、従来使われてきた「対外意識」もそこに含むが、後者は外なる対象としての外国または外国人に向けられたもので、その視角の下では内なる国際性（多文化性あるいはトランスナショナリティ）には目が向けられない。戦後期にあっても、内なる国際性は決して無視すべからざる意味をもっていた。文化的アメリカニゼーション、あるいは、多数の米占領・駐留軍の兵士、軍属の存在と不可分の国際結婚と子どもの誕生などの意味するところもそれであるが、七〇万人に達する朝鮮人、中国人の存在とその定住化がなんといっても重要である。にもかかわらず、八〇年代までの日本の社会と社会学は階級、階層の不平等・支配あるいは身分差別（被差別部落）などを問題にしながら、日本が文化的に一なることを暗に前提してきた。それを反映して、国際社会学の視野に立つ研究は市民権を得ていたとはいいがたい。

右のような戦後期に焦点をあて、国際社会学に関わる幾つかの主題を設定し、検討してみたい。ただし、覚え書（研究ノート）の域を出ない考察にとどまる。

2　戦後的状況と〈世論〉の虚構

敗戦とそれに続く社会変動が、日本の社会科学的思考の条件を変えたことは、今さらいうまでもない。社会科学は一般に、マルクス主義の影響も受けつつ、「封建遺制」批判や復活する資本主義の批判的分析にもとづき、日本社会の変革の方向を探ろうとした。社会学もその一翼を担うが、一方、社会学や社会心理学では全く新しい出発もみられた。それは、戦後の特殊な時期と状況にも関係し、アメリカ種のプラグマティズムの流れを引く社会学や社会心理学が導入され、読まれ、学ばれていったことである。

ただし、少し注意して見ていくと、アメリカ社会学の影響のなかには、プラグマティズム系統のそれだけではなく、半ばヨーロッパ種といえる流れもあり、T・アドルノ編『権威主義的パーソナリティ』に代表されるような、社会構造とパーソナリティ形成の関連を問うファシズム批判の社会学もあった。これに関心を寄せた日高六郎によりエーリヒ・フロム『自由からの逃走』が一九五一年に訳出されており、それがもった意味は見逃せないものがある。しかし社会学研究は、概して内向きで、国家の枠組みと同一化された日本社会の分析と考察に向かい、日本を取り巻く国際環境、国際関係、さらには国境、国籍を超えて展開されるような社会問題の研究（今日では国際社会学という分野にあたるだろうが）では、次の二つの点で視野が限られていた。

第一に、日本の関わった外国といえば、圧倒的な比重でアメリカであり、そのアメリカ像には、つくられたステレオタイプという要素が大きかった上、その受容に際して日本の側の伝統意識がこれに呼応するという側面があったといわねばならない。第二に、日本にとっては重要であったはずの、アジア諸国との関係には、過去の植民地統治に関わる未解決問題や、内なるアジアという関係性（朝鮮人や中国人が在留しつづけた）が含まれていたが、どれほど意識化され、認識されてきたか。これはまさに問われる点であろう。

清水幾太郎の『社会學講義』は、一九四八年の東北大学における講義の草稿が基本になっている。戦前にコントやジンメルの研究に打ち込んだ著者は、戦後デューイらのプラグマティズムの社会学的含意をたびたび紹介することになるが、同『講義』では、ヨーロッパの社会学古典をたどりながら、第五章「アメリカ社会学」では五〇頁にわたり、その思想的文脈と学史が記述され、なかで「社会調査」について予想以上の頁が割かれている。アメリカでは社会問題を個人的、心理的問題として処理する傾向があり、今次大戦で出会ったさまざまな問題を解決するのに社会学者の調査が大いに役立つとされたことから、「科学の精神と方法とは政治の中へ流れ込み、社会調査によって明らかにされた客観的事実に従って、何人も問題の解決のために協力する。……社会調査は政治の代用品となる」（清水一九五〇：一五七）、と。もちろん半ば批判的観点から書いているわけだが、書くことの効果を測るのに巧みな著者のこと、〝アメリカンサイエンス〟社会学のこの側面に日本の社会学徒の眼を向けさせるという意図はあったに違いない。それはむしろ日本で進行している現状を踏まえていたといってもよく、戦後早い時期から日本の新聞では世論調査が盛行を見ており、加えて朝日新聞の「声」欄をはじめ、投書、身の上相談のような、読者意向を反映させる企てがあった。

さらに清水は後年、日本評論社から刊行される『資料・戦後二十年史5』の編集を委ねられ、「社会」編を、もっぱら朝日新聞、毎日新聞、読売新聞の世論調査結果を収録することでこれを編んでいる。編者序文は「世論調査の歴史は、日本人がこの期間に出会った諸問題の歴史である。そこに、日本および日本人の戦後史のエッセンスがあり、併せて、私たちの偉大な遺産がある」と書いている（清水、一九六六）。だが、社会学者のこのような戦後メディアや世論への関わり方は、あまりに楽観的で現実から乖離していなかったかという疑問を抱かせる。

3　圧倒的な親アメリカ意識とそれを可能にしたもの

戦後の新聞をはじめとするマス・メディアが、占領当局の厳しい統制のもとにあったことをまず指摘しなければならない。それが、ナイーヴとさえいってよい日本人の親米意識を醸成するのに、一役も二役も買っている。各紙の世論調査や投書欄も占領軍のプレスコード（新聞規約）の下にあって、検閲の対象だったのだが、清水の右記の文章はなぜか三紙がそうした厳しいコントロールの下にあったことに触れていない。じっさい、占領直後（四五年九月）から布かれるプレスコード、ラジオコードでは、「公安を害する事項」と「連合国の利益に反する批判」「公表されない連合軍の動静」を一切掲載・報道してはならない、など、その規制は徹底したものだった（南　一九六三）。

各紙の世論調査のなかで定期的に問われたのが、「好きな国、嫌いな国」である。今日ではさすがにこういう単純な二値的な世論調査は行われないが、戦後期に「好き―嫌い」のなかに諸外国をランクづけることが行われたのは、当時の日本人の意識傾向とアメリカの利益が合致したからといえる。敵―味方の二分法、優れている国―劣っている国の上下関係で国家間関係をみるという対外意識は戦前から戦中の日本で支配的なものであり、戦中には「鬼畜米英」であったものが、戦後、頂点国にアメリカが来た点に大きな逆転があった。占領軍への批判や不利な事実を記事にすることは禁じられていたから、新聞紙面を飾ったのは占領軍の善政、平和への貢献、兵士の美談などで、数十カ所にわたる占領軍基地の周辺で発生していた米兵による暴行等の不祥事は、一切報道されなかった。

占領期間の後半から講和後にかけて、冷戦の進行のなかで、アメリカ批判の意識も示されてくるが、大勢は、アメリカを「すぐれた」「味方」の国に維持し続ける。「冷戦」(cold war)という語も、アメリカで四八年以降、大統領周辺、議会、大衆メディアがプロパガンダを通じて流布したものであり、また「非米活動」(Un-American Activities)といった言葉も使われるように、「善―悪」基準がきわめて強められた時期にあたる。これが対日政策にも表れるが、果たしてマッカシーズムのように「共産主義＝悪」なるイメージが日本でもそのまま受け入れられたかどうかは分からない。むしろ事大主義的な心情から「味方―敵」のモノサシを充て、日本に好意的な庇護者という捉え方で、「好きな国」の断然トップにアメリカが座り続け、反共とはやや異なる、戦後の日本人捕虜抑留問題などからソ連は最下位(つまり「嫌いな国」)となっていたと思われる。

占領政策が日本の民主化から「反共の砦」化へとシフトしていっても、民衆がそれに気づかなかったかにみえる結果となった。朝鮮戦争のさなか、一九五一年四月のマッカーサー解任という出来事の意味(その中国本土爆撃・戦争拡大の構想に対する、戦争不拡大方針のトルーマンの大統領権限の行使)を理解していた日本人がどれだけいたか。新聞報道に自由はなく、マッカーサーとトルーマンの対立の深刻な意味をぼかし、国民はこの深刻な対立が現在の歴史時点でどんな意味をもっているかほとんど知らずに過ごしていた（信夫 一九六七：一二五六）。世論調査では、マッカーサー解任を「当然」と受け止めた者は数％、「衝撃」「悲哀」「惜別」「同情」などの言葉に反応する回答が合わせて八〇％であり、かれの離日に先立ち、東京都内では某団体による「マ元帥感謝の署名運動」さえ行われ、署名希望者が列をなした（宮島 一九七〇：九六）。講和（＝独立）前のこととはいえ、後述のドイツの場合に比べても驚くべき傾向であり、メディアが事実の意味を分析し伝えるという公器の役割を放棄していたといわざるをえない。

だが、もともと日本の占領政策は連合国中「アメリカ一色」の管理となり、かつ旧統治機関の「全的覆滅」（敗戦時ドイツの場合）にはいたらず、天皇制の形式的存続と日本政府を通じる間接統治という様態をとった（入江 一九五三）。このため、「天皇制保持」という一点だけをとらえて米占領軍とその象徴マッカーサーに、好意さらに恩顧の情をいだく日本人が中高齢者を中心に多かったといわれる。なお、同様に敗戦国として連合国占領下に置かれたドイツでは、こうした現象はなかった。日本との比較はあまり意味がないかもしれないが、ドイツでは、連合軍四カ国がそれぞれの占領地域をもち、西側三国地域とソ連地域の分断という事実があり、牽制、対立の関係があり、かえって民衆のナチ信仰からの脱却も連合軍の意図したように進まなかったという指摘もある（ルップ 一九八六：六二）。西ドイツにとりアメリカの影響力は大きかったが、圧倒的な庇護者などではなく、マッカーサーに類比されるような人格化された権威も生まれなかった。

4　対外意識と権威主義

ともあれ、日本の国民意識の基調は圧倒的に親米だった。アメリカニゼーションのなかでつくられた国際意識と仮に呼ぶとすると、アメリカへの好意的関心が一方的に肥大していたが、アメリカ像自体は未分化性を特徴とし、情報統制の結果、多くの盲点があった。情報は非政治化されて伝えられ、アメリカ社会の内的矛盾をなすイシューはほとんど伝えられていない。たとえば国内の人種問題はほとんど覆い隠され、アングロ＝サクソン的白人社会として呈示されるのをつねとした（ハリウッド映画、新聞漫画「ブロンディ」など）。やがて始まるアラバマ州の隔離バスのボイコットに端を発する公民権闘争などは、予兆も知らされていない。仮に報じられても、日本人側に出来事の意味を受け止めるフレーム・オブ・リファレンスが用意されていなかったのではないか。

庇護者で、民主的で、豊かで、モダンで明るいアメリカに向き合い、日本人の側に現れた反応は、憧れや、それに近づきたいという願望だったかもしれないが、同時にある年齢以上では劣等意識となる。「敗戦してまざまざと日本民族という者は優秀民族でないことがわかった」（朝日新聞、投書、一九四六年一月三日）という言葉がみえるが、この「神州日本」から「劣等民族」への急転については、三つの解釈が可能だっただろう。一つは、米占領軍がプレスコードを利してプロアメリカンの情報のみを提供し、世論の統制を行ったことによるという説明、第二には、もともと「鬼畜米英」などの対米敵意は戦中の民衆に深くは浸透していず、「上から」注入された建前にすぎず、状況に応じ変わりうるものだったという説明、そして第三は、強きもの―弱きもの、優者―劣者の二値的ヒエラルヒーでみる権威主義的感情が民衆のなかに強く、それが状況次第で強者アメリカへの急展開の帰依をうながしたのだという見解である。筆者はかつて、第二、第三の見方にもとづき、「鬼畜米英」→「親米」の戦後の急展開を説明したことがある（宮島一九七〇）。

だが、そうした流れに対する理解的解釈ではなく、より批判的な解明の試みが社会学者から現れる。それは、アメリカにおけるファシズム研究と深くかかわるイデオロギーとパーソナリティ研究に学びながら、丸山真男らの日本のファシズムの心理分析の影響も刻印されているもので、一九五〇年代後半に展開をみる。

日高六郎は、前述のフロムの翻訳やアドルノ『権威主義的パーソナリティ』の紹介に重要な役割を果たす。その関心は、ある社会構造（社会的地位、階層）の下で生み出される心理的欲求が、どんなイデオロギーと結びつくかという関連を問うもので、「イデオロギーとパーソナリティ（社会的性格）」研究と呼ぶことができよう。アドルノやアイセンクの拠った図式はそのまま日本にあてはめられないにせよ、旧意識が戦後段階でとった変容のダイナミズムを理解する導きの糸とされた。日高の場合、いくつかの前提があった。なぜドイツのナチズムの勝利が可能となったのかにつき、両大戦間における国際関係とデモクラシーの状況とかかわらせての考察がある。デモクラシーが勝利したはずのアメリカ内にも、冷戦と社会構造の緊張を背景とする潜在的なファシズム心理が生み出されていることへの着目から、『権威主義的パーソナリティ』の詳細な検討、紹介を行っていたことである（日高一九五一）。そして、その試みは、未分化な、親米一辺倒の意識への警鐘を鳴らしていたともいえる。

高橋徹らとともに行った「旧意識」の解明は、その具体化である。戦後の社会意識のなかに「旧意識」が政治的、非政治的なかたちで残存しているとの見方に立ち、その動態をたどろうとした考察が日高「旧意識とその原初形態」である。「旧意識」は今日、辞典類にも載らないタームであるが、「上から」のイデオロギーである「八紘一宇」にまで広がる一君万民の国体思想と、「下から」の意識として、「醇風美俗」へとまとめあげられる村意識や家父長的家族主義のアマルガムとしてあった。日高は、この二つを概念的に区別し、前者が正統性を失い、または崩壊・無力化したのち、後者へと国民の意識が回帰していったものを戦後の「旧意識」ととらえた（日高 一九五九：一七三）。民主化の不徹底ゆえにと説明されうるが、戦後段階では、農民と都市自営業でもっとも親米意見の比率が高く、民主化と旧意識との共存があったことがわかる。また高橋徹らは、基本的シンボル（天皇）の権威の消滅によって生じた大衆の不安と無力感が、「醇風美俗」への従属を進めたともみている（同：二〇九）。ただし、民衆心理は単純に「醇風美俗」のなかに静的に収まったのではなく、劣等意識、旧指導者への怨嗟、そして強い権威者の待望などのコンプレクスをもっていた。

その後、変容はしつつも、「醇風美俗」はオリのように沈殿して持続したのではないか。日高、高橋と並んで権威主義的パーソナリティの実証に努めたのは城戸浩太郎であるが、城戸は「縦の醇風美俗」という言葉を使いながら、不安と劣等感で傷ついた自我が、権威や旧来の秩序を象徴するものに心理的に絡みつく動きを示すことを、五〇年代の日常の社会心理や労働者意識のなかにも見出し、考察を行っている（城戸一九七〇：一〇以下）。

そうした観点に立った場合、戦後日本人の示した親米意識はどう説明されるか。民衆意識の根っ子の部分は、内向きでナショナリスティックであり、国際主義などの要素はない。一方、彼らが外に向ける眼をもつとすれば、それは強―弱、敵―味方のなかで国家間関係をみるという枠組みがはたらき、ＧＨＱの宣伝が、それ以後は保守政党政権の対米協調のそれが、受け入れられやすい素地をなしたといえよう。

5 「日本人の国民性」論のステレオタイプ

その後の日本の研究者のなかにも、そうした優―劣、上下を重要な要素とみ、意識調査を試みる者は続く。それを最も組織的に展開したのが、統計数理研究所グループによる「日本人の国民性」の調査研究ではなかろうか。

一九五三年の同調査の第一回で、「日本人は西洋人に比べ。優れていると思うか、劣っていると思うか」という設問が置かれ、五年置きの調査で、あしかけ二〇年も問われ続けたのである。統数研グループは、林知己夫、西平重喜、鈴木達三を中心とする、社会学プロパーというよりは数理統計学の専門家から成るが、社会的なトピックには広く関心を示し、無作為抽出全国サーベイの信頼度を高めることに貢献した。その方法としては、Ｒ・ベネディクトらの「文化の型《パターン・オブ・カルチュア》」論にもとづく演繹的な日本人パーソナリティ論（『菊と刀』）に比べ、「最頻的パーソナリティ」理論に拠り、度数分布の最も大きなものを「国民性」(national character)とする、より経験主義的アプローチをとる。その成果、データを社会学者たちもよく利用した。

しかし調査のトピック、設問では、戦後期の世論調査のステレオタイプを引き継ぐものがけっこう多かった。「日本人―西洋人の優劣」はその代表的なものであるが、ほかにも、「日本人と西洋人とくらべたとき、どちらが残酷と思うか」、「日本人よりすぐれていると思われる人種、民族をあげよ」なども、それであろう。なぜこういう設問が重視されたのか。調査者たちはやはり過去の日本人の national character に関する議論を参考にしたと述べている。それはともかくとして、戦後、敗れた日本の国際認識が、その大勢において、二値的な見方に立ち戻っていたことを意味しよう。

「東洋のスイスたれ」という言葉に触発され、小さくて弱くとも平和と民主主義を誇りうる国を目指すという志向はなかったわけではなく、それは冷戦激化のなかで「非武装中立」、「原水爆禁止」などの運動と共に一つの流れとはなるが[1]、戦後期には日本人が優秀な民族ではないという自己認識の下、劣等感のなかに生きるという心理的基調があり、それが二値的な国際関係意識を持続させたと思われる。そうした優劣意識をもつことが、日本人の「向上」への動機づけのバネになるとみる見方もあったかもしれない。

調査結果では、いうまでもなく、初期には「日本人が劣っている」は七割を占め、六〇年代半ばで五割に近づき、八〇年代で三割台になるという推移を示す(統数研国民性調査委員会、一九九二)。ということは、この時期には「日本人は西洋人よりも優れている」という優越意識に転じるわけである。優―劣の意識で他国をみるという見方は未分化性を特徴として、一つの国を取り上げて丸ごと「優れている」「劣っている」ということは、何か単一の基準だけでみているか、または具体的な知識や関心によらず答えていることにほかならない。また国と国の優劣ヒエラルヒーに敏感で、二値的であるということは、根底において権威主義的なパースペクティヴに立っていることを意味しよう。優者への畏敬・服従と、劣った者への優越・軽蔑という二重意識があるからである。

日本人はそれほど未分化な外国像しかもたないのか。そう言い切ることは難しいが、少なくとも調査を実施する研究者たちが、たとえ未分化なイメージであってもとにかく優劣の回答を知りたいと考えていたことが、問題とされるべきであろう。これは、後にみる「日本人論」のなかにも看取されることである。

6　欧米対アジア：閉じた国民国家の視座

一九五〇年代が進むにつれ日本人のアメリカ像に分化も見え始める。再軍備、アメリカ軍の駐留の継続、同水爆実験、日米安保条約とそれに基づく行政協定（米軍への基地提供可能に）などが争点となり、対米批判の声が示されるようになる（一九五三年には、アメリカ軍駐留を希望する声は三割程度、「模範とする国」アメリカは、東京都民においてはスイス、イギリスに次ぐ三位に）。こうした傾向は、分化したアメリカ像をもつようになった知識人、学生、ホワイトカラー、組織労働者、大都市住民に生まれていたと推定できる。しかし、それでも顕著な事実は、アメリカについてより未分化なイメージをもっていると思われる農漁民、僻地住民、女性、高齢者、義務教育修了程度学歴などの属性と親米意識との結びつきは強いことである。

国際意識あるいは対外意識に圧倒的ウェイトを占めた親アメリカは、いわば陽の当たる対象であり、アジアについてはどうだったか。「日本人の国民性」調査は、「好き・きらいな人種」の設問において、選択肢にアメリカ、フランス……などと全く並列して、朝鮮、中国を置いている。「好きな国」、「模範とする国」などに名が上がらないことを当然視し、いわば付け足しに選択肢を置いているかの観がある。調査者の問題意識が問われるところである。

この分野でよく参照されてきた我妻洋・米山俊直『偏見の構造――日本人の人種観』では、日本人の白人への態度、黒人への態度の特徴などが論じられながら、アジア人への態度は取り上げられていない。彼らの行った日本人の人種態度調査でも、一二の国民、民族が並列的にあげられ、好き・きらいが尋ねられ、ボガーダスの人種間の社会的距離の測定が行われている。どの設問においても「朝鮮民族」はもっとも距離の遠いグループに属することが判明するが、これを「日本人にとって『最後まで受け入れ難いグループ、最も強く拒否しているグループ』だ」とコメントするだけで済ませている(我妻・米山 一九六七：一三五)。

少なくともアジア諸国への日本の態度に関しては、「好き・嫌い」「優れている・劣っている」で済まされるべきではない。かつて「八紘一宇」を掲げた帝国的なアジア意識が崩壊すると、いっぺんにアジアの国々は単なる認識客体にすぎない「遠い国」にされてしまったかの感がある。日・朝関係、日・中関係、さらには日・比や日本・インドネシア関係などを、戦前、戦中からの解決すべきさまざまな問題をはらむ、通常の二国間関係と同一視できないものと捉える観点からは、表面的で、問題に目をふさいだ扱いとなる。

実際には、情報や接触の乏しさという問題もあった。神島二郎は、アメリカに対しては戦後きわめて大量の接触が行われ対外意識は変わってきたが、近いアジアの国々とは国交さえも十分回復されておらず、戦争下の大量接触とは比べようもないと書いている(神島 一九七一：七三)。それでも日‐朝、日‐中の間には実態、問題を知る努力は行われてきたが、フィリピン、インドネシア、シンガポールなどとの間には過去を真摯に問う関係は築かれなかったのではないか。一例をあげると、日本の占領下にあった旧オランダ領東インドで日本の軍人、軍族との間に数千人の現地女性とのカップルが生まれ、敗戦後、子どもを含む約一〇〇組が三度の引揚船で日本に到着し、苦難に満ちた生活を送ったが(江沢 二〇一五)、そうした出来事もあまり報じられることがなかった。

侵略、進駐、その地でのアメリカ軍との交戦、等々がこれらの国にもたらした多数の殺戮や甚大な損害は忘れられてはならず、それらのことへの反省といまだ未解決の問題を考える姿勢は必要だった。社会学者では内海愛子の『マンゴウの実のる村から』（現代書館、一九八二年）、『戦後補償から考える日本とアジア』（山川出版社、二〇〇二年）などが、これらの関係の発掘と問題提起となっている。

いま一つ戦後段階では見逃されがちだった対アジアの問題がある。今日の時点から振り返って、筆者は次のように書いたことがある。「歴史的に関わりが深く、差別、偏見を介在させながらも人的つながりが様々にあった朝鮮や中国との間にさえ、私たちは主に国家対国家という関係をみる状況になっていた。冷戦が国家間の緊張関係を強めていたことも大きいだろうが、要するに、国民国家イデオロギーがすっぽり私たちの世界を包んでいたからではないか。今なら『トランスナショナル』と形容されるような関係性は、隣人として生きる定住外国人（在日）や、かれ・彼女らと民族間結婚をした夫婦などの存在を通じて実際にあり続けていたにも拘わらず、私たちの視野では二義的になっていた」（宮島二〇一一：八—九）。

7　国民国家イデオロギーと在日朝鮮人

実際、日朝の関係とは、国家と国家の外的関係とのみみるべきではなく、内なる関係としても認識し、平等と共生を実現するよう努めるべきだったのに、それが二義的になっていた。戦後、ＧＨＱは、在日の朝鮮人たちを「解放民族」と捉え、その意思、要求を尊重する姿勢を示したが、日本政府の働きかけで次第に「治安問題」と捉えるようになり、朝鮮民族は半島に帰るべき存在とみなすようになった。そして対日平和条約締結後に、政府は彼らの日本国籍を一律に取り消し、「外国人」としている。これを「朝鮮・朝鮮人の切り捨て」と捉える見方もある（尹　一九九〇：一五二）。

朝鮮半島には一九四八年に二つの国家が成立していたが、サンフランシスコ講和会議にも対日平和条約の作成にも招かれなかったから、本来なら在日朝鮮人の国籍、処遇につき当事国間の交渉があるべきものが、一方的に決定された。なお、前年の五〇年六月に朝鮮戦争が勃発し、激戦が続いており、それはアメリカペースで講和が急がれる要因となり(前芝・田畑 一九五三：二六六)、朝鮮半島の二国が条約について検討を加え、発言することは事実上きわめて困難だったが。

いずれにせよ、朝鮮出身者の扱いを正当化したのは、日本の側の閉じた国民国家イデオロギーであり、これは戦後、異出自とみなす構成員を国民から排除するのは当然とみなす論に立った。当時の一般日本人の意識もこれに異議を挟まない。戦後日本は、帝国意識を一挙に放擲し、そこに回帰したのである。朝鮮人はその生活実態としては半数以上は日本生まれ、地域の中に生き、子どもは多くが日本人と同じ小・中学校に通っていたが、以来、国籍で画然と仕切られ、外国人とされ、後述するようにかなりの国民的権利から排除された。

この国籍切り替えには、当然として反対しない態度が朝鮮側からも示される。つまり植民地統治によって押し付けられた国籍だから、そこから解放されるのは当然だとしたのである。この「表見的一致」のため、同措置は大きな議論にならなかった(大沼 一九七九：九六)。国籍切り換えの際、日本国籍に留まることも可とするという国籍選択を認める案も政府内にあったが、最終的には一律処理となった(田中宏 一九九五、六八―七二)。戦争による帝国の解体や植民地独立の際、併合されていた民族や国民に国籍選択の自由を認めるという対応は英、仏等では行われたが、当時の日本では思い及ぶ者は少なく、運動も起こらなかった。

単純な比較はつつしむべきだが、イギリスは、戦後独立した旧植民地の国々の国民に、英国籍の保持と自由な入国および参政権を含む市民権の行使を認めた(一九四八年の英国籍法)。これは一九六二年まで続き、この間のイギリスは「世界に類をみない自由な移民レジームの一つ」を機能させていたといわれる(Hansen 2000)[2]。

植民地支配を正当化するのに用いられた戦前の「混合民族論」[3]を棄てるのは当然だったが、一転、閉鎖的な国民国家に転じるならば、地位、権利の不安定な外国人（場合によっては無国籍者[4]）が生み出される。この外国人化の論理は冷厳だった。彼らがもしも日本国籍に戻りたければ一般外国人と同様の帰化の手続きをしなければならない、としたことにもそれが現れている。こうして、いったん「外国人」化すると、日本人は内なる朝鮮人に、しばしば隣人としてではなく、外的存在として臨むようになり、権利上の差別（参政権、公務員就任権、社会保障の権利、育英会奨学金応募資格など）も当然とみなすようになった。植民地統治時代からの階層意識を引き摺る者、朝鮮人＝外国人の図式を容易に受け入れてしまう若い世代が、ともにこの意識を支えてきたといえよう。また、朝鮮人の多くが通名を使い、気付かれにくいのをよいことに、日本人住民は単一・同質の日本人世界の中にいると信じたのだった。

ただし、住民の生死にもかかわる生活実態に目をふさぎ、棄てておくことの許されない国と地方自治体行政は、国籍切り替えの二年後、日本国民を対象とするとうたう生活保護法を、生活に困窮する外国人にも当分の間準用するとした（法律によらず厚生省社会局長通知で）。また日韓条約（一九六五年）と同時に締結された「在日韓国人の法的地位・待遇協定」や、民団の運動、自治体の判断等により、社会保障制度が部分的に朝鮮人にも適用されていった。とはいえ、法的権利としてではなく「準用」であり、都道府県による扱いのバラツキも大きかった[5]。なお、八〇年代以降、社会学者三橋修も調査と分析に参加した『日本のなかの韓国・朝鮮人、中国人』（明石書店、一九八六年）、大沼保昭『単一民族社会の神話を超えて』（東信堂、一九九三年）など、在日朝鮮人の地位・社会的条件の分析や、権利の保障を目指す研究が現れる。

8　ネオ・ナショナリズム

日本人・西洋人優劣論にもどると、八〇年代に逆転の時が来る。「日本人の国民性」調査で「日本人の方が優秀」が五割を超えるのである。自国認識のレファレンスが特に経済、それもGDPに求められるようになり、第二次石油危機で欧米の経済が長期不況に陥るなか、日本が比較的影響が少なく危機を乗り切ったようにみえ、GDP第二位という地位に人々の目が向けられた。もっとも、それは「経済大国」と鼓吹した政・財界のアイデンティティ操作の結果でもあり、他の指標をとればたちまちその地位は下位に転落するという危うさがあった(世帯当たり住宅面積、女性の社会的地位など)。ともかく経済を頼みにして優越的アイデンティティを構築しようとした。

対外意識へのその表れは、経済的パフォーマンスを誇りつつ、日本人の優秀性の認識の形をとる。一例だが、中曽根康弘首相が一九八六年九月に、「アメリカには黒人やヒスパニックがいるから、平均すると日本より知的水準が相当に低い」と発言し、人種主義の傾きも示し、アメリカから強い批判を浴びる。こうしたアイデンティティは国民を平均的に代表するものではないが、経済界およびそこで活動する行為者たちに担われ、発信され、「欧米諸国に伍する大国」という優越意識を形成する。

それはアジアに対してはどう表れただろうか。日本が経済的に先進化し、多くのアジア諸国に投資し、ODAを供与し、発展を助ける国になったという優越意識をつくりあげたようである(実際には、アジアは日本の市場に組入れられ、また投資は贈与ではなく、収益性を考慮してなされる)。その投資やODAを歓迎するアジア諸国は、日本の侵略や戦争の過去をつとめて口にしなくなり、日本はその歴史的過去が相殺され、忘れ去られたかのような幻想におちいる。

社会学者の古城利明、庄司興吉らを中心とする一九八五―八六年実施の大都市の市民意識調査では、民衆レベルの

表1　「大国」肯定、否定の理由　(%)

	横浜	大阪	東京
「大国」肯定の意識			
1. 経済的に豊か	62.5	63.0	62.4
2. 教育・文化水準高い	20.7	19.0	15.9
3. 政治的な力	20.7	7.3	8.1
4. 世界の貧しさ、争いの解決に責任がでてきた	10.5	9.2	11.6
5. その他	0.0	0.6	0.5
「大国」否定の理由			
1. 住宅など経済に問題	43.1	47.7	46.6
2. 教育・文化水準高くない	21.3	12.3	16.6
3. 政治的に大国でない	16.1	16.4	16.1
4. 貧しさ、争いの解決に貢献不足	14.4	19.1	17.6
5. その他	2.9	1.8	3.1

ナショナリズム意識の批判的検証を一つの狙いとしたが、「日本民族が世界の民族のなかでも優れている」に東京都では八割が肯定、同じく東京で、「日本の社会は世界のなかでもすぐれている」に七割弱が肯定という結果が示された。しかしその意識の焦点がどこに結んでいるかを問うと、「経済」に一方的に特化していて、不釣り合いなほど政治、文化など他領域では自己評価が低かった（**表1**）（宮島一九九〇：二三二）。住民たちの認識は正直に「大国」意識の矛盾、偏頗性を看取していたといえる。

こうした意識のありようを「ネオ・ナショナリズム」と呼んだが、それは、過去の日本のもった「超国家主義」のような、神話化された民族伝統に包絡する国粋主義、前述の「八紘一宇」のような膨張への使命感をもつナショナリズム、また何らかの敵手を想定して攻撃的に向かうようなナショナリズムとも区別されるからである。しかし拠って立つのは透明な経済主義なのであろうか。高い経済的パフォーマンスを支える日本社会の同質性を誇る結果、外来の異質性を排除する内向きのナショナリズムとなりがちで、他方、アジアについては、恩恵を施しうるという自信と、自由に利用しうる資源獲得の場とみなす割り切りがみられる。

優秀な、といわないまでも、独自な「日本人、日本社会」を独特な仕方で論証しようとする、「日本人論」の名で呼ばれる一連の議論が生まれる。吉野耕作（一九九七）が整理するように、日本人論にはいろいろなタイプがあるが、そのなかに日本の近代化の成功を経済的側面の成功に置換し、その理由を、日本の伝統的な人間結合関係や結合文化の近代化への適応の結果に求めようとする考察が登場する。その特徴は自律的個人を基本とする西欧型分業・協働社会ではなく、「間柄主義」、「間人主義」など、人と人の間の和の優先、依存、献身、微妙な配慮により効率の高い社会をつくる日本型を称揚するものだった。ただし村上泰亮他の『文明としてのイエ社会』（中央公論社、一九七九年）、濱口恵俊『「日本らしさ」の再発見』（日本経済新聞社、一九七七年）などは、パーソンズなど近代社会学の図式を取り込み、日本社会がそれなりに分化した多元性をもつことにも目配りしたソフィスティケイティッドなものである。その上で、集合的目標の成員による把持、成員間の行為調整、集合的主体性などが強調されている。

こうした議論が中心的な核としていたのは一体何だろうか。それは、高度産業化、都市化、地位格差化などの影響を受け、人々の生活の環境や条件がかなり分化しながらも、多くの組織のなかでは維持された、「一致」にむけての調整可能性であろう。通俗的言い方では、いざとなれば社会成員が個を棄て、地位の違いを括弧にくくり、同質的な連帯へと移行しうるという可能性であろう。吉野がある都市でのアンケート調査にもとづき「日本人論の受容度は企業人のほうが教育者に比べて著しく高かった」（一九九七：一九四）としたのは、至極当然だろう。これらの議論は半ば外向けに発信されたものであるが、欧米では、傾聴はされるが簡単には受け入れられないことを経営者たちは知り、現地法人などの経営ではこうした「合意モデル」を押し出すことはしない。しかしアジアへ進出する企業では、これを経営に生かすこと、現地労働者の教育に生かすことに期待を持ち続けたように思う。

9　結びに代えて

敗戦、それに続くアメリカ軍による占領の下で日本は変わった。占領政策がその初期に特に強く誘導した「民主化改革」のもった意義は、決定的なものがあった。しかしアメリカニゼーションという未曽有の国際化は、偏在的だったばかりでなく、高度に統制された情報の下に進み、日本人の国際認識を単純化し、これを一方向にのみ肥大化させた。かつ、その親米意識の形成は、権威主義の一つのバリエーション、「事大主義」を隠しもった「旧意識」を温存し利用するかたちで行われた、と政治学者や社会学者は分析した。その意識は自ずと、アジアについてはこれを劣位に見、情報統制もあって敵視する傾向もはらんでいた。

「帝国」から一国民国家へ、戦後のこの転換のなかで、社会学が依拠してきたのは、一国を前提とした一社会の理解であり、国家、国民とぴたりと重ね合わされた社会なのであった。だから、家族や地域社会、あるいは労働市場を論じるとき、文化を同じくし、一なる民族からなる、同じシティズンシップを享有する成員から成っている、と暗に想定され、疑われなかった。「日本人論」を展開した多くの論者、研究者も、この点では一致していたのではなかろうか。戦後の日本は一挙にそこに立ち戻り、内なる民族マイノリティを、ほとんどエイリアンの状態に置いた（在日朝鮮人への指紋押捺などがそれを象徴する）。その閉じた国民国家主義は、外国人労働者を受け入れないというたびたびの政府声明にも表れていた。欧米の研究者が経済的側面での日本の国際化に注目しながらも、「ゼノフォビア」「エスノセントリズム」の存在がそれと矛盾を来していると論じるのは、この点を衝いてである（たとえば Hook and Weiner, 1992 など）。

そこから離脱していくには、八〇年代からのインドシナ難民、外国人労働者、婚姻移動者などの到来を経験し、社会学研究者がこれと向き合うという大きな舞台転換が必要であり、それをまたねばならなかった。

注

1　全面講和論、一九五四年に杉並に始まる原水爆禁止運動、日米安保条約や米軍基地の恒久化反対などを支える市民層がそれで、そうした平和国家アイデンティティは、必ずしも少数派としてではなく今日まで連続性をもっている。

2　これは独立した国々を英連邦（コモンウェルス）の中にとどめ、「帝国的」絆を維持しようとするところから生じた寛大さである。なお、朝鮮とよく類比されるアイルランドは、独立と同時に英連邦から脱退しているが、にも拘らず、イギリスはアイリシュに自由な入国と市民権行使を認め続けた（佐久間二〇一一：一三三）。

3　小熊英二によれば、戦前日本の「混合民族論」は次の論旨を伴った。『日本人』を純血の日本民族のみに限定するという考えは、領土を拡張しその地の人間を帝国に編入するさい支障となる。そのような意識はすてるべきである」（一九九五：三六二）。

4　一九五二年の国籍切り替えの際、外国人登録で「韓国」としなかった者に対し、法務省は「朝鮮」と記入するよう指導した。したがって、朝鮮人民民主主義共和国の国民というわけではなく、彼らは事実上無国籍だった。

5　一九七〇年代後半では四七都道府県で、韓国人に国民健康保険を適用していたのは約三〇、公営住宅申込を認めたのは一〇であり、母子健康手帳交付は約半数、無料予防接種も約半数だった（大沼、一九七九より）。

文献

※（　）内は、原著または初出の刊行年を示す。
入江啓四郎、一九五三、「日本における占領体制の特質」『思想』三四八号。

江沢あや、二〇一五、「戦争と国際結婚——終戦後の日蘭カップルを事例に」原伸子他編『現代社会と子どもの貧困——福祉・労働の観点から』大月書店。

小熊英二、一九九五、『単一民族神話の起源——〈日本人の自画像〉の系譜』新曜社。

大沼保昭、一九七九、「在日朝鮮人の法的地位に関する一考察（1）」『法学協会雑誌』九六巻三号。

神島二郎、一九七一、『文明の考現学』東京大学出版会。

城戸浩太郎、一九七〇（一九五五）、『社会意識の構造』新曜社。

佐久間孝正、二〇一一、『在日コリアンと在英アイリッシュ——オールドカマーと市民としての権利』東京大学出版会。

信夫清三郎、一九六七、『戦後日本政治史』Ⅳ、勁草書房。

清水幾太郎、一九五〇〔一九四八年〕、『社会学講義』岩波書店。

清水幾太郎、一九六六、「社会編によせて」『資料戦後二十年史五』日本評論社。

高橋徹、一九五四、（升味準之輔らと共著）「『旧意識』の変容とその動員過程」『日本資本主義講座』Ⅸ巻、岩波書店。

田中　宏、一九九五、『新版・在日外国人―法の壁、心の溝』岩波新書。

統計数理研究所国民性調査委員会、一九六一、『日本人の国民性』至誠堂。

統計数理研究所国民性調査委員会、一九九二、『日本人の国民性』出光書店。

日高六郎、一九五一、「イデオロギーとパーソナリティ」『思想』一月号。

同　　、一九五四、「『旧意識』の原初形態」『日本資本主義講座』Ⅸ巻、岩波書店。

前芝確三・田畑茂二郎、一九五三、「サンフランシスコ体制の成立と展開」『日本資本主義講座』Ⅱ巻、岩波書店。

南博、一九六三〔一九五三年〕、「占領下日本のマス・コミュニケーション」同『社会心理学の性格と課題』勁草書房。

宮島喬、一九七〇、「戦後日本のアメリカ像」高木八尺編『日米関係の研究』（下）、東京大学出版会。

宮島喬、一九九〇、「ネオ・ナショナリズムと対外意識」古城利明編『世界社会のイメージと現実』東京大学出版会
宮島喬、二〇一一、「国民国家パラダイムから見ていたこと、見えなかったこと」『ＵＰ』四六六号、東京大学出版会。

尹健次、一九九〇、『孤絶の歴史意識――日本国家と日本人』岩波書店。

吉野耕作、一九九七、『文化ナショナリズムの社会学――現代日本のアイデンティティの行方』名古屋大学出版会。

ルップ、Ｈ．Ｋ．、一九八六、（深谷満雄訳）『現代ドイツ政治史』有斐閣。

我妻洋・米山俊直、一九六七、『偏見の構造――日本人の人種観』ＮＨＫブックス。

Hansen, R., 2000, *Citizenship and Immigration in Post-War Britain: the institutional origins of a multicultural nation*, Oxford University Press.

Hook, G.D. and M.A. Weiner (eds.), 1992, *The Internationalization of Japan*, Routledge.

二〇一五年の沖縄：独立・自己決定権・自治

古城　利明

1　はじめに――『「帝国」と自治』をふまえて

二〇一一年の八月に刊行した拙著『「帝国」と自治』（中央大学出版部）において、わたくしは「リージョナル・システムと島という空間に焦点をあてて」、北欧・バルト海のオーランド諸島と東シナ海の沖縄諸島の比較分析を行った。その「目的は、フロンティアとしての島とリージョナル・システム、その各々の展開と相互関係を環境の歴史も含めた長期的歴史のうちに探り、リージョンの平和と島の自治の論理を把握することに」[1]あった。本論文でも、この視点と分析枠組を基本的に受け継ぎたいと思うが、二〇一一年から四年後の沖縄に対象を絞ったということも考慮して、いくつかの留意点についてコメントしておきたい。その第一は、「長期的歴史」のなかに埋め込まれていた「環境の歴史」により深い配慮を注ぎたいということである。この点は二〇一一年の「三・一一」を踏まえてのことであるが、叙述との関連上、本節の後半で触れたいと思う。その第二は「リージョナル・システム」という概念に関することであり、拙著ではこの「リージョンの統治様式」を「帝国」という概念で把握した。このことはネットワーク権力を意味するA・ネグリ／M・ハートの〈帝国〉とも、また山下範久のいう構築主義的な視点から近世帝国、すなわち「帝国的な様式で構成されたリージョナルな空間秩序」[2]とも区別されるが、後者とは「リージョナルな空間の統治様式」という共通点を保持する。その第三はフロンティアという概念についてである。それはもともとC・チェイス＝ダン（C. Chase-Dunn）とT・D・ホール（T. D. Hall）の著作から導入された概念であるが、拙著では他の諸研究をもふまえて大略以下のように定義した。すなわち、「それは近代以前から存在していた地域」が、世界システムの中心部あるいは上記の「帝国」もしくは近代国家にインコーポレートされるときに生ずる空間であり、したがってそれは「差異をともなった社会関係である」が、同時に「既存の社会関係を防御する空間」でもある、と。その際、この「既存の社会関係」が「ポテンシャリティの源泉であり、豊かさをスピルオーバーする源泉である」ことが重要である[3]。

さて、以上の留意点をふまえて、つぎに上記の拙著では沖縄がオーランドとの比較でどのように位置付けられていたかを略述しておこう。まず、そこでは、両者は図式的に「かつて地政学的に重要で、現在は『平和（非武装・中立）と自治』の島としてのオーランド諸島、これに対して、現在地政学的に重要で、『平和と自治』を求めている島としての沖縄諸島」[4]と位置づけられていた。しかし、この図式的対比にはいくつかの補足が必要であろう。そのひとつは「かつて」と「現在」の対比の意味である。詳しくは拙著を参照されたいが、オーランド諸島の場合は、古くから「バルト海のクロスロード」と呼ばれる交通の要衝であり、とくに近世以降、これをめぐるスウェーデン、ロシア、はてはイギリス等も加わっての軍事的・政治的対立あるいは協力の場であったが、一九二一年の国際連盟の調停により「非武装・中立」、それらとのセットでフィンランド領としての「大幅な自治」を認められて今日に至っている。とはいえ、それ以降の情勢の変化にともなって多くの問題が山積するようになり、これを「平和と自治」のモデルとして描くことには多くの議論がある。[5]これに対して沖縄諸島の場合は、過去よりも「現在」に力点が置かれていた。だが、その「現在」とは二〇一〇年頃までしかその射程距離に入っていない。そして、その後の五年間の変化は著しい。それ故、この問題については次節以降で改めて検討することとし、本節の末尾では、上述の第一の留意点に関連していくつかのことに触れるに止めたい。そのひとつは、「沖縄沖大地震」の可能性である。詳しくは関連文献に委ねたいが、二〇一〇年の三月、琉球大学や名古屋大学などの調査で琉球海溝にあるフィリピン海プレートとユーラシアプレートの「境界」にある固着域に「ひずみ」がたまり、それがはがれるとき、「最大でマグニチュード8級の大地震が起こる可能性」が示され、これに伴い「石垣島などで一万二千人が犠牲になった」一七七一年の大津波の構造も明らかになりつつある。だが、琉球海溝での巨大地震はないとみられてきた経緯から、こうした新たな可能性に対する対策は完全に立ち遅れている。[6]もうひとつは、温暖化に伴う海面上昇が沖縄地域に与える影響である。最近の研究では「産業革命前と比べ気温が四度上がった場合、海面が八・九メートル上昇する」[7]とされている。管見の限りでは、このことが沖縄にもたらす災害・被害は充分明らかではないが、海浜の海没、「北限のサンゴ礁」の変容、これらに伴う観光業、漁業などへの被害、居住地の移動などがかなりの規模で起こると推定される。そして、これらをふまえてここで強調しておきたいことは、これらを「想定外の事件からもとどおりへの復興へ」という枠組で捉えてはなるまいということである。それは「未発の状態」あるいは「潜在的リスク」の「顕在化」であり、そこでは「カタストロフィカルな災害の『跳ね上がり』」がみられ、「生体的関係的カタストロフ」が持続する可能性も大きい。[8]「予期せぬ展開」を「想定」せねばならない。

2　東アジアの地政学的変化と沖縄

さて、つぎに取り上げるのは、ここ五年間余に焦点を置いた東アジアの地政学的変化と沖縄の関連である。いうまでもなく、この問題は前節でふれた第二の留意点に関わる。そのことを念頭に、ここでも拙著での到達点を確認することから始めたい。そこでは冷戦終結以降の変化が、おおよそ三つの展開軸で述べられている。すなわち、その第一は、アメリカ軍の戦略再編のなかで、そのサポート体制強化が東アジアの同盟諸国、とりわけ日本に求められ、その文脈で普天間基地の名護市移転、すなわち辺野古新基地の建設が提起・着手されてきたことであり、その第二は、中国を初めとする社会主義体制の変容で、それは中国、ヴェトナムのように著しい経済発展を踏まえて「アメリカン・セントリック・システム（U.S.C.S.）」と経済的交流を深める一方、他方で朝鮮半島、台湾海峡、南沙諸島でこのシステムと政治的・軍事的に対立しつづけるという「微妙な均衡」のうえに成り立っていることであり、その第三は、この「微妙な均衡」のなかで日本が自らのスタンスに「ゆらぎ」を感じ始めたが、その政府の沖縄に対する姿勢は「基地の大半を沖縄にゆだねて公共投資支出でバランスをとる」との従来のそれの域を出るものではなかったことである。しかし、こうした展開のなかで、もうひとつ特筆しておかねばならないのは、一九九五年のアメリカ軍兵士による少女暴行事件、これに抗議する八万余の県民総決起集会、二〇〇四年に始まるボーリング調査に対する辺野古住民の海上での身を張った抵抗、一一万余人が参加した二〇〇七年の「教科書検定意見撤回を求める県民大会」、そして二〇一〇年四月の普天間「県外へ」を決議した九万人の沖縄県民大会というフロンティア性の発露である。拙著の最後では、この動きを「アメリカ『帝国』の変動につながる『ゆらぎ』」であり、その後の自治実現に向けての『ゆらぎ』」と位置づけ、その先に「太平洋共存システム」を展望しようと試みている[9]。

しかしながら、その後およそ五年間余の変化は、この「システム」の展望を先送りさせかねない、あるいは消滅させかねない、「転換」を内包しつつあるようにみえる。その根底にあるのは中国経済の「輸出索引型から高付加価値製品化、資本輸出国への転換」である。それは二つの戦略として実行に移されている。そのひとつは「一帯一路」と称される西方進出戦略である。これは原燃料・食糧の確保、輸出市場の拡大を狙うもので、陸路（シルクロード）と海路（東シナ海からインド洋へ）の二つがあるが、後者の出発点での西沙諸島、南沙諸島の軍事的拠点づくりでアメリカとの間で強い摩擦が起こっている。もうひとつはアジアインフラ投資銀行（ＡＩＩＢ）の創設（二〇一五年六月）で、すでにアメリカ、日本を除く、ヨーロッパ主要国、ロシア、アジアの五七カ国が参加している。こうした中国の戦略転換に対して、すでに投機資本、無国籍企業としての「現代金融資本」のグローバル展開を要としてきたU.S.C.S. は軍事的・政治的緊張度を高めている。

また、こうしたなかで、アメリカと日本の「二国間主義症候群」（Ｃ・グラック）は顕著な展開をみせている。そのひとつが二〇一五年九月一九日に自公など賛成多数で可決された安全保障関連法の成立であり、もうひとつが同年一〇月にアメリカ、日本など参加一二カ国が環太平洋経済連携協定（ＴＰＰ）の合意に達したことである。これらは、ともにU.S.C.S. を補完するという意味で先の「二国間主義症候群」の「顕著な展開」なのだが、その「展開」の内実はそう単純ではない。すなわち、前者に関していえば、それは尖閣諸島をめぐる中国艦艇と日本の海上保安庁艦艇との摩擦などをふまえて、第三次安倍内閣が、アメリカのゼネコン、共和党などと結びつきながら「強引に」成立を図ったものであり、また後者に関しては前記の中国のＡＩＩＢ創設戦略をみすえて、アメリカと日本が強行突破した戦略だということである。

そして、こうした「症候群」のなかで、沖縄においては、二〇一四年末、ときの仲井真知事が辺野古新基地建設の容認に「転じた」のである。それは、ある意味で、一九六五年以来の「密約」の「表面化」であったのかもしれない。しかし、沖縄の「基地マフィア」は二〇〇六年頃から、その活動を活発化させていたのである。

だが、こうした展開にもまだ先があった。それが二〇一五年一一月末に明らかとなった中国経済の減速と二〇一六年一月の北朝鮮の水爆実験である。前者は先の「二つの戦略」の展開にも影を落としつつあり、後者はアメリカの後押しの下、アメリカと日本の「三国間主義症候群」に韓国を巻き込み、北東アジアの軍事的・政治的不安定を生み出している。

さて、以上のような軍事的・政治的緊張と不安定をはらみ、「リージョナル・システム」の形成もままならない東アジアのなかで、沖縄をどのように位置づけたらよいであろうか。この点に関連してJ・ガルトゥング（J. Galtung）は、前記の安全保障法成立の動きを見据えながら、「北東アジア共同体の創設」を提案している。そこでは「メンバーは日本と中国、台湾、韓国、北朝鮮、ロシアの極東部。本部は地理的にも中心で、琉球王国時代に周辺国と交流の歴史をもつ沖縄」「モデルはＥＣ」とされている[10]。この提案は、それ以後の事態の展開を踏まえると、少し楽観的にみえるが、しかし事実上のさまざまな経済交流や人びとの移動を考慮すれば、沖縄にとって一定の意味があるといえよう。

3　あるウチナーの想い——沖縄本島北部、本部町在住家族へのヒアリング

さて、こうしたなかで沖縄の人びとは、どのような「想い」を抱いて、日々の事態に向き合っているのだろうか。ここでは、そこに住む人びとの生活と運動のレヴェルに視点を移して、本稿のテーマを掘り下げてみたい。そのために、筆者は二〇一六年一月に沖縄本島を訪れ、その北部の本部町に住み、辺野古新基地建設の反対運動に関わっているご夫妻（ここではお二人をAさん、Bさんと呼ぶことにする）を訪ね、その「想い」をお聴きし、またともに反対運動の現場に立ち会った。以下、その「想い」をAさん、Bさんの生活史に沿って、五つの角度から構成してみたい。

「Aさんの戦争体験」

Aさんは一九四二年二月、北マリアナ諸島のテニアン島で生まれた。当時この島は日本の委任統治領であり、多くの日本人が入植し、砂糖キビ栽培などに従事していた。その一方、軍事的な戦略価値があるとされ、日本海軍が当時南洋最大とされるハゴイ飛行場を擁していた。この島でAさんの父親は床屋を、母親は蕎麦屋を営んでいたが、二歳のとき（一九四四年）、祖父母のいる名護に引き揚げてきた。その翌年、沖縄戦に巻き込まれた。伊江島にアメリカ軍が上陸し、名護湾はその艦船で埋め尽くされた。九人家族のうち、父は防衛隊へ母と兄・姉（三人）は山に逃げたが、祖父母とAさんは逃げきれないので山の麓の知人の山羊小屋に隠れた。しかしアメリカ兵にみつかり、収容所を転々とする生活を余儀なくされた。戦後は、名護高校を卒業後、本土へ渡った。先輩と川崎で下宿し、関東学院大学の二部で学んだ。卒業後日本電気に入社し、六〇歳の定年までそこで働いた。その翌年、二〇〇三年に名護に帰ってきた。

「Bさんの戦争直後体験」

Bさんの生まれは戦後の一九四六年二月である。生まれは離島の伊是名村、一男三女の末っ子であった。だから戦争体験はない。小中学校は伊是名で過ごしたが、高校はAさんと同じ名護高校。その後琉球政府立那覇看護学校に学び、卒業後、琉球政府立名護病院、現在の県立北部病院に勤務した。七〇年代の当初、屋良朝苗知事の就任前後の時期、祖国復帰運動が盛んで、それに仕事休みの時に参加した。スローガンは「憲法九条（戦争放棄）・平和主義・米軍基地無条件全面撤去」であったが、それが「核抜き・基地本土並み」となり、さらに「密約」があることを後で知った。裏切られた気持だった。一九七五年に沖縄国際海洋博が開かれたとき、名護病院は緊急医療を担当し、そこに他府県からドクターやナースが応援に来たが、そのうちの数人とはいまでも連絡があり、辺野古新基地反対を物心両面で応援してもらっている。

「結婚・本土生活・帰沖」

名護病院に勤務のとき、婦長さんからの紹介を受けて、一九八〇年AさんとBさんは結婚し、東京に来た。だが、そこでBさんが直面したことは、沖縄に関する情報は少なく、また沖縄の基地問題を話題にしても、「沖縄は大変ね」「沖縄は地理的に仕方ないのよね。気の毒だが」といった反応であった。そこには沖縄への一定の「同情」はあるものの、それを「理解」してもらうことは少なく、運動に参加する気持にもなれなかった。ただ選挙では「反戦・平和」を掲げる政党へ投票していた。そして、二〇〇三年、親の勧めもあり、上記のように、お二人は名護に帰ってきた。

「転機」

帰沖した時、その実家から三〇分以内のところに家を探し、現在の本部町の住居に落ち着いた。その土地はわりと広く、園芸好きのAさんにも好ましいところであった。この地でBさんは訪問看護の仕事を始めた。しかし仕事への不安から鬱気味となり、それは今も続いている。こうした日常生活の再建のなかでも、Bさんは「戦争は諸悪の根源」、「戦争につながるものは全て絶対反対」との信念からもろもろの県民大会に参加していった。ここで少し帰沖以降の名護市政についても触れておこう。帰沖時の市長は岸本建男氏であった。この岸本市長はときの稲嶺恵一県知事とともに「一五年使用期限」や「軍民共用」などの条件をつけ辺野古移転の「苦渋の決断」を迫られた人だが、Aさんは「かれは本当は移転反対ではなかったか」とみている。「苦渋の決断」に条件を付けたことは、アメリカ軍が承諾することはないと考えたのではないか。現に建男氏の息子は現名護市議で基地移転に反対しているし、建男氏の妻は現名護市長を応援している。かれはこうした地元の地縁・血縁のネットワークと本土政府との矛盾・対立・すり合わせのなかでこうした「決断」を迫られたというのである。

さて、こうした日常生活の再建、もろもろの県民大会への参加のなかで、お二人にとって大きな転機になったのが二〇〇七年の「教科書検定意見撤回を求める県民大会」である。この「教科書検定意見」とは、二〇〇七年三月末に公表された翌年度からの高校歴史教科書の検定結果であり、そこでは沖縄戦における集団死・「集団自決」における「日本軍による命令・強制・誘導などが、『沖縄戦の実態について、誤解するおそれのある表現』として、削除・修正させ」られていたのである。これに対して沖縄では五月後半から六月末にかけて県内全四一市町村議会が「撤回」の意見書を可決し、県議会も二回にわたって「意見書」を可決し、「東京に要請団を派遣して撤回を訴えた」。だが、日本政府は動かず、これをふまえて九月二九日、前記の県民大会が開催されたのである。その詳細は他書に譲るが、ここでは三点のみ補足しておきたい。その第一は、この大会には一一万六千名（主催者発表）が参加したこと、その第二は実行委員会は超党派で組織され、その委員長は自民党の仲里利信県会議長が務めたこと、そしてその第三は「島ぐるみ」での「対日本政府」の大会だったことである。櫻澤誠は「これは大きな歴史的転換点でもあった」と述べている[11]。そして、上記のように、この大会に参加したAさんは「これがオール沖縄の始めではないか」と考えている。また、二〇一〇年九月の「オスプレイ配備に反対する県民大会」（一〇万一千人：主催者発表）のときも、当時自民党員の翁長雄志那覇市長が大会委員長を務めた。これには当時の仲井眞県知事も参加したが、すでにその存在感が薄かったとAさんは語っている。

「辺野古・東村高江、そして未来へ」

Aさんと B さんがこうした「転機」を迎えていた頃、辺野古ではキャンプ・シュワブ沿岸での海域現況調査が始まり、また東村高江ではヘリパッド建設が始まっていた。AさんとBさんは、これらの基地建設反対運動にも関わっていくことになる。すなわち、前者の辺野古基地反対運動には、二〇一五年二月一七日の集会から参加し、その後は各市町村で結成された島ぐるみ会議の担当曜日に可能な限り参加しているし、後者の東村高江には直接デモには参加していないが、これまで数回激励に訪れている。今回案内して頂いたこれら二つの反対運動の現場でも、お二人が「新基地建設反対』を貫く決意で抗議行動に通っている」ことがよく了解出来た。また、この「決意」に関連して、Aさんは「二〇一〇年五月の鳩山の転換が沖縄の反発の力になっている」という。いうまでもなく、それは普天間基地を「最低でも県外に移設する」との鳩山元首相の主張が、「オール沖縄」を産み出し、その挫折が「反発の力」を強めることになった、ということである。

ではお二人は、この沖縄の将来についてはどのように考えているであろうか。この問いに対して、Aさんは「自己決定権を確立する、という方向がよいのではないか。独立するというのはどうか。『差別』『押しつけ』に反発しているのだと思う」と答え、Bさんは「独立でもよい。イモで生きてもよい」という。だが他方、彼女は「ウチナンチューで日本人ですといいたい」ともいう。そして「こうした考えの人が多いのではないか」という。最後に、Aさんは、この沖縄の将来の不安として二つの点に触れた。そのひとつは、温暖化のためか、桜がいままでのタイミングで咲かないということと、台風が大型化し、豪雨が増えていること、もうひとつは、中国のミサイルがアメリカ軍・自衛隊の基地が集中している沖縄をまっ先に狙うのではないか、そのためにもリージョナルな平和外交に早く手をつける必要がある、という指摘である。これらは本稿の一節、二節に関わる現地からの問題点の指摘である。

4　独立・自己決定権・自治

さて、以上をふまえて、前項の最後にAさんとBさんが言及した沖縄の将来について考えてみたい。そこでは「自己決定権の確立」、「独立」という二つの将来像が示されていた。このうち後者の「独立論」は長い系譜があるが、「自己決定権の確立」という前者の主張は一節で触れた拙著の出版以降広まってきたものである。

　だが、これら二つの将来像に触れる前に、ここでもまず拙著での「自治」概念が問題となるが、その議論はかなり錯綜しているので、ここでは、「市場」を原理としたリージョナルな地政学的な変化のなかで、その「変容」や「超越(新しいネットワークの形成)」と接点をもつローカルにおける「カウンター・ポリテックス」と再規定しておこう[12]。そして、沖縄についてみれば、一九七〇代後半からの中国福建省、一九八〇年代からの台湾、東南アジアとの経済的、文化的交流、一九五九年以来の自由貿易地域、一九九二年の「国際交流拠点」構想、そして二〇〇二年からの「沖縄特別措置法」に基づく情報特区や金融特区、などがあるが、本土企業や「沖縄マフィア」[13]に利するところが多く、リージョナルな地域との外交、安全保障は、すでに二節でみたように沖縄の権限外にある。だが、前節の「転機」の項でふれたように、拙著出版の三〜四年位まえから「オール沖縄」への動きが始まり、二〇一〇年頃からこの呼称が「島ぐるみ」に代わり一般的になっていくとされるが[14]、これをふまえ、さらに二〇一四年一月の稲嶺名護市長の再選、そして一一月の翁長県知事の登場という政治的変化の下で、上記の「自己決定権の確立」論や新たな「独立」論の動きが活発化してきたのである。では、それらの目指すもの、またその担い手像とは何か。

　そこでまず「自己決定権」論であるが、この考え方が注目されるようになったのは二〇一四年五月から二〇一五年二月まで続いた琉球新報の「道標(しるべ)求めて」という長期連載を通じてであり、ある世論調査では八七パーセントの回答者がこれを「広げるべきだ」としているという。この連載をまとめたのが琉球新報社・新垣毅編著『沖縄の自己決定権—その歴史的根拠と近未来の展望』(二〇一五年)であり、そこでは「人民の自己決定権(right of people to self-determination)」には内的側面と外的側面があり、前者は「既存国家の枠内で、人民が自らの政治的、経済的、社会的、文化的発展を自由に追求することが保障されていることを指(し)、自治権の意味合いに近い」とされ、後者は「既存国家から独立する権利を指す」とされている。独立論も視野に入っているのである。そして「その権利主体である『人民』には、一義的定義はなく、エスニック・アイデンティティ、共通の歴史的伝統、文化的同質性、言語的一体性、領域的結び付きなど一定の客観的指標が求められるが、最も重要なのはその『集団の自己認識』だという」と述べられている。[15] こうした視点にたって、同書では琉球の「開国」以来の歴史をふまえて、「独立」を見据えた「沖縄『自己決定権』確立への道」を多角的に検討しているが、本稿では後述との関連から以下の三点のみを補足説明しておきたい。その第一は「沖縄自治州」あるいは「特例型沖縄州」の考え方を紹介していることである。前者は「現行憲法枠内での自治拡大」であり、後者は国の道州制への動きを逆手にとった住民主権の自治権拡大の「提言」である。これらのことは、自己決定権が「自治権の意味合いに近い」とされることを示している。その第二は独立の概念についてであるが、それは一節で紹介したオーランドの地位に近づこうという意味に類似する。[16] 同書では琉球民族独立学会の青写真として「自由、平等、平和の理念に基づく『琉球連邦共和国』」「主権回復こそが琉球の解放につながる」という考えに注目している。[17] そして第三は人民（people）の概念であるが、その核とされる「集団の自己認識」については一貫した追求はない。筆者としては、ここでも一節で述べたフロンティア概念、これを援用できないかと考えている。

「独立」論に移ろう。すでに触れたように、その系譜は長いが、ここでは新たな「独立」論の中心を担っている松島泰勝の主張に焦点をあてたい。同氏の論稿は多岐にわたるが、その「独立」論の代表作ともいえる『琉球独立論―琉球民族のマニフェスト』（二〇一四年）のなかで、そのキーモチーフをつぎのように述べている。すなわち「私たちの独立論のモチーフは実のところ極めてシンプルなものです。すなわち、民族としての尊厳の回復、米軍基地をはじめとする現在の差別状況の解消、現前する戦争のリスクの回避、そして『まったく新しい価値』の創造が、独立のモチーフとなっているのです」[18] と。ここでも先の「自己決定権」論との対比で二点ほど補足説明をしておこう。その第一は独立の捉え方である。それは日本、アメリカの植民地からの自立を意味している。前記の「差別状況」「戦争リスク」はこの植民地状況を意味し、それらを「解消」「回避」ために「独立」するとされる。そしてその「独立」後の「土台」「植民地化の清算」の鍵として「自治」が位置づけられている[19]。なお、自己決定権については先の琉球新報社・新垣毅編著とほとんど変わりはない。したがって、誤解を恐れずにいえば、同氏の「独立」論は、自己決定権の外的側面に力点を置いた理論であり、その基礎は上記の植民地状況の把握にあるように思われる。その第二はこの独立の主体が民族、すなわち琉球人とされていることである。そして、この琉球人については「琉球という土地に住み続けてきた人びとの総称」であり、「みずからが琉球人であると意識する人びと、琉球という土地に帰属性をもつ人びと」とされている。つまり「琉球人になるのはアイデンティティの問題」なのである[20]。そしてこの琉球人が主権者なのである。これに関してはすでに「四種類の沖縄人（日本人、沖縄系日本人、日本系沖縄人、琉球人＝沖縄人）」という論点が提起されており、佐藤優はこれを踏まえて、「今までは圧倒的多数」であった第二のカテゴリーから第三のそれへのシフトおよびこの第三のカテゴリーから第四のそれへのシフトの「可能性」を指摘している[21]。それは「沖縄も『祖国と呼んだ国』から決別する歴史的決断をした方がいいのではないかという、そういう声が、沖縄返還四〇周年を機に大きくなりそうである」[22]という認識とも呼応している。

このように対比しながらみてくると「自己決定権」と「独立」論は、その担い手像を残してはかなり重なりあっている、あるいは重なりつつある。その基盤は「オール沖縄」の展開にあり、それを通じて両者の共通性の了解は進展するであろう。そして、その進展の鍵になるのが独立—民族系ではなく、独立—主権系の主権者の概念であり、この立脚点に立って「独立」への歩みを進めることではあるまいか。それは丁度前節で紹介したAさんとBさんが、当面沖縄の将来像を異にしながら手を携えているように、である。そのうえで、最後に繰り返しておきたいことは、こうした「独立」への歩みは、1節と2節を踏まえれば、「平和（非武装・中立）」と「環境」への深い配慮を伴ったものでなければなるまい、ということである。ガルトゥング提案や「想定外」の環境変動への警鐘も、上記の「歴史的決断」とあいまって受け止めねばならない重要な課題なのである。

注

1　古城利明、二〇一一、『「帝国」と自治—リージョンの政治とローカルの政治』中央大学出版部、二四一頁。
2　山下範久、二〇〇八、『現代帝国論—人類史のなかのグローバリゼーション—』ＮＨＫブックス、一七頁。
3　古城、前掲書、二一六頁他を参照。
4　同、二四四頁。原文の「ゲオポリテカル」は、ここでは「地政学な」に置き換えられている。
5　例えば、二〇〇四年（現地調査時点）当時のオーランド島政府長官E・ナウクレール（E. Naucler）のつぎの言葉、「しばしば一つのモデルとして紹介されてきているオーランドの和解は、決してモデルとしてそのまま模倣されるべきではない」の背景には、こうした事情があると思われる。同、二五九頁参照。
6　朝日新聞、二〇一〇年三月一七日号、参照。
7　同、二〇一五年一一月九日号、参照。
8　この視点は新原道信、田中重好の論稿を踏まえている。詳しくは、『地域社会学会会報』№一八七（二〇一四年一一月四日号）の拙稿を参照。
9　古城、前掲書、二三三—二三五頁参照。
10　ヨハン・ガルトゥング「『積極的平和』の真意」朝日新聞、二〇一五年八月二六日号、参照。
11　以上の「教科書検定意見」とその「撤回を求める県民大会」等については、櫻沢誠、二〇一五、『沖縄現代史—米国統治、本土復帰から「オール沖縄」まで』中公新書、二九六—二九八頁に依拠している。
12　古城、前掲書、一四頁。
13　平井康嗣・野中大樹、二〇一五年、『国防政策が生んだ沖縄基地マフィア』七つ森書館、参照。
14　櫻澤、前掲書、三〇四頁。
15　琉球新聞社・新垣毅編著、二〇一五、『沖縄の自己決定権——その歴史的根拠と近未来の展望』高文研、一三頁。
16　古城、前掲書、二六一頁参照。
17　琉球新聞社・新垣毅編著、前掲書、二二六—二二七頁。
18　松島泰勝、二〇一四、『琉球独立論—琉球民族のマニフェスト』バジリコ株式会社、一八四頁。
19　同書、二八〇—二八二頁。

20　松島泰勝『琉球独立宣言――実現可能な五つの方法』講談社文庫、五九頁。
21　佐藤優、二〇一五、「沖縄との信頼関係を構築するための要件」翁長雄志ほか『沖縄と本土――いま、立ち止まって考える辺野古移設・日米安保・民主主義』朝日新聞出版、四二―四三頁。
22　真栄里泰山、二〇一五、『復帰四〇年』愚直にしてなお初心を貫く」『うるまネシア　特集：それぞれの「復帰四〇年」』第一四号（二〇一二年五月一五日）、一三二頁。

付記　２節の中国経済の動向については、金子貞吉中央大学名誉教授から多くの示唆を得た。記して感謝する。

日本から世界へ

——いかなる社会理論を発信できるか？

庄司　興吉

日本の社会学と、それを育んできた日本の歴史的社会的現実とから、世界にどのような社会理論を発信できるであろうか？

1　プログラム科学・愛他主義・新時間プログラム

私はまず、戦後日本の社会学の遺産から、三つの理論命題を取り上げたい。

第一命題：プログラム科学としての社会学

第一は、社会学、あるいは広く社会科学の目的は、社会形成のプログラムの解明にある、という命題である。

近代ヨーロッパに科学が現れた時から、自然にはそれを構成する物体の運動を規制する法則があると考えられ、万有引力の法則を初めとするさまざまな法則が提唱され、それらの体系化が試みられてきた。二〇世紀に入って相対性理論や不確定性原理が提唱され、それらをもとに宇宙の起源についてビッグバン説が提唱されて、宇宙は、凝縮された粒子の反転爆発から始まり、対称性の自発的乱れによるさまざまな天体の形成をつうじて膨張し続け、今日のような姿になってきている、とされるようになってきた。

そういう流れのなかで、社会も、自然のなかに生まれてきたものである以上、法則によって規制されていると当初は考えられ、オーギュスト・コントの三状態の法則や、カール・マルクスの生産力と生産関係の法則および土台と上部構造の法則などが提唱された。これらにたいして一九世紀末のドイツで、自然は社会――とくに文化的な意味での社会――とは異なるという主張がなされ、自然科学が法則定立的であるのにたいして文化科学は個性記述的であるべきだ、という主張が展開された。

しかし、文化科学あるいは社会科学にも法則定立的な面はあるし、逆に自然あるいは宇宙も、ビッグバンがあり、膨張しつづけ、やがて終末をむけるであろうとみられるようになり、その意味では歴史をもっていると考えられるようになってきた。

そのなかで、日本の社会学者吉田民人は、次のように問題を提起した。

宇宙進化の過程で太陽系が生まれ、地球が生まれ、そこに生物が発生して、生物進化の果てに人類が現れて社会史が展開されてきたわけだが、二〇世紀後半以降の生物科学では、生物は自らの体内に遺伝子という、身体の誕生・成長・死亡のプログラムをもっていることが明らかにされている。大自然あるいは宇宙には、その発生から膨張をへて終焉にいたるプログラムを貯蔵しているような場所はなく、粒子や物体とそれらの場を規制している法則はいわば偏在しているわけだが、生物の固体および種は、その発生から死滅にいたるプログラムを各固体内に保有している。しかも、ＤＮＡで書かれているこのプログラムは、基本的に、交通信号のように一対一対応の記号すなわちシグナルで書かれたものであるが、高等動物の極である人類になると、各身体が内蔵する遺伝子すなわちシグナル性プログラムに加えて、個体間で言語など一対多対応の記号すなわちシンボルを用いてコミュニケートするようになり、複雑な文化を生み出してきている。そして、このような文化が今日にいたるまでの人類社会の発展を可能にしてきた。

こう考えてみると、人類は、各個体が遺伝子で誕生・成長・死亡していくのを基礎に、言語などシンボル性の文化遺伝子によるコミュニケーションをつうじて、社会を形成してきたのであり、そのためのシンボル性プログラムを作り、それをもとに人間界、生物界ならびに自然界全体に働きかけながら、今日までの社会史を展開してきたことになる。そのプログラムの変遷を明らかにすることが社会学あるいは社会科学の目的であり、市場の法則、人間関係の法則、権力の法則などを想定し、追究してきたのは、いわば疑似自然科学的な研究行為にすぎなかったのではないか。

吉田は、こうした観点から、社会学あるいは社会科学の目的を社会形成のプログラム解明にあると明確にすべきことを主張し、生物科学をその基礎として、すなわち生物進化のプログラム解明の科学として再定義して、その延長上で宇宙あるいは自然の科学も位置づけ直すべきであると主張した。これまでの科学を法則定立科学ではなくプログラム科学として位置づけ直し、そういう意味での第二次科学革命を遂行するべきであるという主張である（吉田一九九〇ａ；一九九〇ｂ；一九九一；二〇一三ａ；二〇一三ｂ）。

第二次科学革命の課題についてはなお議論されなければならないが、私はまず、社会学あるいは社会科学の目的は社会形成のプログラムの解明である、というこの命題を受け入れて先に進みたいと思う。

第二命題：利己主義を超える愛他主義

第二は、このプログラム概念を用いるとして、生物進化を基礎とする社会進化のプログラムの基本には、利己主義が逆説的に生み出す愛他主義がある、という命題である。

一九世紀にヨーロッパで生物進化論が打ち出されていらい、生物進化の基本法則は自然選択と突然変異である、と考えられてきた。個体の集合として種が生み出されたあと、個体間の生存競争が展開され、より優れた個体が生き残り、それらが種全体を強くしていく。この間に突然変異も発生するが、それによって生まれた個体のうちとくに強いものは生き残り、他個体との競争をつうじて生き残れば種全体を強くしていく。このようにして人類にいたる生物進化が展開されてきた、と考えられてきた。

この意味で遺伝子は利己的である、すなわち遺伝子は、個体を強くして生き残らせようとするばかりでなく、そのために自分自身を強くして生き残らなければならず、より弱い遺伝子を排除し、死滅に追い込んでいくものと考えられてきた。リチャード・ドーキンスの「利己的な遺伝子」説は、このことを端的に主張したものである(Dawkins, 1989=1991)。

しかし、生物進化の実態を見てみると、この説には矛盾がある。少なくとも事態の一面しか見ていない。なぜなら、とくに動物を見てみると、生き残るためには子孫を増やさなければならず、子孫を増やすためには子孫が成長するよう保護しなければならない。とくに高等動物になればなるほど、一回に産む子どもの数は少なくなるから、子どもの保護は綿密周到でなければならなくなる。さらに高等動物は、高等になればなるほど社会性を強めてくるから、子どもの保護は社会的になされるようになってくる。

人類について、このことをあえて力説する必要はないであろう。猿人や原人の群居生活について、ここでは立ち入る余裕はない。少なくとも新人の祖先たちのホルドやバンドの時代から、人類は、小型の家族のそう大きくない集合として生活し、自分の子どもたちはもとより集合内の他の子どもたちのことも保護しながら、生き延びた。エミール・

デュルケムのいう単環節社会が多環節化していく過程でもこの原始的な文化は守られ、やがて部族が発生すると、私有財産との関連でも子どもの保護は重要な文化となっていった。

日本の社会学者真木悠介は、すでに未開の段階でヒトの個体が自我として目覚めていく過程で、自我意識つまり利己主義は、愛他主義を組み込みながらプログラム化されていったことを明らかにした（真木二〇一二b）。人類は部族を構成するようになり、血なまぐさい部族抗争をくり返し、やがて大国や帝国を築いていく。しかしこの過程でも、男と女は愛し合い、子を産み、子を保護しつつ育てていく。部族抗争や国家間競争に勝ち残り、強者であることを誇っても、子孫がいなければ社会は存続しないであろう。

文明化して以後も、あるいは文明化して以後こそ、人類の歴史はすさまじい戦争の歴史であるが、戦争をつうじて、男女間のものにかぎられない多くの愛が生まれ、結果として人類は生き延びてきた。そして、近現代の戦争をつうじて、殺戮は組織的となり、科学技術の最先端を利用して毒ガス兵器や核兵器が開発され、人類は絶滅寸前までいったが、そのことを自覚して国家間全面戦争の不可能なことを悟り、愛他主義を前提にした、国民国家を超える社会の形成を考えざるをえなくなってきた。

日本は、欧米列強が世界中を植民地化しようとしていた一九世紀半ばに、かろうじて自立して国民国家形成を始め、やがて植民地主義化・帝国主義化して欧米列強との抗争に加わり、台湾、朝鮮半島、中国その他のアジア諸国に絶大な被害を与えたが、第二次世界大戦に敗北する過程ですべての植民地を失っただけでなく、ほとんどすべての都市を爆撃され、最後は広島と長崎に原爆を投下されて降伏した。戦後日本が制定した日本国憲法の第九条、国際紛争解決の手段としての戦争放棄の条項は、人類が自覚せざるをえなかった社会形成における愛他主義のプログラムを、世界に先駆けて明示したものである。

第三命題：単調無限延長としての近代的時間とその修正

第三は、近代世界を特徴づける最大のプログラムは時間のプログラムであり、それは、無限の過去から無限の未来へと均等に刻みつづける「時間の矢」であって、人びとをより良き未来へとたえまなく駆り立てながら、過ぎ去りゆく現在を過去としてひとしなみに無化していくプログラムである、という命題である（真木二〇一二a）。

同じ社会学者真木によると、多くの人類学的調査が示しているように、多くの社会は、現在と過去と未来を行き来するような反復的時間のプログラムをもっていた。そのなかから、神が開始し、神の審判で終わるようなヘブライズムの線分的な時間のプログラムが現れる一方、神がみが人間との交流をつうじてさまざまな物語を展開し、人間が生者の世界と死者の世界との行き来をくり返すような、ヘレニズムの円環的な時間が生まれた。

近代世界は、多神教神話の世界を否定することによってヘレニズムの円環的な時間を破砕し、一神教の神を否定することによって、世界の開始を無限の過去に遠ざけるとともに世界の終焉を無限の未来に遠ざけて、ヘブライズムの線分的な時間を変質させ、無限の過去から無限の未来へと機械的に続く直線的時間のプログラムを生み出したのである。このプログラムによれば、われわれにはいつも未来があるからたえず希望があるが、あらゆる希望は実現すると同時に過去として無化されていくから、けっきょくこの世界はニヒルである。

ニーチェの方法的ニヒリズムは、キリスト教のような古く大きな束縛から人間を解放するためには有効であるが、人間が「超人」として新しい価値を産出し、新しい世界を創造することをくり返すのでないかぎり、けっきょくは人間を無の世界に突き落とすことになる。近代人が憑かれたように、科学技術を生み出し、産業のなかにそれを生かして、たえざる技術革新とそれによる世界の変革をくり返してきたは、そのためである。

反復的時間プログラムによって、現在と過去と未来をないまぜて豊かな生活世界をつくりだしていた多くの社会は、近代化という、この直線的時間プログラムの浸透を受けてそれから疎外され、やがてそれへの同調を強いられることによってさらに疎外されてきた。時間からの疎外と時間への疎外である。

電子情報技術あるいは知的コミュニケーション技術の開発と発展は、直線的時間プログラムのもとで、地球のどの地点間のコミュニケーションもほとんど瞬時的におこなわれることを可能にし、膨大なコミュニケーションのネットワークを積み上げて、無限大のヴァーチャル空間をつくりあげてきた。このヴァーチャル空間が、直線的時間プログラムにどのような影響を及ぼしてきているのか、なんらかの新しい時間プログラムを生み出していくことになるのか、まだよく分かっていない。

上にみたように、現代科学は、宇宙の起源と終末についての理論を彫琢しつつあり、その意味では、直線的時間プログラムをふたたび線分的時間プログラムに「後退」させつつあるともいえる。そうしたなかで問題なのは、多くの人間および社会がその生存プログラムの愛他主義的傾向を強めていかざるをえないとして、それに即した新時間プログラムとはどのようなものなのか、ということであろう。

2　米ソ冷戦の世界から地球社会と市民連携へ

日本の国民的社会構成から世界史の社会学へ

このような理論的諸命題の提起をうけながら、日本の社会学者の一人としての私は、一九六〇年代から、社会とは何なのか、どの範囲で、あるいはどの大きさでとらえられるべきなのかについて、研究を続けてきた。

私は最初、日本の社会学者として、日本社会を総体としてどのように把握すべきなのかを研究した。第二次世界大戦の前後をつうじて、日本では、経済学者や歴史学者を中心に日本資本主義分析が展開され、論争がおこなわれていたので、私はそれらを研究したうえで、それらの基礎となっていたマルクス主義の社会分析法を、デュルケムやマックス・ウェーバーやタルコット・パーソンズなどの社会学理論に学びながら改良し、国民的社会構成分析の理論と方法を自分なりに創り出して、一九五〇年代から七〇年代にかけて高度経済成長を遂げた日本社会を分析してみた(庄司一九七五a；一九七七)。

それはそれなりの成果を上げたと思うが、その過程で私が気づかされたのは、日本という国民社会の分析はその範囲では十分におこなわれえない、すなわち、日本社会が他の国民社会、とくに大国アメリカとの緊密な関係のなかで存立しているために、それ自体としては十分に分析されえない、ということであった。

私は、一九七〇年代前半にソ連東欧社会を二ヶ月ずつ二度にわたって見聞し、七四年に中国が、社会主義陣営はすでに解体しており、世界は、アメリカとソ連からなる第一世界と、ヨーロッパや日本からなる第二世界と、途上諸国による第三世界とからなっており、中国は第三世界に属している、という「三つの世界」論を提起したのを受けて、一九七五年に「世界史の社会学への序章」という副題をつけた論文を発表した(庄司一九七五b)。アメリカを中心に社会学者たちが産業社会論をふまえて、社会主義社会も産業化が進んでくればアメリカのような社会になってこざるをえないという「収斂理論」を唱え、ソ連が六〇年代いらいの社会主義の拡大・発展理論を維持しているなかで、中国の問題提起が、途上諸国をはじめ世界にどのような影響を及ぼすであろうか、という考察であった。いずれにしても、ロシア革命いらいの社会主義世界の拡大・発展によって、世界のこれからは変わっていかざるをえないという世界史観は、変更せざるをえないであろうという結論であった。

その直後一九七五年から七七年にかけての二年間、私はアメリカのボストン近郊に滞在し、アメリカ社会について参加観察しつつ勉強した。ウォーターゲート事件に次いでヴェトナム戦争敗退を経験したアメリカは、かつての勢いを失い、映画「タクシードライバー」のような自虐的ムードすら漂わせていたが、少なくとも大学の内外では、民主主義は生活に根づいており、「機会の平等だけでなく結果の平等を」という、ある意味で社会主義国を上回るような議論すらおこなわれていた（庄司一九八〇）。

環境破壊の深刻化と身体的社会問題

帰国して、一九七〇年代末から八〇年代にかけて、私は、世界社会という概念を明確に提起し、それをどのように把握すべきか、必死で考えはじめた。

一方には、核戦争の危機、南北格差による大量貧困、環境破壊の国境を越えた広がり、途上国中心の人口爆発という、巨大現実 Megafacts があった。アメリカでは一九八〇年の大統領選挙でロナルド・レーガンが当選し、対ソ強硬路線から戦略防衛構想ＳＤＩが打ち出され、ヨーロッパを舞台とする核戦争の危機が切迫して、日本から世界に広がった原水禁運動とは独立に反核運動が起こり、盛り上がった。北側先進諸国と南側途上諸国との経済格差は依然として大きく、途上諸国の大量貧困を背景にした飢餓や、民族解放後の国づくりや経済成長のために生じた軍事独裁政権による人権無視、などが大きな問題になっていた。

戦後の経済成長によって「豊かな社会」を実現した米欧日諸国では、環境破壊が深刻となり、とりわけ日本は一九六〇年代から七〇年代にかけて「公害先進国」などと呼ばれたが、環境破壊に反対する住民運動とそれを基礎にした裁判などをつうじて事態が改善してくると、公害物質の公海投棄や途上諸国への輸出、公害産出企業の途上諸国への輸出などをつうじて、環境破壊が国境を越えて広がりはじめていた。アメリカはそもそも「沈黙の春」に象徴される農業公害の発出地であったし、もともと広いとは言えない地域に国境を接して多くの国が存在しているヨーロッパでは、酸性雨などが国境を越えて広がり、環境破壊を深刻化させていた。

さらに、産児制限の思想と方法や政策が行き渡らず、フェミニズム運動からも縁遠かった途上諸国では、人口爆発がますます深刻となっていた。人口爆発は、世界中の人間個体を増加させつつ流動化するので、先進国で以前から問題になっていた人種・民族、男女両性、年齢差、障がいの有無、さらにはセクシュアリティの多様性などにかかわる差別の問題を、全世界的に浮かび上がらせるとともに深刻化させていく。私はこれらの問題を身体的社会問題と呼んだ。

共同体・階級社会・社会システムおよび生態系内在性

他方私は、チャールズ・スミスの『社会学的理性批判』に接し、それを翻訳することなどをつうじて、社会学の理論が、大まかにいうと、社会を、共同体としてとらえる理論、階級社会としてとらえる理論、およびシステムつまり社会システムとしてとらえる理論の三つに整理される、という考え方に興味を持った (Smith, 1979=1984)。

この考え方をふまえると、核戦争の危機は、人類が今や、生き残るために、全体として一つの共同体、つまり共同体としての世界社会をなしている、と考えざるをえない。にもかかわらず、世界が南北格差を主とするさまざまな格差に分断され、それらの格差をアメリカとソ連がそれぞれ自らに有利なように整序して対立しあっているということは、現実として世界社会が巨大な階級社会あるいは階層社会であることをも示している。さらに、世界社会がシステムとして、核戦争を回避し、巨大な格差を縮小していくためには、全体を見渡し、それなりの権限で諸勢力、とりわけ国民国家を統制していく機関が必要であるが、そのような機関として考えられる国連はまだあまりにも弱すぎる。

そのうえで、私はさらに、上の三つの理論タイプでは環境問題を社会学的に把握できないと考え、日本の公害研究やアメリカから出てきた新生態学的パラダイムNEPなどをふまえながら、次のように考えた。すなわち、環境問題は、ある社会が、それが属する環境なかんずく生態系をその意志で切り取り、その内部では不要なもの、害のあるものなどを外部に投棄することから生ずるのであるが、国民国家が主権をもち、それらを調整する機関の権限が非常に弱い状態では、各社会からの廃棄物が地球生態系のいたるところにたまり、環境破壊を深刻化してしまう。この意味で人間の社会はほんらい生態系内在的なのであり、社会の生態系内在性をあらゆる社会が確認するべきなのである。人間身体もまぎれもなく地球生態系の一部であるから、上に述べた身体的社会問題も生態系内在性の問題である。いわゆる環境問題が生態系内在性（外部環境）の問題であるのにたいして、身体的社会問題は、社会を構成する諸身体の相互関係あるいはコミュニケーションの問題であるから、いわば生態系内在性（内部環境）の問題である。社会的存在としての人間を解放するためには、社会が、人種・民族、性差、年齢差、障がいの有無、セクシュアリティの相違など、個々の身体が自らの意志では変更できない属性を対等に受け入れ、内部環境をさらに内部化（内化）しなければならないのだ。

世界社会概念から地球社会概念へ

一九七〇年代から八〇年代にかけて、このような角度から、世界社会の実態を捉え、日本の主権者のあいだに、世界社会という言葉は使わなくとも、実質的にそれに相当するものへの意識がどのようにどの程度生まれつつあるか、についての調査などをおこなっているあいだに（庄司一九八六：一九八九）、現実は激しい勢いで進展した。一九七八年に改革開放を決定した中国は、中国共産党を頂点とする政治体制を残したまま経済を大幅に市場化し、いわゆる「社会主義市場経済」のもとで急速度の経済成長をはじめた。他方ソ連は、硬直した国家計画経済体制を変えられずにいるあいだ、八〇年代の半ばに、かろうじて残されていた革命以来の民主主義の隘路をつうじてゴルバチョフを生み出し、ペレストロイカ（改革）やグラスノスチ（情報公開）を進めたが、時すでに遅く、一九八九年の米ソ冷戦終結後、東欧諸国が相次いで崩壊し、九一年にはついにソ連自体も崩壊した。

これ以前から世界にはボーダレス化論が広まっていたが、東欧ソ連が崩壊するや、市場経済に抵抗する社会［システム］が事実上消滅した。また、東欧ソ連社会が、民族社会あるいは国民社会として分離独立してくる過程で、それらを支配していたロシアも含めて、旧社会主義社会の多くが想像以上に貧しかったこと、それら社会の環境破壊の実態も想像以上に深刻であったこと、などが判明した。旧社会主義社会は、かつての中国の「三つの世界」論が主張していたように、第一世界の強者アメリカと張り合えるような状態ではなく、むしろ途上社会に近いかもしれないことも判明した。唯一の超大国となったアメリカを中心に、グローバル化論、中国の言い方を援用すれば「全球化」論が急速に普及しはじめた(庄司編 二〇〇四)。

私が世界社会という概念を堅持しようとしていたのは、第一に、ウォーラステインの世界システム論(Wallerstein, 1974=1981; 1980=1993; 1989=1997; 1995=1997; 2011)との連続性を保つためであり、第二に、一九七〇年代に、ローマクラブの支援を受けてメドーズらが提起した世界動学(Meadows et al, 1972=1972)のように、社会体制や各国の文化的背景を無視して、現状の豊かさや貧しさに関わりなく環境破壊の蔓延や資源の枯渇を論ずる乱暴さを回避するためであった。しかし、九〇年代までに地球環境の破壊は容赦なく進展し、一九九二年のリオデジャネイロ地球環境サミット以後、地球環境問題は世界全体の関心事となり、政治的争点ともなるようになっていた(米本 一九九四)。

それを受けて私は、基本概念を次のように整理した。――世界社会は、定義すれば、世界中に生存する人びとによって構成される社会であり、それがその集合意志によって地球生態系に立地し、それを環境とみなすかぎりで地球環境が存在する。世界社会が地球環境を外部と見なし、そこから資源など必要なもの、欲しいものを取ってきて、経済活動を基礎とする諸活動によって生み出される不要物や有害物などをそこに廃棄するかぎりで、地球環境は汚染され破壊されていく。今や人類の社会は、地球生態系のできるだけ多くをその内部と見なし、自らを地球社会として再定義するべきである。すなわち、世界社会は地球社会へと高次化するべきであり、人類の存続に必要な動植物の生態系を含めて社会・生態系として考えられるべきで、地球環境は、厳密な意味では、人類社会とそれを支えている地球生態系の外部と考えられるべきである。

地球社会と市民連携の理論へ

社会を構成し、民主主義によって運営していく主体を市民と呼ぶとすれば、世界社会の主体は世界市民であり、地球社会の主体は地球市民である。地球社会を核戦争の危機から救い、南北間にかぎらず地球全域に拡大してしまった格差を緩和し、地球環境破壊をせき止めて、地球上に生活するあらゆる人間身体を自由化していくために、地球市民は連携しなくてはならない。——そのような思いで私は『地球社会と市民連携』を刊行した。一九九九年のことであった(庄司 一九九九)。

3　「帝国」論議・社会形成の論理・市民社会

「帝国」論の真の意味とアメリカの「テロリズムとの戦争」

マイケル・ハートとアントニオ・ネグリが『帝国』を刊行したのは、二〇世紀の終わり二〇〇〇年のことである(Hardt & Negri, 2000=2003)。米ソ冷戦終結・ソ連東欧崩壊後の世界の構造にかんする、これはまことに興味深い仮説であった。私なりの理解でその要点を述べれば、だいたい次のようなことであろう。

ミシェル・フーコーの生政治生産 bio-political production 分析の方法を用いれば、米ソ冷戦終結後、唯一の超大国アメリカから立ち上がって世界を覆ってきた支配システムは、アメリカ的生活様式を至上命令 Imperium とし、その普及をつうじて世界中を支配下に置く、「帝国」のようなシステムである。生政治生産は、われわれに、セクシュアリティのような日常的な生活様式の受け入れを迫ることをつうじて、われわれの身体を一定の方式で行動するようにつくり、それをつうじて社会を基礎から造りあげ、ほとんど意識もしないような微細な権力行使の積み重ねによって社会を、そして世界を支配していく。

私なりの理解でこれをさらに具体的にいうと、セクシュアリティあるいは日常的生活様式とは、基本的に食と衣と住と性と信（コミュニケーション）と動（移動様式）からなるものであろう。食とは、たとえば、コカコーラとハンバーガーであり、衣とは、公式にはスーツとネクタイ、非公式にはTシャツとジーンズであり、住とは、世界中どこでも同じホリデイインの部屋のような空間であり、性とは世界中のホテルのビデオで流されている映画のようなセックスであり、信とはパソコンやケータイをつうじたコミュニケーション様式であり、動とは、全世界に張り巡らされた航空網によって飛び、レンタカーによって動き回る行動様式のことである。われわれは、ほとんど無意識のうちにそうした生活様式に慣らされてきており、それをつうじてアメリカのいう「自由と民主主義」に同調させられている。長い歴史をつうじて形成されてきた主権の概念も、この支配のもとでは無力なのである。

この仮説は、帝国という、昔からわれわれがいろいろな意味で用いてきた言葉をカギ概念とするものであっただけに、さまざまな議論を呼び起こし、世界中で論争された。この仮説にいう「帝国」が私の理解したようなものであれば、それは、世界社会さらには地球社会の支配様式としてははなはだ重要なものである。しかし現実には、この仮説が出された翌年の二〇〇一年に、アメリカのニューヨークとワシントンで同時多発テロ（九・一一）が起こり、前年の大統領選挙にきわどい票差で当選したジョージ・W・ブッシュが「テロリズムとの戦争」を打ち出し、アフガニスタンやイラクに兵を出すに及んで、「帝国」を単純明快に、アメリカの武力による世界支配そのものであるかのようにとらえる理解の仕方が広まってしまった。

二〇〇八年の大統領選挙でアメリカに初のアフリカ系アメリカ人大統領が生まれ、アメリカ社会にも世界社会にも大きな変革が期待されたが、バラク・オバマは、アメリカ社会の草の根から起こったティーパーティのような保守的反動と、それらを背景とする共和党保守派の議会支配によって、医療保険制度の一部改革などわずかの変革しかなしえていない。アフガニスタンやイラク、シリアなどでは、アメリカの中途半端な行動によってかえって事態は悪化し、イスラミック・ステートなど最悪のテロリスト集団が生まれている。

社会形成の論理と社会システムとしての帝国の形成

こうした状況のなかで、私は、「地球社会と市民連携」論の彫琢と展開を迫られ、それを地球社会と主権者連携の理論に発展させてきた。

第一に重要なのは、社会を構成するプログラムをどうとらえるか、である。先に私は、社会を共同体と見る見方、階級社会あるいは階層社会と見る見方、およびシステムとみる見方の三つがあると述べたが、その時からこれは社会把握の類型論の問題ではなく、すべての社会にはこの三つの面があるので、社会は共同性と階層性とシステム性の三つの契機の重層であり、そのうちのどの面がもっとも強く表れているかであると考えていた。すると問題は、この三つの契機がどのように重層していくのか、である。

すべての社会は、複数の人びとが集まり、共に生きていこうとする点で、まず共同性である。このなかにはすでに性差、年齢差などにもとづく自然分業があり、潜在的な支配もないとはいえないが、平等を第一とする共同性の集合意識のもとでは意識されない。しかし、このような社会が他の同様の社会と衝突し、抗争して併合されることが多くなると、弱い共同体の潜在的な支配者は除去され、強い共同体の支配者が顕在化してくるとともに、強い共同体の成員のしたに弱い共同体の成員が位置づけられるようになり、階層性も顕在化して目立ってきて、不平等意識も広がってくる。階級社会は、このような共同体間抗争あるいは部族抗争をつうじてできてくる、より広い共同性をふまえてより高い階層性が固定していく社会である。

そのうえで、このような階級社会が大きくなってくると、不平等意識も高まってきて平等意識との矛盾も激しくなってくるから、社会はいくつかの統合装置でシステム化されることなしには、維持発展されにくくなっていく。統合装置の第一のものは宗教であろう。社会がこのような状態にまでくる過程で、人びとはすでに言語他を用いたコミュニケーションを発達させているから、広がってきた共同性のうえにより高い階層性が立てられてきた理由について、それぞれの共同体の神がみが抗争しあって勝敗が決まったり、妥協しあった結果なのだというような物語が作られ、それを全身で語り踊りながら納得していくなどのことをつうじて、階級社会が維持発展されていく。

社会が大きくなると、こうしたコミュニケーション行為だけでは収まらなくなるから、外敵から自らを守り、さらに拡大していくために恒常的に軍隊が組織され、それを維持するために徴税制度が作られ、社会全体を統治するために官僚組織が作られていく。いわゆる国家の出現である。最初は宗教の教祖や指導者が国家の長となることが多かったが、国家が大きくなると国家の長は王として独立し、私有財産で官僚制を維持し（家産官僚制）、宗教指導者は、名目上超越者の代弁者としての地位を維持しながらも、現実世界の物質的支配者を権威づけつつ彼／彼女に従うようになる。

他方、この間に、人びとの交感（愛情など感情の交換）や財やサービスなどの交換が進み、市場が広がって、人びとの欲望や移動で社会の基礎が脅かされることになるから、王はその中心を足下に集中し、統制するとともに徴税の対象にするようになる。いわゆる都市の出現である。都市は、農産物を吸引するばかりでなく、あらゆる財やサービスおよび思想までを生み出すようになるから、王はこれらを統制しつつ、都市を中心にして農山漁村等の全域を支配する国家を形成するようになる。いわゆる文明の誕生である。

文明は、市場に媒介された経済の発展によって下から豊かになるとともに、宗教が普遍化してくるとそれに領導された文化の普及に努めるようになり、理念と利害関心 Idee und Interesse に上下から突き動かされながら、政治の中心としての国家を肥大させ、社会あるいは社会形態としての都市を拡大しつつ複数化していくことになる。こうして王国と王国とは衝突し、併合したりされたりしながら、宗教で聖化された皇帝を頂点にいただく巨大な帝国となっていくのである。周知のように、文明誕生後の人類の歴史は帝国かん抗争の歴史であり、これは二〇世紀前半の中華帝国清朝の滅亡とオスマントルコ帝国の滅亡まで続いた（以上の詳細は、庄司二〇一六b）。

市民社会システムの形成から国民国家間抗争・世界大戦へ

こうして、帝国を成り立たせるプログラムは説明できるので、次はそこからどのようにして、まったく異なったプログラムによる社会が形成されてくるかである。

帝国の中心としての都市は、皇帝と国家にきびしく管理されていたので、その足下の住民たちすなわち市民たちは一般に自由ではありえなかった。古代ギリシアのように帝政の支配が弛んだ都市国家では、市民たちは相対的に自由となり、文学や哲学や民主主義を発達させたが、自分たちの生活自体を再生産しようとはせず、帝国かん抗争の歴史のなかにふたたび呑み込まれていった。ようやく一〇世紀ほど前のヨーロッパで、帝政の支配の弛んだ諸都市の市民たちが、周辺農村の産物やみずから生産した商品などの交易をはじめ、この動きはどんどん拡大して、やがて遠隔地貿易にまで広がっていく。

市民たちはやがて、のちに株式会社と呼ばれるような自分たちの事業の方式を見出してゆき、それで蓄えた財を基盤に教会や王制にも影響を及ぼすようになっていく。市民たちはいわば、都市を基盤に自分たちの事業で市場を広げつつその支配者となっていったのであり、その財力を基盤に宗教改革を進め、王制への抵抗を強め、やがて市民革命で王制を乗っ取り、民主主義を発達させはじめるとともに、宗教をも相対化して、やがて無神論への道をも開いていくのである。この過程で科学技術も発達し、やがてそれは産業革命と結びついて市場を世界化するとともに、世界市場にあらゆる商品を投入して全世界を変えていくことになった。

問題なのはこの過程で、市民たちは、市場はどんどん世界化していったものの、国家については伝統的な王制などに拘束され、都市の世界は超えながら、そこで合成されてきた共通言語すなわち国語によってしか、幻想の共同体あるいは想像の共同体としての国民国家をつくれなかったことである（吉本 一九六八；Anderson, 1991=1997）。市場に加えて科学技術も世界化していくなかで、市民たちは、地政学的などの理由から国民国家の範囲でまとまり、同様にしてできた国民国家と世界市場の覇権をめぐって死闘をくり返すようになっていった。

帝国が基本的に産業資本主義以前の社会形成であるとすれば、帝国主義は、産業資本主義をふまえて成立した国民国家が、たがいにあい争うために、かつての王国や帝国の威を借りて虚勢を張った偽装システムである。これら帝国主義が、イギリス、フランス、ドイツ、アメリカ、ロシア、日本などを主体に世界を植民地として分割し尽くし、その再分割のために死力を尽くして抗争し、そのあげくアメリカ中心の自由主義陣営とソ連中心の社会主義陣営とに二分されて、核軍拡競争によって人類を絶滅の危機にまで追い込んだ結果が、私が最初に取り上げた一九六〇―七〇年代の世界社会であった（詳細は、庄司 二〇一六b）。

4　世界中の民衆を主権者とする地球社会の理論

地球社会の未主権者（サバルタン）と脱主権者（マルチチュード）

米ソ冷戦がソ連東欧の崩壊によって終結し、この間に深刻化した地球環境問題や身体的社会問題についても、社会システム形成における環境および身体の外部化（疎外）の問題として検討できると考えたので、私は、地球社会と市民連携の理論をさらに展開するために、社会学の二一世紀的展開としての地球市民学を構想し、現実に起こっているさまざまな社会運動に基本的視座を提供しようとした（庄司編 二〇〇九）。しかしその過程で私は、最初に提起した三つの命題に次ぐといって良い、ある根本的な命題に突き当たった。

すでに一九八〇年から九〇年代にかけて、ポストコロニアリズムが世界に広がっていた。植民地状態から自らを解放した途上諸国・新興諸国の知識人が、欧米の最先端の理論を勉強し、そのうえで、七〇年代のヨーロッパ現代思想ですら気がついていなかった大きな問題があることを指摘する。エドワード・サイードが、フーコーの言説分析を用いて、欧米思想の背後に流れているオリエンタリズムを指摘したのは、その嚆矢であった (Said, 1978=1986)。それ以上に衝撃的であったのは、フーコーを超えてデリダの脱構築法を用い、現代思想家にも気づかれていなかった現代世界の深層をえぐり出してみせた、ガヤトリ・C・スピヴァクのポストコロニアリズムである。

スピヴァクは、インド出身の女性の立場から、サティーという、欧米の知識人にも現地インドの指導層にも言及はされていながら、みずから声を上げることを許されていなかった寡婦の大量存在を指摘し、彼女たちを、アントニオ・グラムシの用語を借りてサバルタンと呼び、この圧倒的な潜在層を無視して現代を理解したと言えるのか、と問う (Spivak, 1984=1998)。独立後、普通選挙民主主義を導入したインドにも、このサティーたちを含んで、法的には主権者でありながら現実にはとてもそれどころではない圧倒的な民衆が、いわば未主権者として存在する。

他方、ハートとネグリは、「帝国」が世界を支配するにつれて、その生政治生産の圧力で流動化され、世界中をさまよう大群衆すなわちマルチチュードの存在を指摘したが、この人びとのなかには、もちろん多くのサバルタンも含まれよう。しかし、私はむしろ、このマルチチュードの概念で、ひとたびは民主化されて主権を与えられながら、選挙制度の不備や、不備な選挙制度でたまたま選ばれた大統領や首相などの一方的な政治のために、事実上ふたたび主権者でなくされてしまう、つまり脱主権者化されてしまう人びとのことを把握したらどうかと考えた。

そのほかに、中国やヴェトナムやキューバのように、二〇世紀社会主義の人民民主主義、つまり一党独裁で、原則としてその党が立てた候補を承認する選挙制度を維持している社会もある。この場合には、かりに憲法で主権が人民にあることが認められていても、事実上、選挙をつうじて人民の意志が政府に反映されているかどうかは確認できないので、人びとは未主権者に近いといわざるをえない。すると、現代の地球社会には、まだまだ圧倒的な数の未主権者や脱主権者が存在することになり、民主化はむしろこれからの、しかもくり返し遂行されなければならない課題であることになる。

政治的主権者と経済的主権者：市民から民衆へ

並行して、二〇世紀の末から私は、大学生協の仕事に携わり、それをつうじて、アジアや欧米の同様の組織や、日本および世界の協同組合の人びとと交流した。日本には二二〇ほどの単位大学生協があり、全国に一五〇万人ほどの組合員がいる。学生のみならず教職員も加わっているが、圧倒的多数は学生、院生、留学生である。アジアにはかなりの国に大学生協があるが、その多くは教職員の生協であったり、学生組合員が少なかったりしている。アメリカやカナダにも大学生協が多少あるが、ヨーロッパには政府組織あるいは準政府組織としての学生支援組織があり、それらが食堂、寮、奨学金などを担当している。また、日本の大学生協は、一九九四年いらい国際協同組合同盟ＩＣＡの一員として、農協や日生協を初めとする日本の協同組合や、全世界のＩＣＡメンバーである協同組合と交流している（庄司二〇〇八：二〇一五：二〇一六ａ）。

これらの活動をつうじて、私が第一に感じたのは、地球社会が民主化されつつあり、その多くの構成員が、上に述べたような問題を抱えながらも政治的に主権者であろうとしているのにたいして、協同組合は経済的な意味での主権者の事業なのではないか、ということであった。つまり主権者には、政治的な意味とならんで経済的な意味があり、かつて市民たちが経済的な事業で実力を蓄え、政治的な主権者となったのとは対照的に、多くの国で普通選挙運動をつうじて主権者となった労働者や農民たちが、政治的に自分たちの社会をつくるのと並行して、協同組合をつうじて経済的な主権者として社会を実質的につくりつつあるのである。

しかもその意思決定方式は、株式会社の金銭優位の一株一票制にたいして、協同組合は、一九九五年制定の協同組合原則を守るならば、政治的民主主義と同じ一人一票制である。協同組合とならんで多くのＮＧＯやＮＰＯが経済的な活動をしているが、これらを含んで考えると、これからの地球社会は、政治的主権者の民主主義によって運営されていく前提として、ますます多く、経済的主権者の、原則として非営利の事業によってつくられていくことになるのではないか。

これとならんで私は第二に、日本の農協漁協やアジアの協同組合の人びとが、市民という言葉を必ずしも素直に受け入れておらず、時として違和感をすら感じていることに気がついた。考えてみれば、市民 citizen, citoyen はもともと都市 city, cité の民であり、農山漁村や途上諸国の多くからみれば、自分たちの生産した食料その他で生活しているにもかかわらず、自分たちからは遠い人びとなのである。しかも、かつて従属状態や植民地状態に置かれた新興国および途上国の立場からすれば、市民たちこそが、勝手に国民国家を形成し、圧倒的な武力で押し寄せてきて、自分たちを従属状態や植民地状態に置いた当の人びとなのである。

欧米日では、かつてイギリスの名誉革命で、市民たちが、「王は君臨すれども統治せず The Sovereign reigns, but does not rule.」という原則を確立し、王から主権 Sovereignty を奪った経緯があるので、市民こそが主権者であるという命題が通念となっている。そして、欧米日の農山漁村でも旧従属諸国・途上諸国でも、知的な人びとはこのことを理解していないわけではない。しかし、上にみたサバルタンやマルチチュードの多くにとっては、市民はある意味でかつての支配者なのであり、このことは、大航海を始めたのが王とその従者であったとしても、市民革命で王権を乗っ取り、従属国支配や植民地支配を継続したのは市民たちであるという、歴史的事実と合致するのである。

第四命題：全世界の民衆を主権者とする地球民主社会の形成

二〇世紀をつうじて、世界中の従属諸国・植民地諸国が自らを解放し、しばらくのあいだ軍事独裁や開発独裁に悩まされたものの、それらからも脱して自分たち自身の国づくりを始めた。

そこで、私のいう第四の命題とは、現代地球社会の主権者は、旧従属諸国・旧植民地諸国の民衆を含む世界中の民衆であり、私たちは、これまでの市民社会論を乗り越えて、サバルタンやマルチチュードを含む全世界の主権者民衆の立場からの、各国社会の民主化と地球社会そのものの民主化のプログラムを明らかにし、それをさらに補強しつつ具体化していかなければならない、というものである。その原理は、いうまでもなく愛他主義であり、日本国憲法にいう非戦と公共の福祉原則であり、近代ヨーロッパから世界に広まった単調無限進行の時間プログラムは修正されなくてはならない。

考えてみればそもそも、近代世界システムづくりは、ヨーロッパ列強の世界進出に始まり、世界中を植民地にしたり、従属状態にしたりすることをつうじて行われたのではなかったか。そして、市民たちはこの過程でそれぞれの国で市民革命を起こし、旧体制の支配者に代わって自分たち自身が植民地主義の主体となり、それを基礎にやがて帝国主義化して、人類を破滅の危機にさらす二度の世界大戦や米ソ冷戦を起こしたのではなかったか。だから、市民たちはまず、自分たち自身の正しい歴史認識を確立し、自分たちが豊かになってくる過程で犠牲を強いた、旧従属諸国・旧植民地諸国の民衆に謝罪の態度をとり、これら諸国の国づくり社会づくりにできるかぎりの支援をしていくべきである。

日本は、台湾に次いで朝鮮半島を植民地化し、中国東北部から全土を、さらには東南アジア諸国を、植民地化しようとした責任がある。大日本帝国憲法（一八八九年発布）のもとでは日本国民は主権者ではなかったが、主権者天皇をいただいてこれら諸国を侵略し、植民地化した責任がある。日本国憲法（一九四七年施行）で国民が主権者となっていこう、日本国政府がこの歴史にたいして一貫して反省し謝罪する態度をとっていないので、韓国や中国が非難を続けているから、日本の主権者は正しい歴史認識をもち、韓国・中国を初めとして被害を与えた諸国にたいして、反省と謝罪の一貫した態度をとり続けなければならない。そうしてこそ日本の主権者は、欧米諸国にたいして、過去の植民地主義と帝国主義をきびしく反省し、旧従属諸国・旧植民地諸国の国づくり社会づくりを一貫して支援するよう、呼びかけていくことができるのである。

要するに、現代の地球社会を地球市民社会として構想するのでは、まだ不十分である。市民たちが、意識するか否かに関わりなく、欧米日市民社会による全世界の植民地支配の主体となったかぎり、市民たちはまだ自由・平等・友愛を公然と唱える資格を有していなかったのであり、この意味で、これまでの市民社会は十分な民主主義の社会であったとは言えず、民主社会であったし、あるとは言えない。真の民主社会は、これから地球的規模で、全世界の民衆を主権者として、各国に、そして地球そのものにうえに、地球民主社会として形成されるべきなのである。

近代的時間プログラムの修正にかんしては、卑近な例で、身体的弱者への配慮を考えてみれば分かろう。たとえば、民族的少数者の多くは、十分な教育を与えられていないかもしれない。女性は男性にたいして力が弱いかもしれない。年少者や高齢者は保護や介護を必要とする。身体障がい者は障がいの特性に応じて介助されなければならない。性的少数者はそれぞれに応じた特別な配慮を必要とする。弱者への配慮は一般的に通常より時間がかかり、そのために費用もかかることが多いが、そうした配慮を社会システムのすみずみにまで浸透させていくことが、時間プログラムの修正である。この延長で、社会システムのいろいろな箇所から、ビッグバンに始まり、太陽その他の大膨張による終焉が予測されるようになった宇宙観にいたるまで、さまざまなレベルや次元で単調無限進行の近代的時間プログラムの修正を考えていくことができるであろう。

5　地球民主社会に向けての日本社会の課題

最後に以上をふまえて、旧植民地主義・旧帝国主義・旧先進国の一つ現代日本社会の現状と課題を挙げておこう。

新史観［主権者史観］の導入　二一世紀は、二〇世紀までに従属状態・植民地状態から自らを解放した諸国の民衆が主権者となり、自らの意志で新社会形成をおこなっていく世紀である。中国、インド、インドネシアを初めとするアジア諸国、メキシコ、ブラジルを初めとする中南米諸国が、ぞくぞくとその軌道に入りつつある。中東アフリカ諸国もそのあとを追うであろう。

旧先進諸社会の現状　新興諸国の台頭のため、欧米日旧先進諸国（旧帝国主義諸国、旧植民地主義諸国）の地位が相対的に低下しつつあり、その分がこれら諸国の中下層の人びとに皺寄せられてきているため、アメリカでは、右派寄りにトランプ現象、左派寄りにサンダース現象、が起こっている。ヨーロッパでは、政権が中道でも左派よりであるため、フランスの国民戦線（党首ルペン）、ドイツの、ドイツのための選択（AfD，党首ペトリ）のような右派が台頭している。

日本社会の現状　日本では、もともと政権が右派寄りであるため、いまのところ目立った右派の台頭はないが、今後は分からない。現政権による報道規制も深刻である。中東に命がけで挑んでいるジャーナリストたちにたいする日本社会の特徴なども鋭く分析されなくてはならない。

分配および再分配システムの修正　欧米日では、相対的地位低下が中下層に皺寄せられるのを避けるため、分配および再分配システムの修正が必要である。若者、女性、高齢者、移民などにたいしてくり返し雇用の道が開かれていくような経済政策、というよりももっと幅の広い社会づくり・国づくり政策がとられなければならない。また、中間層肥大の流れに乗って導入された結果的に逆進的な直接税制、逆進性の強い消費税制度などを初めとして、中間層が縮小して上層と下層、とくに下層が拡大してくる、アウアグラス（砂時計、瓢箪）型階層構造を是正する社会政策がとられねばならない。

中道左派勢力の強化　日本やアメリカではとくに、そのような政策を志向する中道左派勢力を強めねばならない。日本ではとくに、二〇一六年参院選に向けて進められてきた野党共闘や、反辺野古をスローガンに中道左派が厚みを増してきている沖縄をふまえて、中道左派勢力の強化と安定化が試みられ続けられねばならない。

平和国家への軌道再修正　日本では、再分配制度の修正を基礎に、平和国家への軌道再修正がおこなわれなければならない。安保法制を廃止し、日米安保の縮小修正がおこなわれるべきである。

若年層の雇用強化・経済的主権者の意識強化　平和政策を基礎に、内政的には、若年層の安定雇用を増やすため、労働三法体制を回復すると同時に、大企業・中小企業の雇用確保と民主化、協同組合やＮＧＯ、ＮＰＯ事業の拡大を進めねばならない。政治的に主権者多数の意思を反映した政府を創出するとともに、経済的にも、主権者の積極性を強化していかなくてはならない。

若年層の意識活性化　若年層の雇用安定化と並行して、意識活性化が必要である。グローバル情報化時代のなかで、ヴァーチャル空間に吸い込まれがちな若年層の意識を活性化して、ヴァーチャル空間を含む総合リアリティのなかでのアイデンティティ形成に努めねばならない。そのために、広義の宗教現象にも着目して、若者意識活性化の諸契機をつかまねばならない。

農林漁業の強化と若返り　農林漁業では、協同組合制度をさらに民主化して、若者が参入しやすいようにしていかなくてはならない。品質の良い製品を輸出しようとするのは良いが、産直制度を強め、農漁業の安定性を保障していくとともに、輸入産品に負けず、食の安全を確保していくシステムを創り出さなくてはならない。

少子高齢化への対応・社会単位の多様化　少子化に対応するため、保育制度を拡大充実し、保育者を増やして女性や若年層の雇用を拡大しなくてはならない。他方で、高齢化に対応するため、介護制度を拡大充実して、女性や若年層にかぎらず、外国人や元気な高齢者層をも含む雇用を拡大しなくてはならない。性的少数者ＬＧＢＴの自由化と包摂も含めて人間身体を最大限に自由にし、社会単位（単位生活集団）の多様化を進めなくてはならない。

先端と並ぶ中間技術の開発・移転・環境破壊防止　産業については、電子最先端技術を追求するのはもちろんであるが、それと並んで、それを利用した中間的な技術の開発を進めねばならない。それらを携えて、再分配制度の修正で元気を出す若年層を中心とする男女が、世界中の新興国に赴き、技術援助、開発援助などに貢献したいと思うようにしなければならない。とくに、蓄積のある環境破壊防止技術の移転が重要である。

大都市東京を初めとする都市の活性化　農林漁業の展開、少子高齢化への対応、バランスのとれた産業開発などを国土に立地させていくため、有効な社会形態が追求されなければならない。トヨタのような世界企業が立地する都市の形態と並んで、グローバル化に先駆けながら乗り遅れてしまっている東京のような大都市のあり方が、厳密に点検されなくてはならない。二〇二〇年のオリンピックを目前に、国際便受け入れで羽田空港の機能を強化するため、東京都心上空にジャンボ他をひんぱんに飛ばすなどのことが推進されようとしている。東京都は、前知事の不手際問題による辞任や築地市場移転問題などで、大問題に対処する姿勢を見失っている。東京都民や一般市民、すなわち主権者の行動で新知事に日本の将来の先頭に立つよう要求していくことが必要である。

韓中を初めとする諸外国との信頼関係・若者・教育の交流　以上のためにも、平和政策を基礎に、韓国、中国との信頼関係を築き、それらを基礎にアジア、中南米、中東アフリカとの信頼関係も強化していかなければならない。若者たちがこれらの諸国に赴くとともに、これらの諸国からの留学生を受け入れられるよう、大学を中心とする教育制度を拡大し改善していかなくてはならない。また、これら諸国からの労働者家族を受け入れるために、中等以下の教育制度も拡大し改善していかなくてはならない。

ポスト資本主義への対処

　ポスト資本主義がいわれているが、われわれのパラダイムはとうにその域を超えている。今日の世界企業、多国籍企業を含む大企業は、もともと市民たちが起こしたものである。それらが大きくなる過程で、各国でさまざまな規制が発達してきている。大企業はそれらから逃れるために、多国籍化、世界化している。これらをできるだけ多くの民主国家あるいは民主的政府が連携して国際的、世界的に規制していくべきである。事業活動の妨げとなる規制は緩和していかなければならないが、各国経済と世界経済の発展の障害となるタックスヘイブンなどの仕組みは、民主政府の国際的世界的な連携でなくしていかなくてはならない。

ポスト・ヒューマーニティへの対処

　電子情報化の高度な進展とともに、ポスト人類（ヒューマーニティ）がいわれている。人類が生み出した技術が人類を超え、人類を支配するようになるかもしれない。ＳＮＳのような、もともと主権者の生み出した技術が、主権者たちの上部に自立して、主権者たちを支配するようになるのをどのようにして防ぐか、考えなければならない。主権者から自立したプログラムが、宇宙に偏在する素材でできた身体をもつようになれば、これはいわゆる超人間ロボットである。

　人類の主体性が問われている。個人を超えた単位が生み出されつつあるといえるかもしれない。サイボーグ化した個体、生体移植、ｉＰＳ細胞養殖技術などを超えて、機械化された部品、というよりも器官を取り込み、人間の限界を超えて生きる個体が登場するかもしれない。そのような個体が、最終的には地球生態系からも脱出して、宇宙空間を自由に生きるようになるかもしれない。

　その場合、それはもうロボットなのか、あるいは人間の進化した形態なのか。それがもし、人類史を引き継ぎ、人間の主体性を引き継ぐならば、それはロボットではなく超人（スーパー人間）であるかもしれない。遠い先のことのように思われることも、今の技術の進歩のスピードではそれほど遠い将来のことではないかもしれない。現在の人類進化――社会・技術進化――の延長上に考えられることはどんなことでも考慮に入れながら、しかし、栄養不足やちょっとした感染症のために日々死んでいっている子どもたちのこと、いや大人たちも含む今の人間たちのことに、くり返し戻るべきである。そういうところでこそ、自己言及や感情社会学が必要である。

社会学理論の吟味と展開

以上の諸問題を一貫した視野で取り上げていくために、社会概念のさらなる検討と展開が必要である。社会の概念を歴史的に吟味するとともに、現代世界に合わせて修正発展させていかなくてはならない。

二〇一四年七月に横浜で開かれた国際社会学会第一八回世界社会学会議の統一テーマは「不平等世界に向き合う：グローバル社会学への挑戦」であった。二〇一六年七月にウィーンで開かれた同第三回社会学フォーラムの統一テーマは「私たちの欲する世界：グローバル社会学とより良き世界への闘い」である。

グローバル社会学をどう理解するべきなのか？　世界中の社会学と単純に考えることもできよう。しかし、ウィーン・フォーラムのプレナリーセッションは、統一テーマを掲げたオープニングに始まり、「ヨーロッパの多重危機に向き合い、それを超える」「境界と中心・周辺両極化を超えて」および「社会学思想と良き世界への闘い」をへて、クロージングでふたたび統一テーマに戻るという構成であった。しかもクロージングでは、ポスト・イスラームの民主主義が構想され、黒人生活とアフリカ世界の現状が語られ、フィリピンの視点から見た急速に展開する世界のリスクとレジリエンスが語られ、最後に、アメリカのラディカル社会学の足跡と気候変動を初めとする危機への現状認識が展開された。

私は前節までの英訳をリサーチコミッティーの一つで発表したが、日本からのグローバル社会学をこうした全員討議の場に持ち出さなくてはならない、と感じた。グローバル社会学は、国際レベルではすでにグローバル社会の社会学になってきている。しかもそれは、実質的には、世界社会の社会学から地球社会の社会学ともいうべきものにすでになってきているのである。

マルクス、デュルケム、ウェーバー、パーソンズなどの社会学を超えて、日本からどのようなグローバル社会学が提起できるのか、私たちは今、真剣に考えなくてはならないのではないか。

文　献

庄司興吉、一九七五ａ、『現代日本社会科学史序説』法政大学出版局。

庄司興吉、一九七五ｂ、「中国の世界認識と世界認識の諸類型：世界史の社会学への序章」『社会労働研究』二一—一・二、法政大学社会学部学会。

庄司興吉、一九七七、『現代化と現代社会の理論』東京大学出版会。

庄司興吉、一九八〇、『社会変動と変革主体』東京大学出版会。

庄司興吉編、一九八六、『世界社会の構造と動態』法政大学出版局。

庄司興吉、一九八九、『管理社会と世界社会』東京大学出版会。

庄司興吉、一九九九、『地球社会と市民連携：激性期の国際社会学へ』有斐閣。

庄司興吉編、二〇〇四、『情報社会変動のなかのアメリカとアジア』彩流社、三〇五頁。

庄司興吉編著、二〇〇九、『地球市民学を創る：地球社会の危機と変革のなかで』東信堂。

庄司興吉、二〇〇九、『大学改革と大学生協：グローバル化の激流のなかで』丸善プラネット。

庄司興吉、二〇一五、『学生支援と大学生協：民主協同社会をめざして』丸善プラネット。

庄司興吉、二〇一六ａ、『主権者の協同社会へ：新時代の大学教育と大学生協』東信堂。

庄司興吉、二〇一六ｂ、『主権者の社会認識：自分自身と向き合う』東信堂。

真木悠介、二〇一二a、『定本　真木悠介著作集　Ⅱ時間の比較社会学』岩波書店。

真木悠介、二〇一二b、『定本　真木悠介著作集　Ⅲ自我の起源』岩波書店。

吉田民人、一九九〇a、『自己組織性の情報科学：エヴォルーショニストのウィーナー的自然観』新曜社。

吉田民人、一九九〇b、『情報と自己組織性の理論』東京大学出版会。

吉田民人、一九九一、『主体性と所有構造の理論』東京大学出版会。

吉田民人、二〇一三a、『社会情報学とその展開』勁草書房。

吉田民人、二〇一三b、『近代科学の情報論的転回：プログラム科学論』勁草書房。

吉本隆明、一九六八、『共同幻想論』筑摩書房新社。

米本昌平、一九九四、『地球環境問題とは何か』岩波新書。

Anderson, B., 1991, *Imagined Communities*, rev. ed., Verso.（白石さや・白石隆訳、一九九七、『増補　想像の共同体』ＮＴＴ出版）
Dawkins, R., 1989, *The Selfish Gene*, Oxford University Press, 1st ed. 1976（日高敏隆他訳、一九九一、『利己的な遺伝子』紀伊国屋書店）
Hardt, M. & Negri, A., 2000, *Empire*, Harvard University Press.（水島一憲他訳、二〇〇三、『〈帝国〉：グローバル化の世界秩序とマルチチュードの可能性』以文社）
Meadows, D. H. et al., 1972, *The Limits to Growth: a report for the Club of Rome's project on the predicament of mankind*, Newgate Press.（大来佐武郎監訳、一九七二、『成長の限界』ダイヤモンド社）
Said, E.W., 1978, *Orientalism*, Vintage Books.（板垣雄三・杉田英明監修、今沢紀子訳、一九八六、『オリエンタリズム』平凡社）
Smith, C. W., 1979, *A Critique of Sociological Reasoning*, Basil Blackwell.（庄司興吉・武川正吾訳、一九八四、『社会学的理性批判』新曜社）
Spivak, G. C., 1988,"Can the Subaltern Speak?" in Nelson, S. & Crossberg, L., eds., *Marxism and the Interpretation of Culture*, University of Illinois Press.（上村忠男訳、一九九八、『サバルタンは語ることができるか』みすず書房、一九九九、第一版第二刷）
Wallerstein, I., 1974, *The Modern World System I: capitalist agriculture and the origins of the European world-economy in the sixteenth century*, The Academic Press（川北稔訳、一九八一、『近代世界システム：農業資本主義と「ヨーロッパ世界経済」の成立』岩波書店）
Wallerstein, I., 1980, *The Modern World System II: mercantilism and the consolidation of the European world-economy, 1600-1750*, The Academic Press（川北稔訳、一九九三、『近代世界システム一六〇〇―一七五〇：重商主義と「ヨーロッパ世界経済」の凝集』名古屋大学出版会）。
Wallerstein, I., 1989, *The Modern World System III : the second era of great expansion of capitalist world-economy, 1730-1840s*, The Academic Press.（川北稔訳、

一九九七、『近代世界システム一七三〇—一八四〇s：大西洋革命の時代』名古屋大学出版会）

Wallerstein, I., 1995, *Historical Capitalism with Capitalist Civilization*, Verso.（川北稔訳、一九九七、『史的システムとしての資本主義』新版，岩波書店）

Wallerstein, I., 2011, *The Modern World-System IV: Centrist liberalism triumphant, 1789-1914*, University of California Press.（川北稔訳、二〇一三、『中道自由主義の勝利　一七八九—一九一四』名古屋大学出版会）

特別寄稿

「現場からの民主化」と「社会学すること」

——戦後精神史の一水脈

折原　浩

1　はじめに

去る二〇一四年の八月初頭、名古屋在住の友人から「北川隆吉先生を偲ぶ会」の案内が届き、先生の逝去を初めて知った。筆者はここ数年、利根川縁の片田舎に蟄居し、大学の研究室や日本社会学会とはほとんど没交渉にすごしていたため、お見舞いにもお悔やみにも伺えなかった。

ただ、ここ数十年来、先生に近況報告を兼ねて拙著や拙論の抜刷をお送りすると、そのつど朝駆けの電話をいただき、つい長話するのがならわしとなっていた。ところが、今年は、年頭に拙著『日独ヴェーバー論争——「経済と社会」(旧稿)全篇の読解による比較歴史社会学の再構築に向けて』(二〇一三年、未來社)をお送りしたところ、いつものお電話がなく、どこかお具合がわるいのではないか、と心配していた。

先生のご冥福を、心からお祈り申し上げる。
その後、お悔やみに代えて、一九五六年から六〇年代にかけての北川先生の思い出を点描しながら、筆者が学部学生また院生として受けた教えと影響について、一文をしたため、「北川隆吉先生に学ぶ——ご逝去を悼んで」と題して、ご遺族宛てにお送りした。いま、その一文を、表題と文体は改め、必要な補訂も加え、ここに掲載する（以下、敬称略）。戦後精神史の一水脈をたどり、若い世代による継承にそなえたい。［二〇一四年一〇月三一日記］

2　学生とも対等な人間として——はじめての北川

一九五六年四月、筆者が東大教養学部から文学部社会学科に進学したとき、北川はちょうど（先任助手の転出にともない）主任助手に就任されたところだった。研究室の入り口に一番近いところに座席を構え、つねに学生と向き合ってくださった。研究・教育職を志望していた筆者も、大学では「研究至上主義」がどんなに幅を利かせていても、やはり教育を重んじ、学生とも対等な人間として付き合っていかなければならない、と思い知った。

研究室の運営についても、おそらくは（一九五三年に助手に就任して以来の）北川の尽力によって、院生も加えた研究室会議が定期的に開かれ、図書選定その他、民主化が軌道に乗っていた。ずっと後（一九九六年）のことになるが、筆者が東大教養学部を停年退職後、北川の紹介で名古屋大学文学部に奉職したときにも、社会学研究室には、同様に民主化が徹底されていて、「あっ、これだ」と、学生・院生時代を懐かしく思い出したものである。

3　ＳＳＭ調査への協力拒否――北川の実存的決断

そのころ、東大社会学研究室では、主任教授が、アメリカの財団から研究資金をもらい、「社会階層と（階層間）移動」（Social Stratification and Mobility、通称ＳＳＭ）と題する全国規模の調査を実施しようとしていた。当時、山下清という風変わりな画伯がいて、なにかにつけ「その人って、兵隊の位でいうと、どのくらい？」と訊いては笑いを誘っていたが、ＳＳＭでは、社会学者が、同じ流儀で、人や職業を「上、中（の上、中、下）、下」と「格付け」し、社会の全般的な「官僚制化」にともなう価値序列の編成に、「学問的」上塗りを施し、「事実をして語らしめ」ようとしたのである。

ちなみに、全社会的な「官僚制化 Bürokratisierung」とは、マックス・ヴェーバーによれば、「資本」ほか「物的経営手段」一般の集積‐集中を基礎とする「ピラミッド状位階秩序」の編成によって、「組織」内また「組織」間に（権威と利害状況による）「支配」（さしあたり命令‐服従関係）の「合理化」（後段で解説）がいきわたる事態を意味する。ヴェーバーは他方、「資本家（企業者）」「労働者（被雇用者）」といった「社会層形成 soziale Schichtung」の動態を分析するさい、（カール・マルクスが、学問上は未完のままに残した）「階級 Klasse」の概念を引き継ぐと同時に、一方では、「即自的階級から対自的階級へ」というように「階級」を「集合的主体」として「実体化」することは避け、「階級状況」を共有する諸個人の①（相互間に「主観的な意味」関係はない）「集群 Gruppe」から、②「無秩序・無定型のゲマインシャフト（社会）関係」（たとえば、自然発生的で相乗的な「ブーイング」や「叛乱」）と③非制定秩序はある「諒解関係」（たとえば、労働給付・能率の意図的「緩怠 Bremsen」「サボタージュ」）をへて、④制定秩序に準拠する「ゲゼルシャフト関係」（労働組合や階級政党）の結成とその「多年生」化、にいたる一尺度を設定し、（「逆行」もありうる）流動的相互移行関係として、「理解社会学」的に捉え返した。他方、「階級」概念だけでは捉えきれない、人間の集合行動‐社会的行為の多様性を、歴史的・具体的に説明しようとして、「身分Stand」の概念を対置し、「階級」分析を補完しようとした。ところが、SSMは、いきなり「上、中、下」という抽象的価値序列の「位階」概念を持ち込み、「階級」概念にとって代えようとしたのである。

このSSM企画に、北川は、学問上無意味かつ思想上有害として、はっきり反対した。当時、講座助手が主任教授の企画に、正面きって異論を唱え、反対を表明するのは、前代未聞のことで、たいへん勇気のいる決断だったにちがいない。

4　実存主義・マルクス主義・マックス・ヴェーバー――一九三五年生まれの思想模索

筆者はといえば、教養課程の学生のころ、「マルクス主義か実存主義か」という問題に直面し、どちらかといえば実存主義に共鳴していた。戦中の「縁故疎開」(「国民学校」の学級を単位とする「集団疎開」ではなく、個別家族ごとの分散移住)にともなう「同輩集団」や「近隣集団」からの疎隔-孤立-「故郷喪失」という「戦争体験」「戦争から派生した体験」(の一類型)が、敗戦後にも尾を引いたのかもしれない。また、論壇知識人の(典型的には「戦前左翼-戦中右翼-戦後にまた左翼」といった)鮮やかな変身が、「反面教師」となり、時代風潮に流されない「思想的首尾一貫性」へのこだわりを、それだけ強めていたようにも思える。「教科書に墨を塗る」という「戦後民主主義」の象徴儀礼にも、敗戦後転向の「過同調」が看取され、「これでは、時代風潮が変わればまた同じことが繰り返されかねない」という危惧と疑念が残り、当時流行の鑽仰には同調できなかった(「戦争体験」の諸類型と「戦後責任」の究明は、また別の課題に属する)。

とはいえ、マルクス主義も、敗戦後の生活難と精神的混迷から脱する、思想的に一貫した裏打ちのある選択肢として、重要と思われ、むしろ実存主義と架橋する方途はないか、と思案して、その媒介をアックス・ヴェーバーに求めた、ともいえる。

というのも、実存主義は、「現実存在」が「本質」に先立つ、という形式上の抽象的規定から、「実存的決断」の個別・一回性を強調して止まないが、決断の実質的規準となると、そのときどきの個人の「利害関心 Interesse」を優先させ、ともすれば「我利我利亡者」を正当化する傾きがあった。また、戦中、侵略戦争の「世界史的意味」を謳った「京都学派」からは、敗戦後の一時期、「実存主義」を解説して論壇に復帰する転向者が続出していた。

その点、筆者は、実存主義に学んで「個人の実存的決断」を重視するにしても、決断の規準も立て、そのときどきの個人的利害を排他的に主張する「利己主義」ではなく、なにか普遍的な「理念 Idee」を模索し、「理念」との「意味 Sinn」関係も明確に把持して生きたいと願った。他方、そういう「理念」を、自分一個の胸奥に留め置くのではなく、他者にも広く表明し、議論を重ね、「合意」も形成して、「下から」「自発的結社」を創り出し、簇生させて、究極的には社会全体に押しおよぼしていくことはできないか、それこそ「真の民主化」ではないか、とも考えた。

となると、青年マルクスが唱えて生涯維持した、人間の「自己疎外 Selbstentfremdung」の止揚という「理念」が、優れて人間的な「情念」と「理想」の表明として、対応を迫ってきた。すなわち、人間の制作品・労働生産物が、(「対象的・感性的自然存在」としての)人間の「対象化(外化)」態でありながら、「私的所有(排他的占取)」によって制作・生産当事者からは疎隔され、よそよそしい対象として敵対してくる諸関係を、生産諸手段の私的所有を排する階級闘争と革命によって廃絶し、「対象化」と「獲得(内化)」との「弁証法」的「螺旋」関係を生み出し、諸個人の相互豊饒化と全面発達を達成しようとする「共産主義 Kommuni(-kationi) smus」の理念である。

ただ、その純正な実現はたいへん難しく、敗戦後日本その他における「マルクス主義」的党派の集団的実践のように、(当該社会に根強い)「家父長制」の残滓を引きずりながら無理を犯せば、掲げる目標が「理想主義的」なだけに「正当化」「自己正当化」も激越な、それだけ非人間的な「随伴諸結果」をもたらしかねない、と危惧された。当時は「ハンガリー事件」(一九五六年)の直後とあって、「共産圏」(ソ連の支配下にある東欧諸国)の実情に批判的となるばかりか、「ロシア・マルクス主義」とは訣別して、マルクスの初心に立ち帰ろうとする気運が高まり、『経済学-哲学草稿』（一八四四）が注目を集めていた。筆者も、東京は本郷の大月書店を訪ね、倉庫から『マル・エン選集』（補巻四）を探し出してもらい、ランズフート編『初期論集』（Karl Marx, Die Frühschriften, hrsg. von S. Landshut, 1953, Stuttgart）に抄録された原文とも照合して、なんとか読解しようとつとめた記憶がある。しかし、「類的存在 Gattungswesen」というキー・コンセプトが難解で、なかなか「腑に落ちず」、悪戦苦闘した。そのうえ、「疎外論から物象化論への移行」となると、マルクスの言表と定義を権威として措定することなしに、その内的必然性を追思惟することができるのかどうか、疑念を払拭しきれなかった。

そこで筆者は、「疎外」の概念を、「人間のつくり出した社会諸形象が、当事者には疎遠な構造に凝固し、逆に人間を支配する倒錯」というふうに、一般化して捉え、たとえば『精神の凝結態』としての『官僚制』の屹立-『支配』といったヴェーバー的把握も含め、そうした広義の「疎外」諸形態にたいする批判の規準として採用することにした。他方、「疎外の止揚」を「歴史的必然」の到達点や「歴史的救済」の目標と決めてかかるのではなく（そうしたシェーマは、カール・レーヴィットの『歴史における意味 Meaning in History』［Chicago, 1949］により、キリスト教的終末論の世俗化形態として思想史的に暴露・論証され、相対化されていた）、筆者個人の微小な試行実践が漸進的に目指すべき「規範的目的」というふうに捉え返した。「初期の『ブルジョア・マルクス』への還元」と批判されはしたが。

さて、それでは、「疎外」論のそうした評価と捉え返しが、ヴェーバーを媒介に、実存主義とどう架橋されるのか。敗戦後の日本も巻き込まれ、「戦後復興」のためには当面そうするほかはないとも思われた「近代化 Modernisierung」とは、「合理化 Rationalisierung」（簡略にいえば、「理知 ratio」が、「呪術」の制約から脱して、「ものごとの処理」に適用され、「予測-計算可能性」、相応に「再現可能性」も高まる過程）が、当初の宗教領域に止まらず、すべての生活領域に転移されて普及し、貫徹されようとする事態、と考えてよかろう。それでは、当の「合理化」、それも「社会」領域（さしあたり個々の構成員全員の集合）の「合理化」とは、どういう事態か。

それはひとまず、個々人が「自然に」（ということはつまり、生得の遺伝形質と所与の環境との制約に全面的に服し、所定の生活軌道の枠内で）生涯をまっとうし、世代交替も同様に繰り返される事態とは異なり、さしあたりは特定の個人が、なんらかの企図のもとに「理知」をはたらかせて特定の「秩序を制定」し、これに準拠して他の諸個人の配置や処遇も決め、つまり「（社会的）組織」を設立し、そうした「組織」が簇生して、「社会」の全面を覆い尽くすかに見える事態といってよいであろう。「資本」の集積‐集中も、宗教領域の「合理化」が経済領域に「転移」して昂進する事態の一帰結として、相対化して位置づけられるが、これまた、経済領域に止まらず、「物的経営手段」一般の集積‐集中をともなう全社会的な「支配」の「合理化」つまり「官僚制化」に帰結し、進展する。

ところが、どんな「組織」でも（企業、労働組合、官庁、政党、大学ほか、なんであれ）、その成熟（「臨機的」結集の「多年生」化）につれて、組織の維持ないし拡大を自己目的とする「利害関心」が派生し、（「代表幹部」の「職業」的「特殊利害」を主導因とし、組織構成員「大衆」の「共通利害」にも支えられて）圧倒的に優勢となる。と同時に、そういう「集合的主体」の「一人歩き」にともない、「秩序」制定・「組織」創設のさいには基礎とされた当初の「理念」や「設置目的」が、それだけ疎んじられ、曖昧になり、減衰し、忘却されもする。そのようにして、さしあたりは諸「組織」の、やがては（全「組織」がそのように「合理化」され、「官僚制」的に編制される）「社会」全体の「没意味化」が、もたらされる。

いずれにせよ、「組織の合理化」が、必然的ないし同時並行的に「個人の合理化」をともなうわけではない。「組織」に属する個人は、「組織の合理化」にともない、むしろ圧倒的に、「没意味化」としての「非合理化」を被る。ちなみに、「個人の合理化」とは、ヴェーバーではそれ自体多義的な「形式」概念であったが、かれの問題設定と概念構成を引き継いだカール・マンハイムは、「個人が、自分の目的とその意味を自覚し、所与の状況における諸要因の相関関係をみずから洞察して理知的に行為する能力」というふうに限定して捉え返している。

筆者は、「個人の非合理化」を、なによりも「没意味化」として捉える。そうすると、なんらかの「組織」の内部に生きる個人は、「組織の合理化」につれて、「個人としての没意味化」の「流れに身を委ね」、「保身-出世第一主義」に陥って、「組織」の自己運動ないし自己拡張の「歯車」（伝導装置）に甘んずるか、それとも、そうした圧倒的趨勢を見据えながらも、当初の「理念」（大学であれば「真理探求」の使命）を想起し、その「普遍性」（大学そのものをも「真理探求」の対象に据えて、例外とはしない「普遍性」）に思いをいたし、「流れに抗する」実存的決断の規準として堅持し抜くか、どちらかを選ばなければならない。筆者は、後者に与し、そうした「理念」の首尾一貫した堅持という水脈は絶やさず、個人から個人へと引き継いでいきたい、と願ってきたし、いまもそう願っている。

さて、おおよそそういう方向で思索を進めていた筆者は、実存的決断とも思える北川のSSM協力拒否に、それだけ衝撃を受け、共感を覚えた。

社会学研究室メンバーの対応は、多種多様であった。たとえば、「『上中下』というような抽象的価値序列の位階構造は、たしかに否定されるべきものであるが、まさにそうであればこそ、その実態を『科学的に』究明し、把握しておかなければならない」と唱えて協力に転ずる人々はまだしも、「主任教授の『苦境』を『見るに見かね』て、一種の『義侠心』から協力する」という人も出てきた。

筆者自身はといえば、まだ研究者として自立せず、明快な態度表明は打ち出せなかった。しかし、自分も今後、大学人人生を歩んで同じような問題に直面し、岐路に立たされたら、妥協せず、厳しい道も選ばなければならない、と思った。「持説を曲げてでも上司に協力する」、「さしたる自説がないので上司に従う」、さらには「およそ学問研究は放棄して、管理業務に活路を見いだし、地位にへばりつく」というような「学者的立身出世主義 academic careerism」に浸されてはならない、と肝に銘じた。ちなみに、この academic careerism も、全社会的な「官僚制化」にともなってあらゆる生活領域に浸透する「官僚主義」的な生き方と価値観が、大学内にも波及して展開を遂げる一分肢と見られよう。

5　学恩の二焦点――難問「マルクスに翻案せよ」と、社会調査技法の「両義的」範示

学問内容のうえでは、北川からつねづね、「マックス・ヴェーバーを研究するのもよいが、かれの学説を、マルクスの用語に置き換えると、どうなるか、説明してくれたまえ。そうして初めて、社会科学として有意義な議論もできようから」と、いささか無理な質問を浴びせられて困惑した。しかし、お蔭で筆者は、ヴェーバーと同時並行的に、マルクスの読解もつづけ、双方を対比し、相互補完的に理解しようとつとめた。

とはいえ、筆者は、戦前の「講座派マルクス主義」の伝統を引き継ぎ、当時はカール・レーヴィットの影響下に支配的となった「マルクスとヴェーバー」論に、すんなりと荷担することはできなかった。というのも、そうした標語のもとで、(ちょうどその頃刊行されて話題となった大塚久雄の『共同体の基礎理論』〔一九五五、岩波書店〕のように)マルクスの(「資本制生産に先行する諸形態」に示された)理論的枠組みに、ヴェーバーの個別の論点(たとえば「ゲマインデ」論)を無造作に取り込む流儀が、当時なお優勢な「マルクス主義」ないし「マルクス論」の権威のもとにまかりとおっており、そうした「理論的」折衷の所産が、ヴェーバー研究としては多分に未消化のままではないか、という疑念を払拭しきれなかったからである。筆者はむしろ、マルクス以後の思想家ヴェーバーが、マルクスをどう摂取し、止揚しているのか、という側面にも、少なくとも同等に力点を置き、まずはヴェーバーへの内在-沈潜から始めて、マルクスとの相互補完的読解も進めたいと願った。というよりも、正直のところ、ヴェーバーの作品がこれまたたいへん尨大かつ難解で、立ち入れば分からないことだらけだったので、いきなり「ヴェーバーとマルクス」などと欲張らず、

むしろ当面は「ヴェーバー研究者」と自認・自己限定し、そう名乗り出もして、地道に読解を進めていきたいと願った。途上でマルクスから学んだ論点も、その旨明記して、論文の注には編入したが、「ヴェーバーとマルクス」(広くは「ヴェーバーと誰某」)論者を装い、「自分はたんなるヴェーバー研究者ではない」と(豪語しないまでも、なにほどか)仄めかし、併せて(当時はなお優勢な)「ブルジョア社会学」という非難から身をかわそうとする流儀は、「学者の尊大癖と臆病 academic arrogance and cowardice」の一種ではないか、とも感得されて、追随はできなかった。

ちなみに、筆者にも、『デュルケームとウェーバー――社会科学の方法』と題する著作がある(一九八一年、三一書房)。この点、簡単に釈明すると、筆者としてはこの本を、できれば『デュルケーム「自殺論」読解――社会科学の方法姿勢を会得するために』と題して上梓したいと願ったし、学問上厳密にはそうしなければならなかった。それにもかかわらず、(主たる理由は)出版社の要望を容れて『デュルケームとウェーバー』というタイトルに決めたのだが、そのさい二人を並べて「と」でつなぐこと自体に、理由がないわけではなかった。というのも、デュルケームは一八七〇〜七一年の「普仏戦争」、ヴェーバーは一九一四〜一八年の「第一次世界大戦」の敗北後、それぞれの戦後復興(社会-文化再建)を、(内容上は対照的ながら、ともに)「社会学」の構築をとおして、学生とともに担っていこうとする実践的意欲とスタンスを共有していた。したがって、双方とも、同時代の政治-社会的事件(「ドレフュス事件」や「第一次世界大戦」)に直面するや、「事柄に即した sachlich」発言と態度表明を厭わず、しかも、そうすることをとおして現在進行形で「学知」内容を是正-再編成していった(その点では、マルクスの「フランス三部作」にも比肩されよう)。デュルケームとヴェーバーは、そのように「政治と学問、運動と研究との統合」を目指すスタンスにかけては共通であった。そして、まさにこの面が、「第二次世界大戦」敗戦後の(筆者世代の)「戦後復興」への意欲と共振したのである。それゆえに、「デュルケームとヴェーバー」が、とりわけ大学の教養課程で、学生に、同時代の状況の問題にかかわる「事柄に即した」論証のスタンスを、自己形成・「教養」の核心として会得してもらう格好の媒体として、そういう「意味」に着目して、教材に採用され、読解され、対比され、敷衍された。ちなみに、「社会学」（というよりも「社会学することSoziologieren」）の意義を、そのように「教養」形成、したがって教養課程の教育実践と結びつけて捉えようとする見地は、「一九六二～六三年大管法闘争」への関与の一帰結として引き出され、自覚されてきたものである。その経緯については、後段6節で述べる。

その後、一九五九年のことと記憶するが、北川を団長とする静岡県吉原市の（少年非行を中心主題とする）社会調査には、一員として参加し、「専門的規律Disziplin」として「社会学的調査技法」を学んだ。現地を歩いて、住民から直接話を聴き、役場の台帳から集計したデータとも突き合わせて、情報を集積し、当該地域の社会関係－社会構造を再構成していく手順と技法には、大いに興味を覚え、重要なこととして修得につとめた。

他方、相手の話を巧みに誘い出し、相手がとり結んでいる社会諸関係も透視して、話の内容をそのつど、そうした社会的コンテクストのなかに位置づけながら、対話も円滑に進めていく北川の技量（そのせいで、後々の朝駆け電話も、つい長話となるのだったが）には舌を巻き、「細部にこだわって対話に難渋する自分は、この方面に向いていないのではないか」と、尻込みし、敬遠することにもなった。新潟県の木崎村で、集落の重立ちと対話しながら同時に理論構成も進める福武直の「社会学的想像力」にも、同じように「両義的」ともいえる影響を受けた。

しかし、そうした現地調査の経験が、「一九六八～六九年東大紛争」のさいには、大学現場における学生からの聴き取り調査に役立ったし、後に社会学の一教員となって卒論や修論の調査報告を審査する立場に置かれたときにも、論文内容の判読と評価の素地とはなり、やはり不可欠の修練だったと再認識している。

筆者はその後、ヴェーバーの「実存と学問」にかんする文献研究に没頭し、一ヴェーバー研究者としての職分と責任を果たそうとつとめてきた。しかし、すぐ近くに調査実証に専念している研究仲間がいて、筆者のささやかな研究成果も、（それまでは社会学者も、たとえば大塚久雄・川島武宜・丸山眞男ら他領域の理論家・思想家に多分に依存してきた、テーマ設定の「価値関係」にかんする思想的根拠付けも含めて）実証研究にこそ、役立てられ、活かされるように、と心がけた。北川、福武による「間接的にせよ、経験科学の研究仲間と協力していくように」との訓戒は、片時も忘れず、「哲学的衒学癖」に耽らず、具体的事実の例示と厳密な論理による平明な叙述を目指して、努力してきたつもりではある。

6　「政治の季節」と「学問の季節」との「螺旋」に向けて――「六〇年安保闘争」から

さて、一九五八年には、北川は法政大学に転出し、筆者は大学院に進学した。しかし、「一九六〇年安保闘争」の時期には、法政大学「一九五三年館」にある北川研究室に詰めて、「民主主義を守る学者・研究者の会」（通称「民学研」）の事務を手伝い、修士論文の執筆‐提出も一年先に延ばした。

そのように、政治‐社会運動の渦中で、北川の謦咳に接しながら、「将来、一市民としていかに生きるか」「一学徒として政治‐社会運動にどうかかわるか」という当時は切実な問題をめぐり、気の合った仲間と侃々諤々やり合ったのは、貴重な体験だった。

議論の一般的結論としては、こういう「政治の季節」に（当時、戦中派の「戦争体験」という感性的動因にやや過度に依存して、「日米安保条約反対」「議会制民主主義擁護」という旗印のもとに）昂揚した「生 Leben」と「情念 Pathos」を、街頭行動の「潮が引く」とともに「雲散霧消」させて、日常性の「形式 Form」に舞い戻るのではなく、むしろつぎの「学問の季節」に送り込み、ふたつの季節の「単純な反復‐循環」でなく、「螺旋状の発展」（ドイツ思想の伝統に棹さしてゲオルク・ジンメルのいう「生と形式の弁証法」的関係）を創り出していきたい、そのためには、政治的昂揚のつど、従来の「殻 Gehäuse」を割って出ようとする「生」と「情念」の内実を、渦中で確かめ、思想的に定着させていかなければならず、それこそ学問の責務ではないか、と考えた。

7　政治運動と学問研究との狭間で――「六二～六三年大管法闘争」から

折しも数年後、「六〇年安保闘争」の昂揚に危機感を抱いた池田勇人内閣は、「所得倍増計画」を発表して「大衆」を慰撫するとともに、「大学が『革命戦士』の養成に利用されている」と唱え、「大学管理法」の制定に乗り出してきた。筆者も「すわ」とばかり、元島邦夫・見田宗介・石川晃弘ら、院生仲間とともに、「大管法」案を「わがこと」と受け止め、同時に研究対象ともして、「政治と学問、運動と研究との統合」を模索し、議論を重ねた。

まず、基本方針として、この機会を、「身に降りかかってきた火の粉を払いのける」だけの政治的防御に終わらせてはならず、むしろ積極的に、各人が将来、研究者・教員として活かせる「生き方 Lebensführung」ないし「エートス Ethos（倫理的生活原則）」を身につけ、理論武装もととのえ、自分たちの学問論・大学論を確立し、（「民学研」を引き継ぎ、止揚する）研究者運動への展望も開く、そういう「絶好のチャンス」として「逆利用」しようではないか、と申し合わせた。そこで、研究室の一角にライブラリーを設け、「大管法」関連の資料だけでなく、マルクス主義や左翼の文献ばかりでもなく、ドイツ観念論からマックス・ヴェーバーをへてカール・ヤスパースにいたる学問論と大学論、オルテガ・イ・ガセの技術論と大衆人論（とくに、専門科学者は「大衆人」の一類型で「知識人」ではない、とする説）、カール・マンハイムの知識人論とイデオロギー論（知識社会学）など、広く関連文献を集めて、読み合い、議論した。

もとより、当面の問題についても、文部省ほか、さまざまな関連団体から出されていた「大管法」諸案について比較対照表をつくり、①学長その他の教員人事にかんする文相拒否権の実質化、②学長への権限・権力の集中（評議会や教授会の諮問機関化）、③正教授のみの教授会構成（若い助教授、講師の排除）、④学生の（学外も含む）「秩序違反」にたいする学内処分の厳正‐強化、⑤大学構内への警察力導入にたいする抵抗感の排除、⑥「一般教官」と「一般学生」との（一朝有事のさいには、前者が管理機構の末端として機能し、後者を首尾よく「統合」できるように、平常時からそなえておく）日常的コミュニケーションの緊密化、といった問題点を突き止め、国家権力による全社会的「官僚制」的統制強化の一環として捉え返した。そのうえで、そうした論証と結論をパンフレットにしたため、各方面に資料として提供した。当時、専修大学の芥川集一が呼びかけた「大管法」問題の研究・討論集会にも、北川の紹介で出向いた記憶がある。

それと同時に、「大管法」にたいする学内の各部局やさまざまな運動体の対応を見渡し、比較‐検討するなかで、『学問の自由』と『大学の自治』を『守れ』」という従来のスローガンに、疑念が目覚め、運動目標の再設定を迫られた。その機縁のひとつは、当時の東大法学部長が、「大管法」に反対は反対でも、その理由として、「大学の講座とは、家族のようなもので、家風に合わない余所者が、外部から無理やり押し込まれたのでは、やっていけない」という趣旨の発言をした事実にある。わたしたちには、法学部長発言のこの内容自体、もとより大いに問題で、そういうことでは、「対内緊密と対外排斥の同時性」（ジンメル）法則がはたらき、「大管法」反対運動が、かえって問題の講座制を補強する「逆機能」を果たしかねない、と危惧された。

しかし、いっそう重大な問題は、同じ法学部に在籍する『日本社会の家族的構成』や『現代政治の思想と行動』の著者が、そういう学部長発言に異議を唱えず、沈黙している事態であった。これは、（「ものいえば唇寒し」という精神風土に根差す）学知と実践との乖離を「問わず語りに語り出している」象徴的事例として、じつはいっそう深刻な問題ではないか、と受け止められたのである。

いまひとつ、わたしたちは、資料を提供して議論を呼びかけたうえで、自分たちの属する社会学研究室を皮切りに、各研究室単位で連署の「大管法」反対声明を発表していこうと企てた。当時はなお「学外権力の介入から『学問の自由』

『大学自治』を守れ」というスローガンが効力を保っていたので、署名は順調に、院生・助手・講師・助教授・教授と進んだ。ところが、主任教授のところで、暗礁に乗り上げた。「六〇年安保闘争」時には、東大文学部の教員有志も、「（樺美智子さん）虐殺抗議」の横断幕を掲げて、本郷キャンパスから国会議事堂の南門までデモ行進したものであったが、その一行には加わっていた主任教授に、「そういうふうに『下から』署名を集めてきて、わたしひとりが署名しないとなると、世間に『あ、本郷の社会学科、割れてるな』と見られる。逆に、わたしが最初に署名すると、他の先生方も同じことを考えて、署名せざるをえなくなる。いずれにせよ『内面的な拘束力』がはたらくから、そういう連署の声明はよくない」といって断られた。「問題は、『世間がどう見るか』ではなく、『先生ご自身が、個人として、どうお考えになるか』です」と、喉元まで出かかったが、「内面的な拘束力」という言葉に捕らわれて、一瞬たじろいだ。不覚にも、このときは、主任教授抜きの共同声明は、出せずじまいに終わった。

この一件は、①大学の講座が、「家父長制」的権威主義と「家族主義」的「融和」精神の残滓に、いまなお根強く支配され、これが（全社会的な「官僚制化」の大勢と癒着して）自由な発言を内面から抑止し、理性的な討論とそれにもとづく合意を妨げている実態を、卑近な客観的事実としてわたしたちに突き付けた。しかし、それればかりではなく、②そういう弊害を、理論上はよく心得、つねづね反対を表明していながら、いざ自分の現場の問題となって卑近な利害が絡んでくると、他愛なくたじろぎ、反論も拒否もできない、自分個人の脆弱さをいやおうなく思い知らされた。「実存主義」も形無しであった。ただ、この場合にも、今後、一大学人として生き、再度、同じような状況に直面したら、そのときには「ひるまずに初志を貫こう」と思いなおした。

そうした経緯もあって、わたしたちの議論はいきおい、「学問の自由」と「大学の自治」とは、なにか既成の大学内に「ある」と仮定された「自由」と「自治」を、外部権力（政府・文部省）の介入から「守る」ことではなく、少なくともそれだけではなく、むしろ大学内部の制度と人間関係、ならびにそこで不断に培われる精神を、現場で問題とし、（戦後日本の社会学も問い残してきた）大学そのものも、研究対象に据え、問題を切開しながら自己変革を遂げていくこと、そうした批判‐自己批判活動のなかから、明朗闊達な議論をとおして「合意を形成」し、「自発的結社」を創設し、首尾よく運営していくことにある、という方向に導かれ、「理念」と運動目標の意味転換を迫られた。大状況の問題も、さしあたりは大学現場で、そういう「自由」と「自治」を達成し、そこから漸進的な拡充を企て、前近代的な「家父長制」や「経営家族主義」の残滓と癒着しながら進行している、全社会的な「官僚制化」に対抗していくには、どうすればよいか、というふうに設定しなおされた。

そのさいとりわけ、わたしたちの専攻領域である「社会学」については、そのあり方と今後の担い方をめぐって、熟考が凝らされ、議論が闘わされた。「社会学」は、学知の一部門とはいえ、専門分化の現状を「自明の前提」として出発し、学知かぎりの「業績」によって自己完結するようであってはなるまい。学知の域を越えて、社会批判に乗り出すとしても、それが「無風の安全地帯に身を置いた、気楽な他者批判の事後評論」であっては、虚しい。

ヴェーバーやマンハイムの所論に関連づけて敷衍すれば、大学「組織」への所属にともなう卑近な「保身‐立身出世主義」の観念的・物質的「利害関心」からは脱却し、「組織の一員である」ことにともなう思考の「存在被拘束性 Seinsgebundenheit」も極力制御して、「流れに抗し」「リスクを冒して」も、現場の問題にかかわる理非曲直をこそ、一方では「組織」の「理念」（本来の「設置目的」）に照らし、他方では「事柄に即して」、現在進行形で、「価値自由 wertfrei」に、解き明かしていかなければならない。それこそ、（ヴェーバーを「現代に生きる哲学的実存の化身」と見て、「哲学 Philosophie」に「哲学すること Philosophieren」を対置した）カール・ヤスパースの顰みに倣っていえば、「社会学すること Soziologieren」ではないか。「実存主義者」としても、いうなれば「実存主義社会派」として、各個人の「社会学的アンガージュマン」を起点に、日本社会の「根底からの民主化 Demokratisierung vom Grund aus」に向けて、なにほどか寄与していくことはできないものか。

わたしたちの思考は、そのように、大学現場から出発して「社会学」を「社会学すること」として捉え返し、日本社会の「根底からの民主化」を展望しながら、一大学人として今後いかに生きるか、という問題に立ち帰り、そこで、大学内における「社会学」の教育上―実践上の意義を問うこととなった。とりわけ大学の教養課程で、受験勉強から解放された学生が、「社会学すること」のスタンスを、自己形成（教養）の核心として会得し、いかなる専門課程に進学し、卒業後どんな社会領域に乗り出していくとしても、その姿勢を堅持して、それぞれの状況の問題に対処していってくれれば、なにほどか、日本社会の「現場からの民主化」しかも「根底からの民主化」に、寄与できるのではないか。とすると、大学の教養課程における「社会学」の講義や演習は、そうしたスタンスの会得を促す、理科生にも開かれ、制度的に保障された、唯一の機会として、重要な位置価を帯びてくる。

というのも、当時は、「近代主義」と「社会主義」とが、ある特有の緊張を孕みながらも、ともに「プラス価値」として信奉されていた。前者は、個々人の「近代市民」的自己形成によって、「前近代」の残滓と「官僚制化」との癒着を克服し、「近代市民社会」としての「民主化」を達成しようとする思想と運動、後者は、そうした「民主化」運動の拡大を前提として、とりわけ「労働者」層の「階級」形成と「革新-革命」政党の指導により、「民主化」運動を「社会主義」に向けて「領導」「総括」しようとする思想と運動、とも要約できよう。当時は、選挙ごとに「革新」票が漸増し、やがて「保守」票を上回って、政権も掌握できようと期待されていた。

理科生への「教養」教育をとくに重視するのには、理由があった。すなわち、資本制「生産関係」のもとで未曾有に発展した「生産諸力」を制御――労災・公害［・いまでは放射能禍］を防除し、労働の細分化による「疎外」を克服し、「生態系」の許容限界内に制御――して「社会主義」の土台とするには、ヴェーバーのいう「中間層問題」を解決しなければならない。それには、責任をもって「配置を決める労働 disponierende Arbeit」を担いながら、「決められた配置に準拠する労働 an Distpositionen orienterte Arbeit」に従事する現場労働者の信頼を勝ちえ、連帯して「階級」形成を進めていけるような科学-技術者を、現在の理科生のなかから、育成していかなければならない。わたしたち院生の議論は、当面の問題にかかわる実践をともないながら、将来の生活設計・職種選定から、社会体制の選択にまで射程を広げ、当初には思いがけなかったところにおよび、少なくとも上記のような「情念」と「理念」に実を結んだ。

ところが、「大管法闘争」そのものは、政府が法案の国会上程を手控えることによって、表面上は終息した。しかしそれは、池田首相と「個人的に親しい」学会の三長老(中山伊知郎・東畑精一・有沢広巳)が、「『大管法』の法制化によって『上から押さえつける』ようなやり方では、『一般教官』の反発を招いて逆効果になる。むしろ大学が『自主的に』対処するように仕向けるから、任せてほしい」と「とりなし」に入り、政府が「振り上げた拳は引っ込めた」だけのことである。大学にたいする権力統制強化の意図まで捨てたわけではない。

むしろ、「大管法案反対」には唱和して、それなりに気勢を上げた全国の大学教員が、法制化の見合せを「闘争勝利」と「総括」し、「オールを休めて」安堵してしまうと、三長老の「とりなし」が「ものをいい」始めた。硬軟とりまぜた、いっそう巧妙な統制強化の構想が、反対運動の「潮が引く」につれ、政治日程には上らずに形を整えた。大学管理機関が政府の意向を「自主的に」「先取り」「代行」し、対抗軸を「政府対大学」から「大学内部」に「転移」させて、「一般教員」の「首を真綿で絞めつける」「国大協・自主規制路線」である。

「一九六八〜六九年東大紛争」も、医文両学部の学生処分を発端とし、その当否を争点として拡大したが、処分の直接の契機は、ほぼ同時に(一九六七年秋〜六八年春)、ふたつの学部で、それも学生運動がらみで発生した、教員-学生間の「摩擦」事件にあった。そのさい東大当局は、(当時の「教育的処分」制度のもとでも不可欠の要件とされていた)本人からの事情聴取を省き(医)、あるいは一方的な陳謝請求で代替して(文)、事実関係の確認を怠り、事実誤認にもとづく冤罪処分をくだした。

ところが、問題はむしろ、事後の対応にあった。東大当局と圧倒的多数の東大教員は、誤りを指摘され、理非曲直を明らかにされても、「不都合な事実を直視する勇気としての『知的誠実』」を欠き、非を率直に認め、改めようとはせず、むしろ相手方に責任を転嫁し、自己正当化して止まなかった。その点にかけて、東大の社会科学は総崩れであった。そのため、ある意味では些細な「摩擦」をめぐる対立が、深刻化–長期化し、一年余におよんでも、いうところの「理性の府」に相応しい学内解決ができず、再度警察機動隊に頼る政治決着に雪崩込んだのである。「厳正な」学生処分といい、「抵抗感を捨てた」機動隊導入–再導入といい、「国大協・自主規制路線」を「地で行く」学内措置にほかならなかった。

8　「ヴェーバー生誕一〇〇年記念シンポジウム」と「戦後近代主義」の限界

「大管法闘争」直後の一九六四年、筆者はいったん「学問の季節」に戻り、北川から数えて四代後の助手として、東大経済学会・東大社会学会共催「マックス・ヴェーバー生誕一〇〇年記念シンポジウム」の事務方と一報告をつとめた。このシンポジウムでも、筆者は、東大社会学会、少なくともそのヴェーバー研究の凋落傾向を確認するとともに、「戦後社会学」が理論的・思想的に依拠してきた「戦後近代主義」者（大塚久雄・川島武宜・丸山眞男ら）も、「大管法闘争」の経験を踏まえて見ると、やはりどこか「学知主義」に囚われていて、「これでは、かれらの説く『近代化』も『民主化』も、大学現場は問い残し、地に着くまい」と思われた。

小　括

そのように、北川からは、一九五六年から六〇年代の中頃まで、学生また院生として、じつに大切なことを学んだ。それは、①大学における教育の重視と②研究室運営の民主化、③「保身–出世第一主義」の「流れに抗する」批判のスタンスと実存的決断、④ヴェーバーとマルクスとの対比と相互補完的読解、⑤現地調査を「社会学的アンガージュマン」として捉える「運動と学問との弁証法的統合」、⑥その方向における「学問の自由」「大学の自治」の意味転換、⑦「近代化」を踏まえて「社会主義化」を展望するさいの、大学教養課程、とくに理科生の社会学的教養形成の意義づけ、というふうに要約できよう。その後は、北川の直接の指導からは離れることになるが、じつは「一九六八〜六九年東大紛争」も、筆者には「六〇年安保闘争」「六二〜六三年大管法闘争」の延長線上にあり、一学究としての自立が試される正念場であった。

では、「どういう意味でそうなのか」「一九六八年六月一七日の第一次機動隊導入から、翌一九六九年一月一八〜一九日の再導入にかけて、東大構内で何が起き、何が問われたのか」「その渦中で、筆者が何を考え、どう対応したのか」「そうした対応と去就が、北川の教えと、どこで、どう関連しているのか」——そうした諸点について、北川に直接、詳しく報告して、批判を仰ぎたいとは、筆者のかねてからの願いであった。しかし、それが叶わぬ夢となったいま、多岐にわたる諸事実を縷々述べ立てるのは、追悼文としてあまりにも平衡を失し、「我田引水」との誹りも免れまい。そこで、詳細はすべて別稿に譲り、ここでは要点のみ、下記一〜四のとおり略記する。

9　「東大紛争」——その政治-社会的背景と直接の争点、当局と教員の対応

「一九六八〜六九年東大紛争」にはもとより、フランスの植民地支配に代わるアメリカ合衆国のベトナム侵略戦争、アメリカに従属する日本の（「朝鮮特需」につづく「ベトナム特需」を利しての）「基地国家」的「経済成長」とそれにともなう「官僚制」的全社会再編、これに反対する諸勢力にたいする権力統制の強化など、一連の政治-社会的背景があっ

た。そのうちでも、大学とくに学生運動にたいする管理-統制の強化は、「六二～六三年大管法」案でも、既述のとおり、④学生の（学外も含む）「秩序違反」にたいする学内処分の厳正化、⑤大学構内への警察力導入にたいする抵抗感の排除、⑥日常的コミュニケーションによる「一般教官」の管理・統合機能の強化、という三項目に集約-特筆され、「国大協・自主規制路線」として整備されつつあった。「東大紛争」の直接の争点も、医文二学部内で起きた教官-学生間の「摩擦」を契機とする学生処分にあった。

一．そこで筆者は、問題の「摩擦」を、学内の二現場における関係教官と被処分学生との具体的な「行為連関」に見立て、当局側の情報と学生側のそれとを、甲説と乙説として「価値自由に」（先入観を排して公正に）比較照合し、双方の「行為の動機」にも遡及して、いうなれば「理解社会学」的に「解明」していった。その結果、思いがけず、医文教授会による事実誤認、したがって冤罪処分に行き当たった。肝要なこの事実誤認については、別のところ――たとえば『東京大学――近代知性の病像』（一九七三年、三一書房、八二～一五四頁）、『東大闘争と原発事故――廃墟からの問い』（二〇一三年、緑風出版、三二～四七頁）――で、証拠を示して具体的に論証している。

二．筆者は、一九六八年夏から、そうした論証内容と結論を、「大管法」問題に対処したときと同じように、パンフレットにしたため、当初その発表は学内に限定して、教員に議論を呼びかけ、当局に理性的な対応を求めた。ところが、当局と（丸山眞男を含む）圧倒的多数の東大教員は、学生の問いかけを「人間として対等に」受け止めようとしなかったばかりか、筆者の訴えにもほとんど耳を貸さなかった（ちなみに、しばしば丸山を引き合いに出すのは、「極悪人」としてことさら槍玉に挙げようというのではなく、まったく逆に、「戦後近代主義のもっとも優れたオピニオン・リーダーであった丸山でさえ、現場問題への対応においては不誠実・無責任であったとすれば、ましてや、その他大勢においてをや」という論法で、網羅的な検証の手間をひとまずは有意味に省けるからである）。なるほど、東大教員は、それぞれの専門領域における学知の平面で、甲説と乙説との対立に直面すれば、双方の情報を洗いなおし、双方の主張内容を比較対照し、どちらに理があるか、根拠を挙げて論定するであろう。少なくとも、そうすることが、科学の建前である、とは認めるであろう。ところが、この医文処分という現場の問題については、医文教授会↓学長・学部長会議・評議会↓各学部教授会への学部長報告という（教員一般にも「議事録」が公開されない）密室の一方的ルートを伝って降りてくる情報を、ほとんど鵜呑みにし、少なくとも現場の学生から直接の聴き取り調査を実施しようとはせず、むしろ初めから「当局側が正しい」と決めてかかった。具体的な争点をめぐる理性的な議論によって理非曲直を明らかにし、そのうえで公正に対処しようとはしなかった。それはなにも「難しいこと」ではなく、「科学者として、人間として、ごくあたりまえのこと」であるが、いざ自分の所属する「組織」の現場問題となると、「組織」防衛を自己目的とする卑近な観念的・物質的利害に縛られ、「教員である」という「存在被拘束性」の「殻」に閉じ籠もり、「学生に人間として対等に付き合うこと」も「科学者としての『価値自由』な真相究明」も、ともに怠ったのである。そのように、理非曲直の科学的究明よりも、既成秩序の維持を自己目的とする政治的利害を優先させ、事実誤認による冤罪処分という（「理性の府」としては）致命的な誤りを是正せず、温存したまま、機動隊の再導入による政治決着に走ったのである。

三．となると、そういう政治決着を、直後の授業再開によって追認するわけにはいかない。筆者は、当局を再度「議論の場」（人事院の公開口頭審理）に引き出す「捨て身の非暴力・不服従闘争」として、授業再開を拒否し、それまでは学内に限定してきた発言内容をマス・コミにも発表して、「造反教官」と見なされるようになった。筆者としては、かりに筆者が論破され、自分の論証が誤りと分かり、納得がいけば、いつでも職を辞し、学究としての経歴を捨てるか、別途再起をはかるか、どちらかを選ぼうと決意していた。しかし、そうでないかぎりは、自説を曲げずに主張し抜こうと思った。

四．筆者はこの決断を、「学問の神」と「政治の神」とに共に仕えることはできない「極限状況」でくだした。ただ、そのさいにも、どういう規範的原則に従うべきか、には苦慮し、ヴェーバーの「責任倫理」論について、「学者の責任倫理」と「政治家の責任倫理」とを区別し、前者に依拠した。「学者の責任倫理」とは、あくまで「真理価値」を「心意Gesinnung［心情、信条］」の核心に据えて、第一次的にその実現-貫徹を目指しながら、第二次的には、そういう価値-目的追求がもたらす状況（とはいえ、真っ先に、「真理探求の府」としての大学の状況）への「随伴諸結果Nebenerfolge」も慎重に考慮すべし、との要請と解されよう。平時の日常においては、この第一次的と第二次的との優先順位が逆転したり、原則論と状況論とが曖昧に混同され、「責任倫理」一般として「両立が可能」であるかのように感得されたり、しがちである。しかし、東大当局が理非を捨てて権力に縋った、一九六九年機動隊再導入直後の状況では、そういうわけにはいかなかった。

ちなみに、マックス・ヴェーバーも、最晩年（一九二〇年）、ドイツ民主党から離脱して職業政治家への退路を断ち、政治-学問間の長年の動揺に終止符を打って、ミュンヘン大学教員として学問の「使命Beruf」に徹し、学生とともに敗戦後の復興に専念しようと決意したとき、つぎのように語った、と伝えられている。「政治家は妥協を行うべきですし、また行わなければなりません。しかし私は職業上学者であります。……学者はいかなる妥協も行うべきではないし、『無意味なこと』を擁護すべきでもありません。そういうことはきっぱりと拒否します」（ドイツ民主党党首カール・ペーターゼン宛て一九二〇年四月一四日付け私信。ヴォルフガンク・J・モムゼン、安世舟他訳『マックス・ウェーバーとドイツ政治一八九〇～一九二〇』II［一九九四年、未来社］五九四～九五頁より孫引き）。

10　結びに代えて

さて、筆者が上記一～四の趣旨で、状況への投企を重ねたのは、もっぱら筆者一個人の責任で、北川にも、誰にも、責任を転嫁するつもりはない。

ただ、北川は、その後長い間、その教えと筆者の状況内投企との関連を、大局的には察知し、筆者の原則は評価、あるいはさらに、支持してくれていたのではないかと思う。というのも、ずっと後のことになるが、筆者が一九九六年、東大教養学部を停年退職する直前、北川から突然、電話がかかってきた。筆者自身は、原則に固執して協調性に乏しいこの厄介者を雇ってくれる大学はよもやあるまいと、再就職は断念して生活設計を立てていたのだが、北川に会うと、名古屋大学文学部への推挙という文字通り有り難い話だった。そして、名大文学部は、満票をもって筆者を受け入れてくれた。お蔭で筆者は、その後も研究-教育環境に恵まれ、仕事を円滑につづけることができた。

北川はまた、かつて助手として研究室運営の民主化に尽力したうえ、日本社会学会の民主化にも貢献し、庶務理事を出発点として理事を四期、制限いっぱい務められた。ところが、筆者は、「東大紛争」の数年後、学会機関誌『社会学評論』が「大学問題」特集を組もうとして筆者にも寄稿を求めてきたとき、その企画が「安全地帯に身を置く、気楽な他者批判の事後評論」の域を出ず、「当事者性の自覚に欠ける」という印象に苛立って、寄稿を拒否した。いまでは、狷介固陋にすぎたと反省しているが、それ以後、日本社会学会とはいつしか疎遠になり、その面で北川の仕事の一端を引き継ぐことは、まったくできなかった。その後、名古屋大学に再就職して、院生の研究指導と就職支援の必要が生じると、これまた北川の仲介で、長年の空白も咎められず、学会に復帰することができた。

心から、北川先生のご冥福を祈る。

本書への転載にあたって

本稿はもと、北川の逝去を悼み、筆者との関係を、敗戦後日本の一時期における思想継承の一端として捉え、「戦後精神史の一水脈――北川隆吉先生追悼」と題して、二〇一四年一〇月、筆者のホーム・ページに発表したものである。当時には、追悼文集ないし記念論集の出版計画はなかった。筆者は、北川の教えを受けた一個人として、その恩義に感謝しつつ、「来し方」を振り返り、「戦後精神史の一水脈」として捉え、これを後続世代にも繋げようと、そのかぎりで書き綴ったにすぎない。

ところが、その後、二〇一五年五月、本書「はしがき」に記されているとおり、出版計画が持ち上がった。筆者ももとより、出版自体に反対する理由はなく、本稿転載の要請にもよろこんで応じた。しかし、その後、「追悼論集」というよりもむしろ「北川の業績を、戦後日本社会学の今後の発展に活かす『記念論集』を編む」という方針が出され、この方向で、研究会が持たれ、編者の良心的かつ精力的な努力も重ねられた。その趣旨と抱負は、本書の「序文」に詳しい。

ただ、筆者は、残念ながら、その意味における「記念論集」への移行と「序文」の趣旨に、全面的には賛同できない。というのは、こうである。

まず、筆者は、福武直・日高六郎の系譜を引く「戦後日本社会学」を継承し、その発展や「海外発信」を期する、という問題関心は、共有していない。むしろ、「社会学」という一専門学科の枠に囚われず、北川を、戦後精神史総体(とりわけ「マルクス主義か実存主義か」という往時の思想問題の焦点)のなかで、「マルクス主義社会学者」という通念には反して、その実存的決断の一点を、前景に取り出し、その意義を、筆者自身の実存的継承関係において捉え返している。翻っては、「一九六八～六九年学園闘争」に直面した「戦後日本社会学」、というよりも(丸山眞男以下の)社会科学者の総崩れに照射を当てている。

若き日の北川は、アメリカ財団の資金を導入して全国的なSSM調査を実施しようとした東大文学部社会学科主任教授の企図に、講座助手ながら、現場で、思想的・学問的に異を唱え、正面から立ち向かった。これは、「安全地帯に身を置いて初めて発動する気楽な他者批判―事後評論」の類ではない。自分の現場の抜き差しならない状況で、自分の将来を賭け、「大学官僚制の梯子に縋る立身出世主義」を振り切る、重い決断だったにちがいない。

その北川の事跡を「総崩れ」の実態究明と反省に活かせず、「自己正当化」に耽っているようでは、戦後日本社会学の発展も、筆者には期待できない。敗戦を「終戦」と言いくるめ、「不都合な事実」の直視と戦争責任の追及は避け、「前のめり」に先を急いだ「敗戦直後」とまったく同様、学生からの問題提起を機動隊再導入によって圧殺し、旧秩序を復活させて生き延びた大学の社会学者・社会科学者に、そういう大学と己の姿にたいする自己批判はあるのか。いまからでも遅くはない。「不都合な事実」を直視し、権威と既成事実に抗するスタンスを、北川から学ぶべきである。

［二〇一四年九月四日記、同一〇月三一日、改稿。二〇一六年三月一一日、「本書への転載にあたって」執筆、三月二五日、同改訂］

執筆者および主要著作一覧（執筆順、○印編著者）

○庄司　興吉　東京大学名誉教授（奥付参照）
主要著作：『主権者の社会認識：自分自身と向き合う』（東信堂、二〇一六年）、『地球社会と市民連携：激成期の国際社会学へ』（有斐閣、一九九九年）、『社会変動と変革主体』（東京大学出版会、一九八〇年）。

副田　義也　筑波大学名誉教授
主要著作：『内務省の社会史』（東京大学出版会、二〇〇五年）、『あしなが運動と玉井義臣』（岩波書店、二〇〇三年）、『日本文化試論』（新曜社、一九九三年）。

矢澤修次郎　一橋大学名誉教授・成城大学名誉教授
主要著作：Seung Kuk Kim, Peilin Li and Shujiro Yazawa, eds. *A Quest For East Asian Sociologies*, Seoul National University Press, 2014. Michael Kuhn and Shujiro Yazawa, eds. *Theories About and Strategies Against Hegemonic Social Sciences: Beyond the Social Sciences*, Ibidem, 2015.『現代アメリカ社会学史研究』（東京大学大出版会、一九八四年）。

蓮見　音彦　東京学芸大学名誉教授・和洋女子大学名誉教授
主要著作：『現代日本の地域格差』（二〇一六年、東信堂）、『講座社会学3　村落と地域』（編著、東京大学出版会、二〇〇七年）、『苦悩する農村』（有信堂高文社、一九九〇年）。

北島　滋　旭川大学短期大学部教授・宇都宮大学名誉教授
主要著作：『中小企業研究入門―産業・労働社会学的アプローチ』（共編著、文化書房博文社、二〇一〇年）、『高田保馬』（東信堂、二〇〇二年）、『開発と地域変動』（東信堂、一九九八年）。

鎌田　彰仁　茨城大学名誉教授
主要著作：「中小企業の創業と雇用問題」『日本労働研究雑誌』（一九九五年八月）、「技術革新と経営：中小企業の構造と変化」北川隆吉監修『新版社会学：現代日本社会の研究（上）』（文化書房博文社、一九九五年）、「小零細企業と家族経営」『調査月報』（一九八五年五月）。

丹辺　宣彦　名古屋大学教授
主要著作：『豊田とトヨタ―産業グローバル化先進地域の現在』（共編著、二〇一四年、東信堂）、『社会階層と集団形成の変容―集合行為と「物象化」のメカニズム』（東信堂、二〇〇六年）。

佐藤　守弘　筑波大学名誉教授
主要著作：『産業社会学』（共編著、一九八七年、アカデミア出版会）、『現代社会学辞典』（共編著、有信堂高文社、一九八四年）。

高橋　明善　東京農工大学名誉教授
主要著作：「村落の公共性と村落研究史」日本村落研究学会企画、庄司俊作編『市町村合併と村の再編』［年報村落社会研究五〇］（二〇一四年）、「過疎化・都市化による農村部落の解体と再編」共著『東京農工大学一般教育部紀要』三一巻（一九九五年）、『農村社会の変貌と農民意識』（共編著、東京大学出版会、一九九二年）。

柴田　弘捷　専修大学名誉教授
主要著作：「現代日本の階級・階層・格差問題」『専修大学社会科学研究所月報』五一七号（二〇〇六年七月）、「労働者管理の新展開」大西勝明・二瓶敏編『日本の産業構造』（青木書店、一九九九年）、『デュアル・イノベーション―電機のレクチャー［LECTURE ME の時代］』（中央法規出版、一九八六年）。

宮島　喬　お茶の水女子大学名誉教授
主要著作：『多文化であることとは』（岩波書店、二〇一四年）、『社会学原論』（岩波書店、二〇一二年）、『文化的再生産の社会学』（藤原書店、一九九四年）。

古城　利明　中央大学名誉教授
主要著作：『「帝国」と自治』（中央大学出版部、二〇一一年）、『リージョンの時代と島の自治―バルト海オーランド島と東シナ海沖縄島の比較研究』（編、中央大学出版部、二〇〇六年）、『地方政治の社会学』（東京大学出版会、一九七七年）。

折原　浩　東京大学名誉教授
主要著作：『日独ヴェーバー論争』（未來社、二〇一三年）、『デュルケームとウェーバー―社会科学の方法』上下（三一書房、一九八一年）、『東京大学―近代知性の病像』（三一書房、一九七三年）。

編著者紹介

庄司　興吉（しょうじ　こうきち）

東京大学名誉教授　博士（社会学）。

東京大学文学部社会学専修課程卒業、同大学院社会学研究科博士課程単位取得退学。

法政大学社会学部専任講師、同助教授、東京大学文学部助教授、同教授（社会学第一講座）、同大学院人文社会系研究科教授（社会学専攻）、清泉女子大学教授（地球市民学担当）を歴任。

日本社会学会理事、関東社会学会会長などを歴任。

社会学系コンソーシアム理事長（2009-2012）。このかん、「世界へのメッセージ」編集委員会を起こし、編集委員長として2014年に横浜で開かれた世界社会学会議にむけて、*Messages to the World from Japanese Sociological and Social Welfare Studies Societies*, 2014（冊子体、CDおよびhttp://www.socconso.com/message/index.html）を刊行。日本の社会学・社会福祉学の世界への発信に務める。

東京大学生協理事長（1999–2003）をへて、全国大学生活協同組合連合会副会長（2004–2005）、同会長理事（2005–2014）、同顧問（2014–）。

歴史認識と民主主義深化の社会学

2016年11月10日　初　版第1刷発行　〔検印省略〕

＊定価はカバーに表示してあります

編著者 © 庄司興吉　発行者 下田勝司　印刷・製本　中央精版印刷

東京都文京区向丘1-20-6　郵便振替 00110-6-37828
〒113-0023　TEL 03-3818-5521（代）　FAX 03-3818-5514
E-Mail tk203444@fsinet.or.jp

発行所
株式会社 東信堂

Published by TOSHINDO PUBLISHING CO.,LTD.
1-20-6, Mukougaoka, Bunkyo-ku, Tokyo, 113-0023, Japan

ISBN978-4-7989-1398-8　C3036 Copyright©2016　SHOJI, Kokichi